外国人記者が見た平成日本

この奇妙な国の正体とゆくえ

ヤン・デンマン
Yan Denman

KKベストセラーズ

外国人記者が見た平成日本

この奇妙な国の正体とゆくえ

まえがき

呉　智英

本書は『週刊新潮』に連載されたヤン・デンマン「東京情報」の最新五年分からセレクトして一冊にまとめたものである。

「東京情報」は『週刊新潮』に一九六〇年年末から連載が始まり、間に一時的中断をはさんで二〇一八年四月に終了した人気コラムである。筆者のヤン・デンマンは青い目の通信社記者というふれこみながら、その通信社の所在がはっきりせず、また五十八年の長きに亘って連載を続けたのであれば、現在九十歳を超える高齢者ということになり、とても記事にあるような取材活動は不可能だろう。『週刊新潮』では詳細を明かしていないが、恐らく外国人ジャーナリスト、もしくは日本在住の外国人研究者の何人かが匿名で書き継いだものと推測できる。初期の頃には「新潮社の天皇」とも恐れられた切れ者編集長斎藤十一の変名ではないかと噂された。

こうした執筆者探しの興味もあり、五十八年間も読者を惹きつける名物コラムになってきた。特に一九六〇年代は辛辣な筆致が人気を呼び、一九六二年には正続二巻の単行本にまとめられるほどであった。その後も、長期連載にありがちなマンネリに陥ることもなく、新しい読者も取り込んできた。特に本書収録作の連載された五年間ほどは、視点も切り口も現代的になり、面白さが増した感もあった。

連載が終了したばかりの二〇一八年五月八日付朝日新聞（名古屋本社版）文化欄に次のような記事を見た時、予想以上に固定読者が多かったのだなと思った。「本の虫」という月一回の連載エッセイの一節である。

「『週刊新潮』にちょっとした変化があった。コラム『東京情報』が最終回を迎えたのだ。このコラムは、特派員ヤン・デンマンのニッポン見聞録という趣向の覆面記事で、辛口な日本批評として定評があった。もとは斎藤十一が執筆していたとされている歴史的な連載である。その静かな終焉は果たしてどんな変化の兆候なのだろう。長年の読者として、気になるところだ」

筆者は名古屋の出版社風媒社編集長の劉永昇氏である。風媒社は、地方文化の研究書などを出す一方、一九七〇年代初めには「現代史選書」としてT・クリフやN・ヴァレンチーノフなどロシヤ革命異端派の基本文献も出してきた見識ある出版社だ。劉氏はその二代目編集長である。視野が広く教養豊かな人物だが、彼も「東京情報」を愛読していたとは知らなかった。

このように広汎な読者を持ったのは、やはり日本社会を多面的に見る目が面白かったのだろう。ヤン・デンマン一人の視点ではなく、同業のアメリカ人、フランス人、ドイツ人らのジャーナリストとのやりとりも興味深く、ヤン・デンマンのアシスタントであるアルバイトの日本人大学生の現代若者気質もあらためて面白かった。

外国人の目から見た日本社会論は、戦国期のルイス・フロイス『日本史』から長く続く歴史がある。これらが歴史資料として専門の研究者に重視されるだけではなく、知的好奇心の旺盛な一般読者にも関心を持たれるのは、日本人とは何か、日本文化とは何かを、外国人（欧米人）の目を鏡として確認したいからであろう。当然これは明治以後の話である。江戸期までは、日本人という意識は希薄であり、また、欧米文化との比較において日本を考える発想もなかった。

明治以後、欧米の思想・文化、生活習慣が怒濤の如く入って来る中で、日本人は日本が欧米諸外国とどのように違うかについて、否応なく強い関心を抱かざるを得なくなった。さらに戦後は、経済、学術、情報などの交流が格段に活発化する中で、こうした日本人論が多数出版されるようになった。興味深いことに、こうした日本人論のうち時事性の強いものには匿名筆者がしばしば見られる。イザヤ・ベンダサン『日本人とユダヤ人』、ポール・ボネ『不思議の国のニッポン』などだ。

ヤン・デンマン「東京情報」は、こうした流れの一つでありながら、単純な日本異質論ではなく、エキゾチック日本論でもむろんなく、比較文化論的な公平な視点が感じられる。それでいて、学者にありがちな慎重すぎる論述ではなく、時に辛辣、時にユーモラス、時に激越で、読者を飽きさせない。

本書を編集するにあたって、ヤン・デンマンの関心が日本の伝統文化に向けられていることを再認識した。歌舞伎、落語、相撲、そして日本料理である。その上で、政治やマスコミの論調への批判もしばしば行なう。いずれも、その中にいる日本人には気づきにくい観点が提示されている。外国人であるからこそ日本語を学ぶ中でその面白さを知ったのだろうか、言葉についての知見も興味深いものがあった。辞書編集者への取材記事のオチなど、言葉に憑かれた人間の悲喜劇が感じられ、これは洋の東西を問わないのだと思われた。

本書の構成は、編集部と協議して全6章とした。それぞれ主題ごとにまとめてあるが、必ずしも厳密なものではなく、どれから読んでも面白い。連載当初の一九六〇年代とは別の意味で時代は混迷を極めている。我々がいまどのような奇妙な時代にいるのか、くすりと笑い、どきりと驚く中で、小さな光明を見つけていただきたい。

外国人記者が見た平成日本 この奇妙な国の正体とゆくえ／目次

第2章　日本人の日本観――89

第3章 教育改革と知の劣化―― 165

第4章「日本文化」を知らない日本人──　227

第5章　日本のジャーナリズムの弱点――283

第6章 日本経済は衰退するのか—— 359

第1章

黄昏ゆく国

「夫は外、妻は家庭」という若者が増えている

窓から日本の風景を眺めたところで何の感興を抱くこともないだろうと思っていたのだが、徐々に高度を下げていく飛行機の中、私は確かに、帰ってきたな、と心の中で呟いていたのだった。常に国から国へと移動しており、もはや風景になど興味を失っている私に、感傷的といってもいい心の揺れをもたらしたものは何なのか、そんなことを考えているうちに成田空港第一ターミナルに到着していた。空港からの電車の乗り換えは相変わらず煩わしく、長旅で疲れた身には拷問に近い。仮宿の帝国ホテルに向かい、本館中2階のオールドインペリアルバーで軽くウィスキーを飲んで就寝した。

翌日、外国人特派員のリストをチェックする。昔の仲間の名前もちらほら残っている。われわれ特派員の駐在期間は短ければ1年、ごく例外だが滞在20年以上の特派員の主(ぬし)みたいな人間もいる。その主であるフランス人記者が有楽町のワインバーで歓迎会を開いてくれた。

「久しぶりだな。で、今回のミッションは？」

ミッションもなにもない。私の仕事は東京に集まる日本全国の情報を、まとめ、要約し、翻訳し、本国に打電するだけである。定期的に長めのコラムを書くが、それ以外は自由にやらせてもらっている。

旧知のアメリカ人記者が言う。

「東日本で大震災があったでしょう。あの日、ボクは宮城県で取材中だったんですよ」

2011年3月11日、東日本大震災及びそれに伴う原子力発電所の事故が発生した。私もひどく心を痛め本国で支援活動に奔走したが、あの震災は日本人のメンタリティーにどれほどの影響を与えたのだろう?

アメリカ人記者が鞄からファイルを取り出した。「内閣府によると、夫は外で働き妻は家庭を守るべきだという価値観を支持する人の割合が1992年の調査開始以来初めて増加に転じて51・6%になったそうだ。これは2012年12月16日の産経新聞の記事だけど、内閣府の担当者は『東日本大震災後の家庭の絆をより重視する傾向の表れ』と分析している」

特に20代の若者にこの傾向が急増している。震災により日本の若者は保守化したのだろうか?

フェミニズム史観

スウェーデン人のオバサン記者が言う。「保守化どころじゃないわ。日本の若者は右傾化している。だから安倍晋三の自民党が圧勝したのよ」

フランス人記者がいつものように反論する。彼はひとこと言わないと気がすまない人だ。「そういう紋切り型の意見には賛成できない。日本人も少しは正気を取り戻したということじゃないか」

「なにを言っているの。これは日本の前近代的なもの、家父長的なものが復活したということ。歴史の逆行以外のなにものでもないわ」

「くだらないね。そういうフェミニズム史観を大上段に振りかざすほうが時代錯誤だろう」

少しアルコールが回ってきたようだ。オバサン記者が怒声をあげる。

「あんたフランス人のくせになにを言っているのよ。そもそも女性の解放、女性の社会進出はフランス革命から生れた人権概念を基本としているのよ。あんたみたいなル・ペンの支持者がいるから世の中がおかしくなるのよ！」

「ヒステリーをおこすなよ。オレは極右の支持者ではない。過去に女性の権利が不当に制限されてきたことは事実だ。女性の社会進出を妨害するのをやめようというのも当然だ。でも、君がやっているようなフェミニズム運動は、男と女の違いを認めないわけだろ。それで同性婚だの夫婦別姓の法制化だのと言い出すわけだ」

「それのどこがおかしいのよ。男女を区別する言葉にはセックスとジェンダーがあるの。セックスは解剖学的な性差であり、ジェンダーは文化的伝統的な性差。このジェンダーが男の身勝手な価値観で捏造されてきたことなんて、いまどき大学生でも知っているわ」

「無茶を言うなよ。男女の性差が歴史的につくられたなんてあらゆる方面から見ても嘘じゃないか」

「これだからファシストは！」

「なんだと！」

「まあまあ」、とアメリカ人記者が仲裁に入る。

オバサン記者の気持ちもわからないでもない。スウェーデンの閣僚のほぼ半数は女性である。彼女には日本が後進国に見えるのだろう。でも、女性が労働力として社会に駆りだされることは本当に女性のためになるのだろうか？

何が「自然」なのか

フランス人記者「ならないね。それこそ資本の論理じゃないか。日本で女性の社会進出なんて騒がれ始めたのは右肩上がりのバブル期のこと。労働力不足になって、なにも知らない娘や主婦までがチヤホヤされるようになった。女は一度チヤホヤされると元には戻れない。それでバブル崩壊後も、とにかく家庭の外に出たがるようになったわけだ」

たしかにこの内閣府の調査も「男女共同参画社会こそ正義である」という前提のもとに設問がつくられているようだ。「社会を啓蒙してやろう」という姿勢が見え隠れする。

フランス人記者は憤慨している。

「フランス革命の人権概念がどうしたって？　だいたい君はラファイエットが起草した『人権宣

言』を読んだことがあるのかね？　そこでは女性は政治的権利を持たない『受動的市民』とされているんだぜ。結局、フェミニズムとか言っている連中は、マルクス・レーニン主義が流行らなくなったから、その源流にあるルソーを利用して世の中を撹乱しようとしているだけなんだ」

オバサン記者「あんた本当にバカね。ルソーの理論がフランス革命に引き継がれ、それが女性の解放につながったのは事実じゃない」

「ルソーは女性差別主義者だろ。知的障害をもつ女性を次々と強姦し、生れた子供は投げ捨てた。奴は露出狂の変質者だから『自然人』なんて言いだすわけだよ。こんな人間を教祖に担いでいる連中は頭の中がすっぽんぽんなんじゃないかね」

「私帰る！」

店を出ようとするオバサン記者にフランス人記者が追い討ちをかけた。

「自然というなら、男が外で汗水たらして働き、女は家庭で子供を育てるというのがアダムとイブの時代からの自然なんだ」

オバサン記者には少し気の毒だが、今回はフランス人記者の一本勝ちだろう。男女共同参画社会はやはり上から押し付けるようなものではない。

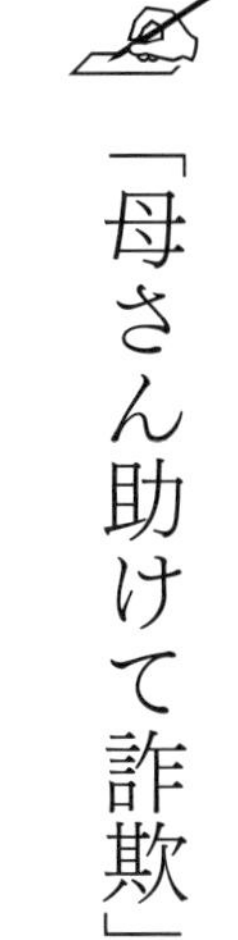

「母さん助けて詐欺」

「いや、ひどいんですよ」

部下のラッセル君が落ち込んでいる。

「先日、ハンブルクの実家に電話をかけたんです。そしたら母が出たので、『母の日だから久しぶりに連絡したんだ』と言ったんです。日本もドイツも5月の第2日曜日が母の日なんですよ」

うん。

「そしたら、しばらく沈黙した後『カネならないわよ』って。たしかにS・P・Iは薄給だけど、それでも必死で頑張っているのに……」

帝国ホテルのロビーの喫茶店でわれわれの向かい側に座る白髪のA氏が言う。

彼は元警察官僚である。

「振り込め詐欺を警戒したんじゃないか？　ドイツでも流行(はや)っているからな。向こうでは〝トリック詐欺〟と呼ばれているが、独誌『シュピーゲル』は事件が現在急増中と報じている。日本で振り込め詐欺が増えたのはリーマンショック以降だが、欧州は不景気が続いているので、貯金をもっている老年層が狙われたのだろう」

米国でも急増

たしかに欧州の状況は厳しい。勤勉なドイツは必死にユーロを支えようとしているが、ついにはフランスまで深刻な経済状況に追い込まれてしまった。イギリスでは首相のキャメロンが、EU加盟を見直すための国民投票をやろうとしている。振り込め詐欺はこの先拡大するはずだ。

ラッセル君が頷く。

「日本の銀行のATMは、振込み、引き出しに限度額があります。また、高齢者が詐欺に騙されないように、窓口で銀行員が見張っている。欧州の銀行はそこまで親切ではないので、彼らはこの先日本の銀行の犯罪対策に学ぶことになるのではないですか」

ところで警察は「振り込め詐欺」の新名称を募集し「母さん助けて詐欺」を最優秀作品に選んだ。これはいただけない。父さんも婆さんも爺さんも詐欺の対象なのだから。

A氏が手帳を開いた。

「米連邦取引委員会によると、米国内の振り込め詐欺も急増しているらしい。発生件数が多いわりに被害総額が少ないのは、日本に比べて現金を保有する高齢者が少ないからだろう。彼らは株や不動産に分散投資するからね。日本の高齢者がすぐに500万円、1000万円のカネを用意できるのは、高度経済成長期にしっかり稼いだカネを銀行に貯めこんでいるからだ。亭主に先立たれた老婆が被害者に多い理由もよくわかる。亭主が生きている間は、生活費の遣り繰りをするくらいで大金を扱うこともない。会社勤めをしたこともなければ、投資の知識もない。要するに社会を知らないから簡単に騙されてしまうんだ」

そもそも欧米人は「母さん助けて」と実の息子に面と向かって言われても、そう簡単にカネを渡さない。

欧米では成人すれば完全に独立することになる。個人主義が徹底されているので、たとえ親子でも金銭のやり取りは非常にシビアになる。実家が裕福でも、親と同居する場合はきちんと家賃を払わなければならないし、それができないなら、家の雑用を手伝うことになる。

こうした背景があるので、振り込め詐欺の電話があっても、犯人は質問攻めにあうはずだ。「強盗にあったときの詳しい状況を教えろ」「管轄の警察署はどこだ」「貸したカネはいつどのような形で返済されるのか?」と詳細に話が及ぶ。

それで納得しなければカネは出さない。欧米の富裕層は普段からリスクの計算をしているので、そう簡単に騙されないのだ。親子の情が薄いのではなくて、これは欧米の文化なのである。

詐欺の手法と国情

ラッセル君が言う。

「中国でも振り込め詐欺は増えています。北京市の公安局によると、2012年の1年間だけで、振り込め詐欺の被害総額は14億円に上ったとのこと。これは北京だけの数字なので、全土になると一体いくらになるかわかりません。中国はバブル崩壊寸前なのでカネは溢れているんです。それと、詐欺師は息子より役人を騙るケースが多いようですね」

A氏が首をすくめる。

「お国柄を反映しているんだ。中国は大家族主義だから、親族が同居することが多いし、遠縁の従兄弟まで頻繁に顔を合わせる。だから、家族を騙るより、役人を騙ったほうが成功するんだ。それに賄賂文化が横行しているから、役人がカネを要求してきても疑問に思わないんだな」

もちろん、欧米でも親が子供に資金援助することはある。しかし、闇雲に渡すことはない。映画監督のスティーブン・スピルバーグやジョージ・ルーカスは、自分の作品のプレゼンをして親から資金を引き出し、成功を収めた。マイクロソフトのビル・ゲイツやアップルのスティーブ・ジョブズも事業計画を明らかにすることで親や親類から援助を受けている。欧米の立志伝を読むと、こうした話は頻繁にでてくる。そして成功したら親であってもきちんと配当を渡さなければならない。

ラッセル君は納得したようだ。

「こうした親子関係に原因があるんですね。日本で振り込め詐欺の被害が一向に減らないのは、成人になっても親に依存する若者が多いことと、子供を甘やかすどころか頼られることを喜ぶような親が多いからでしょう。ここに目をつけたのが、日本型の振り込め詐欺なんだと思います」

詐欺の手法を見れば国情がわかる。要するに日本の詐欺はウェットなのだ。そしてとにかく同情を利用する。

傷痍軍人の募金もそうだ。かつての日本には本物の傷痍軍人がいたが、そこに目をつけた不届き者がいた。手足が不自由なフリをして、街頭に座りこみカネを集めたのだ。阪神大震災、東日本大震災の際も、厖大な善意の寄付金が詐欺師の懐に入っていった。

帰り際にA氏が言う。

「まあ、彼らも気分がいいから、寄付をするわけだ。騙すほうも騙されるほうもどっちもどっちだな。面白いのは、振り込め詐欺に騙される確率が大阪は東京の10分の1程度であるということ。ノックや橋下にはコロっと騙されても財布からはビタ一文出さない。つまり、大阪のおかんは〝銭を守る〟意識が欧米人並みに高いわけだ」

振り込め詐欺の犯人だって人間だ。大阪のおかんに振り回されるのは面倒なのだろう。

羊水検査訴訟

築地にある大病院のロビーで会計の順番を待っていると、見覚えのある顔を見つけた。部下のラッセル君だ。しかも、べっぴんさんを連れている。ケシカラン。また新しい彼女をつくったか。

「違いますよ。友達のベルギー人記者の奥さんです。彼は今出張中なので僕が付き添っているんです」

怪しい。よその家庭の事情になぜ君はクビを突っ込んでいるんだ？

べっぴんのよし子さんが言う。

「すいません。私が無理にお願いしたんです。羊水検査訴訟のニュース報道を見て気が動転してしまい、偶然家に遊びに来たラッセルさんに同行を……」

なるほど。あの北海道の事件は私も気になっていた。胎児の染色体異常を調べる羊水検査でダウン症が判明したにもかかわらず、産婦人科医が妊婦に「異常なし」と伝えてしまったのだ。生まれた男児は合併症のため約3カ月後に死亡。両親は「出産するか、人工妊娠中絶するかを自己決定する機会を奪われた」として訴訟を起こし損害賠償を求めている。で、よし子さんの結果は？

「陰性でした。ホッとしたのと同時に、いろいろ複雑な気分で……。もし結果が陽性だったら中絶を即断できる母親はそれほど多くないと思うんです」

たしかにこれは、根源的な問題だ。アメリカ大統領選の候補者は、同性婚、銃所持、人工中絶の3つの問題を論じることを避けようとする。国民の意見が二分されているからだ。プロチョイス（中絶権利擁護派）に対するプロライフ（中絶反対派）の反発は凄まじく、キリスト教原理主義者が中絶クリニックの医師を殺害する事件まで発生している。

ラッセル君が頷く。

「それでも欧州では中絶容認の流れが加速しています。僕の国のドイツでは1995年に大幅な法改正があり、人工中絶が出産の直前まで認められるようになった。以前は母体の危険以外の理由で妊娠後期に中絶することはできなかったのですが……。35歳以上になるとダウン症児が生まれる確率が急上昇します。欧州でも晩婚化が進み、高齢出産が増えているので、法的に対応せざるを得ないのでしょう」

カトリックでは人工中絶は固く禁じられている。しかし今ではカトリックの影響が強いイタリアでさえ中絶に踏み切る夫婦は増えている。フランスも建前上はカトリックだが、神の教えに背く不倫大国だ。ドイツはカトリックとプロテスタントの割合は半々だが、羊水検査で陽性だった場合約90％が中絶に踏み切るという。カトリックでは洗礼を受けて初めて神から祝福され人間として認められるという考えが根強いので、中絶が黙認されているという面もあるようだ。

養子縁組

会計が終わったのでわれわれは病院内の喫茶店に移動した。よし子さんはすっかり安心したようで、口も滑らかになってきた。

「先ほど、担当の先生から聞いたんですが、昔は羊水検査を受ける人は少なかったそうです。今よりも医療技術が低く流産のリスクが高かったことと、〝子供は天からの授かりもの〟という意識が強く、子宮に針を刺すような検査はキワモノ扱いされていたと。でも、一番の理由は私みたいに高齢出産をする女性が少なかったということみたいですね」

私も日本にかつてあった「風習」について本で読んだことがある。当時は親同士で「おたくの娘さん、もう売れましたかね？」という会話が交わされ、適齢期の女性は半ば強制的に結婚させられた。また、縁結びの面倒を見るおせっかいな仲人も多かった。女性たちも、独身でいることを恐れ、声が掛かれば顔も知らないような男の家に平気で嫁いでいった。こうして、ほとんどの女性が自然な形で20代で出産を経験していた。

ところが女性が大学に行くようになり、その学歴に見合った仕事を探すとなると、総合職で入社することになる。彼女たちは、若くして現場を離れるのを嫌がり、なかなか結婚に踏み切れない。また、お見合い結婚より恋愛結婚が増えた結果、気の済むまで相手をえり好みすることが可能になり、晩婚化に拍車をかけている。その結果として高齢出産が増えているのだ。

戦前の日本では養子縁組が珍しくなかったという。「今度男の子が生まれたら、うちに頂戴ね」という約束が、親戚の間でごく普通に交わされていたそうだ。

ベトナム戦争末期、大型旅客機に孤児が詰め込まれてアメリカへ移送され、養子として引き取られていった。リスクを冒して高齢出産をするくらいなら、こうした養子縁組を考えてもいいのではないか。

女性の社会進出の副産物

歴史オタクのラッセル君が言う。

「これも本に書いてあったのですが、日本では昔、障害児が生まれたら産婆が首をひねって殺し、死産と報告することがあったそうです。現在の感覚では残酷ですが、当時はそれが優しさだった。中国では今でも障害がある赤ちゃんを出産時に殺すことがあるようです。なお、生後数年で死んでしまう子供が多かった時代には、『拾』や『捨』といった愛情のない名前をつけ、きちんと発育するとわかった時点で、改めて正式な名前をつけるという習わしもあった。最初から強い愛着を持ってしまうと、亡くなったときの悲しみが大きいからですね」

しかし戦後の日本人は「生命はいかなるものよりも重い」という価値観を信奉するようになっ

た。それに伴い、子供は母体に宿った段階で人間として看做されるようになり、「どんな子供が生まれてきても、その事実を受け止めるのが人間として正しい」という倫理観が醸成された。インテリほどその思いが強く、高齢出産でも羊水検査を拒否する傾向にあるようだ。

ちょうど12時。遠くで鐘の音が鳴っている。病院内にあるチャペル（礼拝堂）から聞こえてくるのだろうか？

よし子さんが話をまとめた。

「これは女性の社会進出の副産物かもしれません。動物として本来望ましいはずの若いうちの安定出産を拒み、社会的なキャリアを自分の意志で選んだのだから、この問題から目を逸らすわけにはいきませんね」

ちなみにこの病院の名前は、新約聖書の「ルカによる福音書」を書いた聖人ルカに由来する。よって、「聖路加」の読み方は「せいろか」ではなく「せいるか」である。

高校野球

2013年8月15日の終戦記念日。猛暑の中、靖国神社で取材を終えたわれわれは、神楽坂のビアバーでフランス人記者と合流した。まずはキルケニーの樽生、フィッシュ&チップスを注文し、渇いた喉に一気に流し込んだ。いつもはサッカーの試合の映像を流している大型のディスプレイには、高校野球の試合のダイジェストが映し出されている。

フランス人記者が顔をしかめた。

「うんざりだな。一体、ガキの球ころがしを見てなにが楽しいんだ。たとえ内野ゴロでも一塁まで猛然と走る。最後の打者は一塁にヘッドスライディングしてユニフォームを土で汚す。それで負ければ半ベソかきながら甲子園の土を掻き集めるわけだ。恥を知れと言いたいね」

まったく同感だ。日本社会は高校野球をそろそろ中止すべきである。

8月6日の朝日新聞では、「僕ら夏の原石」と題して、3面にわたって甲子園に出場する49校すべての選手を紹介していた。学年、ポジションに始まり、右打ちか左打ちか、右投げか左投げか……。身長、体重、打率に至るまで、プロ野球の選手名鑑並である。こんなものが報道に値するわけがない。

歪んだ形の武士道精神

部下のラッセル君が早速2杯目のギネスを注文した。

「僕もあの記事には違和感を覚えました。甲子園の常連校は、あの手この手を使って野球がうまい子供を全国から集めます。スカウトマンが中学生を青田買いする。彼らは特待生になり学費もタダ同然。寮も完備でご飯もたくさん食べることができる。さすがに給料までは出ませんが、セミプロみたいなものですよね。つまり、私企業の広告塔に仕立て上げられるわけです」

フランス人記者が頷く。

「高校野球は宗教なんだ。スポーツの目的は勝つことだが、高校野球では敬遠などの駆け引きは毛嫌いされる。勝負とは関係ない汗や涙、死力を振り絞る姿が賞讃される。これは、大東亜戦争末期に特攻隊のような歪んだ形で現れた武士道精神と同類のものだ。本来の武士道は、自らの土地を守るために戦い抜く美学だが、それが形骸化してしまい、散ること自体が賞讃されるようになった。高校野球でも負けた側が注目を浴びる。病んでるな」

冷静に考えれば、高校野球は児童虐待である。人生の大事な時期にロクな勉強もさせずに、毎日野球漬け。炎天下で試合をさせるのもおかしい。同じ投手が短期間に連投を重ねて体を壊しても、「この一球に高校生活、青春のすべてをかけます」という実況により正当化されてしまう。

いや、むしろボロボロになる姿に、そして無残に滅びゆくことに美学を感じているのだから退廃も極まれりというべきだ。これは本来のスポーツの姿ではない。「応援してくれるみんなのために最後まで投げろ」とロマンを強要することで病んだ大人たちは癒されるのかもしれないが、結局、ガキをいいように使っているだけではないか。

フランス人記者が顎鬚（あごひげ）をなでる。

「負けたチームの選手が甲子園球場の土を持って帰るのは、インドのバラナシで聖地ガンジス川の水を持ち帰る巡礼者を想起させる。選手宣誓はハイル・ヒトラーの敬礼に見えるし、入場行進の姿はナチスの党大会のようだ。あんなものを美しいと感じる感性は完全に狂っている。大東亜戦争で多くの若い命が失われたことに対する反省が足りないのではないか」

絶対善

隣のスタンドテーブルにいたサラリーマン3人組のうちの1人が聞こえよがしに言う。

「外人が野暮なこと言うなよな。日本だって戦争をやりたくてやったわけじゃないんだからさ」

フランス人記者がさらに大きな声で聞こえよがしに言った。

「戦争そのものを反省しろなどと〝良識派〟みたいなことを言いたいわけではない。戦略や駆け引きを重視せずに、表層的なところで熱狂する姿が変わらないと言っているんだ」

日本オタクのラッセル君が言う。

「全身全霊であたって砕ける姿に美学を見出すのは、白虎隊の評価にもつながりますね。若さゆえに全員がハラキリをしてしまう。戦国武将でも志半ばで散った織田信長のほうが、天寿を全うした徳川家康より人気がある。漫画でも『巨人の星』や『あしたのジョー』のような根性ものが喜ばれる」

フランス人記者が吠えた。

「せっかくだから、メディアの裏事情を暴露してやろうか。朝日新聞はテメエんとこの主催事業だから高校野球を持ち上げているだけだ。高校球児の汗と涙を美談に仕立て上げることが、朝日新聞社の懐具合につながるわけだ。だから単なるゴロを拾っただけのプレーに〝白熱の守備〟などと見出しをつけたりする。そうやってガキのくだらない棒たたきを讃美する。熱中症で倒れるガキの生命と引き換えに、大人の事情を優先するんだ」

私も地方紙記者から事情を聞いたことがある。地元の高校が優勝でもすれば、彼らの書いた記事は全国に紹介されることになる。本社のお偉いさんの目にも留まる。そこでハイエナのように美談を探しまくり、挙句の果てにはグラウンド整備のおじさんの話まで引っ張り出す。「無垢で純真な球児が、思いやりに溢れたチームメートと共に勝ち抜いていく」という話を捏造するわけだ。

ラッセル君が笑う。

「まさに『週刊少年ジャンプ』の世界ですね。このところの選手宣誓も見るに堪えませんでした。誰に台本を渡されたのかは知りませんが、東北の被災地の話を宣誓に絡めていた。それが美談に仕立て上げられるという構図が醜悪ですね」

フランス人記者がまとめた。

「高校野球は絶対善であり、朝日新聞社では一切の批判は許されない。そういう社風だからこそ、戦前戦中は戦争を讃美し、戦後になっても文化大革命の紅衛兵を褒め上げる記事を書くわけだ。だいたい高校野球を見て喜んでいるのは、朝日新聞の拡張員か、スポーツのスの字も理解できない薄らバカだけだ」

先ほどのサラリーマンがすぐ近くにいたラッセル君につかみかかる。

「なんだと。テメエら、日本に原爆落としやがったくせに！」

ラッセル君が叫ぶ。

「オレ、ドイツ人だってば！」

わかった。とりあえず1杯おごろう。お互いフェアプレーの精神でやろうではないか。

いいかげんにしろ「性愛特集」

最近の週刊誌の「性愛特集」花盛りはあまりに見苦しい。

『週刊ポスト』の特集は「死ぬほどSEX」、『週刊現代』は「80歳でもセックス」と銘打ち、「若い子を抱いてみよう」などと老人を唆(そその)かしている。ついには『週刊朝日』までが、「猛暑の下の性愛白書　記録的暑さの中、いかに愛し合ったのか」ときた。日本では古来から「性愛」は秘すべきものだったのではないか？

フランス人記者が頷く。

「世阿弥の『風姿花伝』にもあるじゃないか。〝秘すれば花なり　秘せずは花なるべからず〟と。なんでも露出するというのは美しくないな。しかもこうした特集には、色気もユーモアもない。醜悪なものを赤裸々に語っているだけだ。こんな記事を電車内で堂々と読む人間は恥の感覚を失っているのか、それともセックスくらいしかすることがないような暇人なのだろう」

なんともフランス人らしからぬ意見だが、同意したい。

スケベ根性のない人間は老若男女古今東西ほとんどいないだろう。世阿弥にも動物的な本能があったに違いない。しかし、それを表に出さないのが日本人の美意識であるはずだ。こうした日本文化を壊そうとしているのが、週刊誌がしつこく展開する「性愛特集」ではないか。

余計なお世話

部下のラッセル君が分析する。

「今の若者は週刊誌を買いません。よって中心購買層の老人や中高年におもねった記事が多くなる傾向があります。老後、ボケ防止、年金運用といった特集がメインになり、老人の性に関する記事も増えてきた」

団塊の世代が老年期を迎え、カネと時間をもてあますようになった。さらには勃起薬のバイアグラが身近になったこともあり、〝枯れることができない老人〟がこうした記事を貪り読んでいるのだろう。

われわれ特派員仲間は非定期で雑誌批評の会合を開いている。といっても、いつもの新橋の喫茶店の2階に集合して雑談するだけだが……。

ラッセル君が質問する。

「失礼かもしれませんが、老人のセックスはあまり見栄えがいいものではありませんよね」

フランス人記者が笑う。

「オレはとっくに還暦を過ぎたが、まだ現役だ。彼女もいる。しかし分はわきまえているつもりだ。60歳を超えてからのセックスなど、to kill time（暇つぶし）にすぎない。〝熟年カップルのためのセックスの奥義〟など今さら知る気にもならないし、読者アンケートの結果を見て、周りのペースと違うと焦るような年齢でもない。余計なお世話だの一喝で終わる話ばかりだ。にもかかわらず、プライベートな性愛事情を公にするのが一般的だという風潮をメディアがつくりあげている」

もう一つ付け加えたい。

『週刊朝日』は、発行部数1、2を争う朝日新聞系列の雑誌である。そこが、老人にセックス指南をする必要があるのか？

世界中どこを見ても、ポルノショップが入っているデパートはない。ロンドンのハロッズやセルフリッジ、パリのラファイエット、ベルリンのKDWに、ポルノショップが入るわけがない。ところが、今回の『週刊朝日』の蛮行は、三越や高島屋でバイブレーターを売るようなものだ。シリア情勢と異常気象だけでは誌面が埋まらないから、セックス特集に頼るのだろうが、迷走を深めているとしか言いようがない。

大昔の『週刊朝日』には徳川夢声の「問答有用」など優れた連載もあったという。当時の編集人は草葉の陰で泣いていることだろう。

灰になるまで

私の日本人の友人の得意話がある。女の性欲は底知れないという話だ。江戸時代、大岡越前の奉行所に訴えがあった。老いた男が老いた女の誘いに乗り不貞を働いたという。大岡越前はまったく理解できなかった。そこで老いた母親に「人間の性欲はいつになったら尽きるのでしょう」と問いかけた。

老母は何も言わずに、じっと火鉢の灰をかき回していた。それで、大岡越前は、「そうか、灰になるまでなのか」と悟ったという。

ラッセル君が噴き出す。

「でも正直、セックスが生きがいというのはさみしいですね。自然な状態では勃たないセックスより、孫と遊んでいたほうが楽しい気がします。それなのに、バイアグラを飲んで、勇み立って風俗に行き、若い女にカネを落とすなんて、おかしな世の中ですよ」

フランス人記者が咳払いをした。

「もっとも普通のフランス人なら孫よりセックスを取るだろうな。知人にブリストル大学で教授をやっていた男がいる。彼の奥さんは、50を過ぎてから初恋の相手と駆け落ちして家から出て行ってしまった。その教授から相談を受けたことがあってな。娘がフィアンセがいるのに別の男と子供を作ったという。そのフィアンセはオックスフォード大学出身の知識階級だというからオレは開いた口が塞がらなかったな」

マスコミは夢をつくる職業でもある。よって、中高年の性愛を必要以上に美化する。

「老いらくの恋」という言葉を流行らせたのは、新聞記者時代の司馬遼太郎らしい。

歌人で実業家の川田順は「墓場に近き老いらくの恋は、怖るる何ものもなし」という詩を詠んだそうだ。弟子と恋愛関係になり、家を飛び出した川田の焦りが生み出した言葉のようにも思えるが……。

フランス人記者が鼻を鳴らす。

「まあ、単にボケただけかもしれないぜ。普通の老人には簡単にセックスの相手は見つからないだろう。バイアグラで無闇に元気になったジジイの相手になるババアもそうはいないはずだ。風俗に行くのは簡単だが、人間は自由恋愛を求めるものだ。カネも時間もあるジジイが、老いらくの恋に走ればストーカーになりかねない。内田裕也も愛人に復縁を迫り、彼女の自宅に忍び込んでウンチを擦りつけてきた。みのもんたもカネを払えばいくらでも若い女のケツを触れるのに、CM中に女子アナに手を出すドキドキ感が癖になっていたのだろう」

「性愛特集」を読んで性欲を掻き立てられた老人が暴走をしたら、その責任は一体誰がとるのか？

同性婚

２０１４年の年末、34歳の女性タレントと28歳の女優が結婚すると報じられた。日本の法律では同性婚は認められていないため、財産分与などの合意事項について公正証書を作成するという。

ちょうど同じ頃、イギリスの歌手エルトン・ジョンが男性映画監督と正式に結婚した。

イギリスではヴィクトリア朝時代（１８３７〜１９０１年）に、徹底した禁欲主義が敷かれていた。婚前交渉は駄目だったし、ピューリタン的な考え方が浸透していたので、当然同性愛は御法度だった。文豪オスカー・ワイルドは、同性愛の罪で裁判にかけられている。

しかし、２０１４年3月には同性婚が合法化。この先も、社会的な影響力が大きい人物が同性愛を告白するケースは増えてくるのだろう。

同性愛は人間に対する冒涜と考えたヒトラーは、ユダヤ人だけでなく同性愛者を徹底的に排斥した。その反動なのかは知らないが、ドイツは同性愛に非常に寛容になっている。同性愛に限った話ではないが、戦後ドイツは、ナチス時代の逆の方向に社会が進んだのである。

２００１年にはライフパートナー法が成立し、同性であっても結婚とほぼ同じ権利を得ることができるようになった。

この年には、演説で同性愛者であることをカミングアウトしたクラウス・ヴォーヴェライトが、ベルリン市長選で圧倒的な勝利を収めている。ちなみにドイツの同性愛者は人口の5％というデータがある。20人に1人が同性愛者なのだ。

アテネでの経験

社会の指導者が同性愛者であることを公然と認める時代が訪れようとしているが、それが社会的な進歩と言えるのかどうかはわからない。

もちろん、彼女ら、彼らの「決断」を批判する資格は誰にもあるまい。その存在を頭ごなしに否定するつもりもない。しかし、世の中の受け止め方が、歓迎一色でないことも事実だ。

そもそも同性愛は〝秘め事〟である。だから、「権利を認めろ！」と大声で主張するのには違和感がある。

私がアメリカ特派員だった頃、同性愛者のデモを取材したことがある。当初は、なよなよした男性同士が腕を組み、ニコニコしながら「差別反対！」などと声を上げているようなものを想像していたが、実際には非常に攻撃的だった。道沿いの看板を蹴り飛ばし、押さえに入った警官を突き飛ばしていた。

アメリカは〝マッチョ文化〟である。日本や西欧では美少年が好まれるのに対し、アメリカでは純粋に筋骨隆々の肉体が賛美される。デモには殺気立った空気が流れており、取材しようにも取り付く島がなかった。

要するに、彼らはアメリカ合衆国建国の理念、平等のイデオロギーに基づき闘っていたのだ。アメリカはピューリタンがつくった国なので、当初は欧州以上に同性愛に対しては厳しかった。しかし、その反動も強く、節度無き自由主義に牽引される形で、同性愛は広がったのだ。

私はそちらの趣味はないが、ある先輩記者は、過去に一度だけ、同性愛者の気持ちがわかった瞬間がある、と言っていた。1964年、東京オリンピックの年に、先輩はカメラマンと2人でギリシャのアテネに向かった。オリンピックに関連する取材のためだ。今と違い、当時は移動するだけで膨大な時間がかかった。羽田を出て香港、バンコク、ニューデリー、カイロを経由してようやくアテネに着く。到着したのは午前4時。彼もカメラマンも疲れきっていた。ホテルにチェックインし、荷物運びのボーイと一緒にエレベーターに乗り込み、ハッとした。年齢は10代の中頃だろうか。小柄で真っ白な肌で見目麗しいとしか表現できない。そのボーイが目配せをしてくる。彼はボーイがここで働いている理由がすぐにわかった。

不思議なもので、人間は疲れているときのほうが性欲が強くなる。ボーイは部屋に荷物を置くと、「何か用事はありませんか?」と彼らに訊(たず)ねた。そこで、「君、何時に仕事が終わるのかね」とでも訊いていれば、先輩は面白い経験ができたのかもしれないが、「何もない」と言って部屋から追い出してしまった。

先輩が早速カメラマンに「おい、俺はホモの心境が少しわかったぞ」と言うと、カメラマンも「俺も同じことを考えていた」と応えたという。先輩がこういう感情を抱いたのは、後にも先にもこれが最後だった。

結局こうした話は、宗教の問題に行き着くのだろう。イスラム諸国では同性愛者が死刑になったりする。カトリックは同性愛を否定している。

脈々と続く男色文化

一方、日本人の同性愛者に対する姿勢は曖昧だ。日本は多神教なので、同性愛をなんとなく受け入れている。宗教上の制約が緩いのだ。

テレビ番組ではオカマタレントが活躍しているし、風俗的、文化的に同性愛を認める傾向がある。日本では男色文化は珍しいものではなかった。奈良・平安時代には寺院における僧と稚児の男色がすでに存在した。

仏教では、女性は煩悩の最たるもので、酒と同じく戒律で厳しく規制されていた。しかし、性欲は禁止されればされるほど高まるもの。そこで、稚児などで性欲を解消していたようだ。

司馬遼太郎の『義経』には、寺に預けられた義経が美少年だからと可愛がられるシーンが出てくるが、戦国時代においても、戦場に連れていけない女性の代替として男性が利用されてきた。織田信長と森蘭丸（森成利）の関係も有名だ。信長は側近や諸大名に対し「自慢できる物」として、第一に奥州から献上された白斑（しらふ）の鷹、第二に青の馬、第三は蘭丸と述べたそうな。江戸時代には武士同士の男色は衆道（しゅどう）と呼ばれて盛んだった。若衆歌舞伎や男色を売る「陰間茶屋」も栄えた。

欧州の歴史はもっと古い。古代ギリシャでは同性愛が重要視されていた。古代ローマでは、軍隊で上官に新兵が犯されるのは好ましいことだとされた。団結力が高まるからだ。愛する人間が戦場に出れば、命を守るために頑張るし、よいところを見せようと張り切る。

しかし、時代が進むにつれ、同性愛はむしろ団結力が乱れる原因になった。恋愛には必ず嫉妬が絡んでくるからだ。

現代の軍隊の多くで同性愛が禁止されている理由はそれだ。たしかに男の嫉妬ほど、食えないものはない。

女子大に入りたい男

久しぶりにベルギー人記者と新宿ゴールデン街で安ウイスキーを飲み、泥酔したまま新宿2丁目のオカマバーに顔を出した。齢70はとうに超え、髪もすっかり薄くなった「ママ」が不満を垂れる。

「昔のボトル？　そんなの残っているわけないでしょ。それより、あなたたちに訊こうと思ったことがあるのよ」

話の要点をまとめればこうだ。

先日、20代の男が福岡女子大に入学願書を提出したという。当然、性別を理由に受理されなかったが、男は「法の下の平等を定めた憲法に違反する」として慰謝料の支払いなどを求めて裁判を起こすと言い出したそうな。

「ママ」が憤慨する。

「バカじゃないかしら。女子トイレに女しか入れないのも男子校に男しか入れないのも違憲になるの？　昨今、アメリカでは〝ユニセックス〟のトイレが増えているそうだけど、なんでもかんでも『性差』の垣根をなくせば、私たちオカマの存在意義がなくなるじゃないの」

「平等バカ」

日本通のベルギー人記者が笑う。

「ご主人、いや、ママより少し前の世代は、旧制高校の時代でしょう。そこに通うのは家庭環境に恵まれたエリートの男子だけ。一高の寮歌に『栄華の巷低く見て向ヶ岡にそそり立つ五寮の健児意気高し』とあるけど、自分たちが濁れる世を変えていくという気概があった。当然、女子禁制の世界です」

「ママ」が頷く。

「よくご存知ね。旧制高校はエリートを育成するところ。貧乏な家庭の子供は、勉強したければ各都道府県の師範学校に行くの。そこを卒業すれば小学生を教えることができる。中学校や高校の先生になるためには、東京高等師範学校、広島高等師範学校、金沢高等師範学校、愛知の岡崎高等師範学校のどれかに行くしかなかったのね。でもそれ以外に女子高等師範学校、通称『女高師』というのがあった。勉強がすごくできる女の子は、東京女子高等師範学校か奈良女子高等師範学校のどちらかに行ったの。お察しのとおり、それが現在2つだけ存在する国立女子大のお茶の水女子大と奈良女子大になったのよ」

「男女平等」と言っても、日本では教育を含めたあらゆる分野で男女の区別は明確になされている。銭湯だって男湯と女湯を一緒にしたら大変だ。

アメリカには建国当初から「法の下の平等」という発想があった。それを極端に解釈した連中が、日本に憲法として押し付けたものだから、戦後、いわゆる「平等バカ」が大量発生した。その結果、常識は失われ、相撲の土俵に上ろうとしたオバサン知事まであらわれた。

ベルギー人記者が同意する。

「日本には『蟻の一穴』という言葉がある。頑強な堤防も蟻がつくった小さな穴から崩壊してしまう。今回の裁判はバカバカしいものだけど、訴訟を起こした男性の背後にいる弁護士の存在も気になる。このニュースは引き続き注視したほうがよさそうだね」

まだ時間が早いせいか、われわれ以外に客はいない。

カウンターの端には花が生けてあり、壁には歌舞伎のポスターが貼られている。ここでは名前を出せないが、有名な歌舞伎俳優もこの店の常連だ。

二つのタイプの女形

「ママ」は歌舞伎の大ファンだ。

「あれは男だけの世界でしょ。歌舞伎俳優養成所では女形が普通の歩き方をすれば横っ面を張られてしまう。女形になる歌舞伎役者は桜紙（ちり紙）を10枚ほど重ねて内股に挟んで歩き、女らしさを身につけるの。こうして本物の女性より『女らしく』なるわけね」

ここはベルギー人記者の得意分野だ。

「歌舞伎の元祖は三条河原に銅像が立つ出雲阿国。安土桃山時代の女性芸能者です。彼女は売春組織のリーダーでもあり、売春婦に客をつけるためきれいな格好で踊るようになった。これが歌舞伎の発祥だとされています。しかし、風紀の乱れを警戒した幕府が女の歌舞伎を禁止するのです」

「ママ」が目を細める。

「それで若衆歌舞伎という前髪をつけた少年による歌舞伎が出てきたの。こちらは男色につながるのね。江戸時代には大奥の女中が歌舞伎役者を買っていた。『江島生島事件』は、大正時代に歌舞伎の演目にもなっているわ」

ベルギー人記者が水割りを飲み干した。

「江戸時代には女が男を買っていた。歌舞伎役者も芝居より売春の稼ぎのほうがよかった。二代目實川延若（じつかわえんじゃく）は１０００人の女を抱いたそうです。ちなみに『女形買い』というのですが、女形は男にも女にも買われていた。歌舞伎役者は指名されるために、色っぽい演技を研究したんです」

「ママ」が水割りのお代わりをつくってくれた。

「歌舞伎の女形といっても二つのタイプがいるのよ。一つ目は七代目尾上梅幸のように舞台の上では女になりきり、休みの日にはハンチング帽をかぶりゴルフをするタイプ。つまりプライベートでは完全な男。二つ目は、六代目中村歌右衛門のように舞台の上でも楽屋でも自宅でも女というタイプ。彼はたくさんのクマのぬいぐるみに囲まれて暮らしていたの。三島由紀夫先生は歌右衛門を絶賛していた。でも絶世の女形は二代目中村扇雀、つまり当代の坂田藤十郎だと思うの。昔は女の子の容姿を褒めるときに『まるで扇雀みたい』と言ったものよ」

江戸時代の女性については一度コラムを書いたことがある。大奥は30歳になれば、「おしとねすべり」や「おしとね御免」と呼ばれ、殿に抱いてもらうことはできなかった。江戸城の平川門は、こうした女がこっそり実家に帰るために使われていたそうだ。ちなみに、大奥には殿しか入れないはずだが、不思議なことに時折妊娠する女が出てくる。そのような女も平川門から里に帰されたという。

「ママ」も一緒に飲み始めた。

「結局福岡女子大に文句を言っている男の子も甘ったれているのよ。そんなに小遣いが欲しいなら歌舞伎役者みたいに体を売ればいいじゃない。そういう経験がゲイの肥やしになるんだから」

なんでこんな話になったのか？　久しぶりに悪酔いした夜だった。

LGBTに優しすぎないか？

朝日新聞に「性別変更元に戻せない　思い込みで決断後悔する人も」という記事が載っていた。神奈川県の40代元男性が「自分は性同一性障害だ」と考えて戸籍上の性別を変えたが、適合できず元に戻したくなったという。再変更は現在の法律では想定されておらず、元男性は家裁に再変更の申し立てを行ったがハードルは高いという。

アルバイトの小暮君が資料を配りながら言う。

「今日の会合のテーマはＬＧＢＴ（性的少数者）なので、ゲイの友人を連れてきたんです」

Ａ君は15歳のときに自分はゲイだと気づいたという。

「こういう人がいるからゲイはわがままだと思われるんです。マイノリティの意見を聞くことは大事ですが、気まぐれに合わせて法改正していたら社会は混乱します」

アメリカ人記者が同意する。

「それに理由がふざけているわ。男性の頃は簡単に仕事が見つかったけど、女性になってからは断られ続け、性別を変えたためだと感じるようになったと。そんなこと想定できなかったのかしら」

過剰反応

資料によれば他にも性別変更の取り消しを家裁に申し立てている人がいるという。ホルモン投与や性別適合手術を受けたが、「生活の混乱の中で思い込み、突き進んでしまった」と悔やんでいるという。

代理人の弁護士は「自己責任と切って捨てるのは酷だ。取り消しを予定していなかった法の不備を、司法が救済すべきだ」と話しているが、再変更しづらいことが、安易な性別変更に対するブレーキの役割を果たしていることを忘れてはならない。

小暮君が2枚目の資料を配る。

「ここにもありますが、特例法で性別の変更が認められた人は2016年までに6906人に上ります。年々増え続け、ここ数年は毎年800人以上で推移している。一方、性別の再変更が認められたのは1件だけ。これは医師の誤診が関係しています」

フランス人記者が顎鬚(あごひげ)を撫でる。

「生きづらさを感じている人が、自分は性同一性障害だと勘違いするケースもある。医者はそこまで見抜くことはできないから、当事者の主張通り診断してしまうことはあり得る。ただオレは今の社会はLGBTに優しすぎると思う。先日、バラエティ番組に『保毛尾田保毛男』というキャラクターが登場し、フジテレビが非難を浴び謝罪に追い込まれたが、これは過剰反応だろう」

A君が笑う。

「僕は小暮君と同じゼミで、ゲイ文学の研究をしているんです。日本の小説でしたら、まずは森鷗外の『ヰタ・セクスアリス』です。寄宿舎の美少年が描かれていますね。夏目漱石の『こころ』には主人公と『先生』の微妙な感情が描かれています。谷崎潤一郎は『陰翳礼讃』で大名の衆道(しゅどう)を例に、美少年に憧れる感情を肯定しました。川端康成の『少年』も同性愛的な関係を描いた作品です」

東大文学部の小暮君が言う。

「少年時代の同性への恋慕を赤裸々に書いた三島由紀夫の『仮面の告白』もそうだね」

A君が頷く。

「三島は『禁色(きんじき)』で上流階級やアーティストは男色を好むというイメージを定着させました。三島は丸山明宏と付き合っていましたが、『禁色』には丸山をモデルにした美少年が登場します。江戸川乱歩の『黒蜥蜴(くろとかげ)』を三島が戯曲にしたときも、舞台の主演は丸山でした」

アメリカ人記者もゲイの友人が多いようだ。

「欧米にもこの手の小説は山ほどあるわ。トーマス・マンの『ヴェニスに死す』は有名ね。シェイクスピアも同性愛者だった。オスカー・ワイルドの『ドリアン・グレイの肖像』、ジャン・ジュネの『泥棒日記』……。挙げたらきりがないわ」

社会秩序を破壊

関連書籍によると、オカマとは尻・肛門を意味するという。「オカマを掘る」とはアナルセックスのことだ。「陰間」は江戸時代に茶屋などで身体を売った男娼の総称だが、陰間がなまってオカマになったという説があるらしい。

このあたりはA君の専門分野だ。

「歌舞伎の『オヤマ』からきているという説、インドの性愛論書の『カーマ・スートラ』の『カーマ』からきているという説もあります。江戸時代の発明家・平賀源内は陰間茶屋に出入りしていました。源内は、男色をテーマにした『根南志具佐(ねなしぐさ)』や美少年の評判を本にまとめています。ただ、源内は『男色の交わりは水』であり、肉体面では女性には及ばないと言っていました。源内は男色に異常性、反社会性の刺激を求めたのです」

フランス人記者が唸る。

「以前、オレが読んだ本には、江戸時代の同性愛は戦国時代の名残と書いてあったな。鎌倉後期の寺文化では女性との性交はタブーだった。それで、性欲発散のために若い僧を性の対象にした。戦国時代も、戦場に女性を連れていくことができないので、小姓(こしょう)とセックスした。こうした男色を正当化するために、女色はおごれるものであると強弁する者もいたそうだ」

日本は宗教的タブーが少ないので同性愛には寛容だった。しかし、江戸時代後期には、天地の道理、陰陽の道理に反すると考えられるようになり疎まれることになった。

アメリカ人記者が首をすくめる。

「社会秩序は男と女が結婚し、子供を産み、また結婚するというサイクルで成り立っている。同性愛はそれを破壊するのだから、差別は人間の本能に近いのね。西欧でも同性愛が発覚して辞めることになった政治家はたくさんいるわ」

A君はLGBT運動が広がったのは女性の理解が深まったからだと言う。

「以前のゲイパレードでは、レズビアン（L）は排除されていました。でも今は彼女たちに加え、バイセクシャル（B）やトランスジェンダー（T）の人たちも声を上げるようになった。それをつなげる役割を果たしたのがインターネットです」

ところでA君はどういう男性がタイプなのか？

A君は小暮君をちらりと見た後、頬を赤くした。

「そんなこと、ここで言わせないでよ！」

無駄なトラブルの巻き添えになる可能性があるので、それ以上の言及は控えておいた。

自粛を自粛せよ

２０１５年、イスラム国で日本人２人が拘束された事件を受け、国内に自粛ムードが拡がった。ナイフを振り回すシーンが含まれる深夜アニメの放映が延期になったのを初め、歌番組では、アイドルグループが新曲「Ｄｅａｄ ｏｒ Ａｌｉｖｅ」（死ぬか生きるか）の披露を中止し、別の曲に変更した。娯楽番組「笑点」では、「昨今の情勢」に配慮するとして三宅裕司と小倉久寛のコントが差し替えられたそうな。

白髪のバーテンダーがカクテルを作りながら言う。

「テレビを見ていて気になるのは、どうでもいいようなことを自粛する一方で、コメンテーターたちが高みの見物を決め込み、ハイになって、はしゃいでいたことです。あれ、和装振興議員連盟というんですか。超党派の議員たちが派手な着物姿でニコニコしながら、国会前で記念写真を撮っていた。議連会長の伊吹文明が、『国民衣装である着物を着て、国民が一致結束してテロ組織に対応している姿を示す』と語っていましたが、私にはアホとしか思えませんでしたね」

現実から目を逸らすため

この指摘はきわめて重要だ。つまり日本ではテロでさえ、お祭り騒ぎの材料になるのだ。それを彩るのが自粛のパンデミックである。「歌舞音曲を慎む」という言葉があるように、日本人はことあるごとに自粛を始め、右へ倣えで「不謹慎」なものを攻撃する。

しかし、「テロへの対応」という本質の議論にはなかなか進まない。衆議院の代表質問でも、人質拘束事件について触れはするものの、安倍首相の外交姿勢を厳しく問うものはほとんどなかった。これは日本人の「リアリズムの欠如」に起因する。

バーテンダーが頷く。

「今回、イスラム国のテロリストは、安倍の中東訪問という最も利益を得られるタイミングで要求を突きつけてきたわけでしょう。だから極めて冷静に計算している。一方、日本の対応は遅かった」

そのとおりだ。1972年、旧西ドイツでイスラエルの選手11名がアラブ人テロリストに殺害された。いわゆるミュンヘンオリンピック事件である。ドイツはこの事件を教訓にテロリスト対策を着々と進めた。その成果が出たのが、1977年のルフトハンザ航空機ハイジャック事件だ。当時のシュミット首相は、対テロ特殊部隊GSG―9を投入し、速やかに乗客を救出。翌日には何事もなかったかのように日常生活に復帰した。このときの手際のよさは今でも印象に残っている。

そこにあるのはドイツ国民の徹底したリアリズムだ。メディアも政府も「お涙ちょうだいの物語」など相手にせず、目の前にある事態に適切に対処した。

同年、ダッカ日航機ハイジャック事件が発生する。日本の対応は西ドイツとは正反対だった。当時の福田赳夫首相は「人命は地球より重い」と述べ、あろうことか獄中のテロリストらを釈放し、泥棒に追い銭とばかりに資金まで与えた。

バーテンダーが2杯目のマティーニをコースターに載せ、差し出す。

「結局、現実から目を逸らすための〝自粛〟なんですな。これは聞いた話ですが、某噺家が寄席で『首提灯』をやろうとしたら、主催者側から演目の変更を求められたそうです。酔っぱらいが侍に暴言を吐き、首を斬り落とされてしまう。しかしあまりに切れ味がよくて酔っ払いは斬られたことに気づかなかったという笑い話ですが、これを今回の人質事件に結びつけるなんて、こじつけもいいところ。それこそ、落語のネタですよ。東日本大震災のときも、嫌なムードが拡がりましたね。ありとあらゆるイベントが中止となり、ただでさえ暗くなった日本が節電でさらに暗くなった。なにかあれば不謹慎と騒ぎ立てる連中が、嬉々として言葉狩りを始めたんですね」

私がよく覚えているのは、当時の石原慎太郎都知事が自販機の明かりを落とすように求めたことだ。震災で落ち込んだ街から明かりを奪ってどうするのか。さらに石原は花見の自粛まで言い出した。ずいぶん奇妙な男だと思った記憶がある。花見を自粛したところで一体何が変わるのか。

要するに、石原はそのポピュリストとしての嗅覚を働かせ、俗情に媚びたのである。

「アンパン男爵」

強い酒を続けて飲みすぎた。ここは一度ビールに戻ろう。バーテンダーがレコードをかける。

「落語の話の続きで言うと、昔フランスでアンパン男爵という人物が誘拐されたんです。ちょうどその頃フランスを旅行していた噺家が帰国後、『フランスではどこもかしこもアンパンはどこだと大騒ぎ。私なら木村屋で探します』とテレビでやった。今なら不謹慎だと騒がれるのでしょうね。大木惇夫の軍歌『戦友別盃の歌』は男なら誰でも心動かされる素晴らしいものですが、今では『近現代史辞典』にも名前を見つけることができない。自主規制で縮こまるような国民が、表現の自由などと叫んでいるのですからおかしなものです」

2001年の9・11米同時多発テロの際も、日本では自粛ムードが拡がった。当時のジュリアーニNY市長が「日本人はなぜ自粛自粛と言うのか。むしろ活気を出すことが、テロリストへの敵愾心を示すことになるのではないか」と呆れたほどだ。

昭和天皇が体調を崩されたとき一儲けしたヤクザの話を聞いたことがある。彼はデパートやスーパーに片っ端から電話をかけ、『このようなときに赤飯を売るとはなにごとだ』と因縁をつけた。普通に考えれば、赤飯を売ること自体は不敬でもなんでもない。しかし、一部の動揺した人達が、ヤクザに詫び賃を払ったそうだ。あの頃は、お笑い番組も一斉になくなり、テレビCMの井上陽水の台詞「みなさんお元気ですか」にクレームが殺到した。

バーテンダーがため息をつく。

「先のフランスのシャルリー・エブドの諷刺画だって、安倍首相が『言論の自由にも限度がある』としっかり表明していれば、今回、人質の殺害までは進展しなかったかもしれない。しかし安倍はエジプトくんだりまで出かけて行き、〝ISILの脅威を食い止める〟とテロリストを挑発した。言うべきことを言わずに言わなくていいことを言うから『日本は何を考えているのかわからない』と外国から言われるのです」

なかなか面白いバーテンダーだ。話に釣られてしまい店を出たのは深夜3時。しばらく深酒は自粛しよう。

痴漢の「痕跡」

痴漢犯罪の撲滅を掲げる埼玉県警の鉄道警察隊が、2015年2月から「チカン抑止シール」なるものを無料で配布しているという。これは携帯電話の裏側などに貼るもので、直径約2・5センチ。表面には「さわらないで！」の文字が。

痴漢に遭ったときは、まずそれを見せて警告する。それでも痴漢行為が止まらない場合は、2枚重ねになっているシールの上1枚をはがすと赤いインクが塗られた「×」印が出てくる。それを痴漢の手に押し付けると、「痕跡」を残すことができるというのだ。

しかし、これは下手をすると冤罪に繋がりかねない。インクの跡だけを証拠とするのではないにしても、警察官の仕事を国民に代行させるようなもので、法的にも問題があるのではないか？

対人距離

痴漢冤罪の問題を追究しているS教授が言う。

「冤罪事件の怖いところは、たとえ無罪になっても汚名が消えないことです。私の知人の大学教授が、かつて電車内で痴漢騒ぎを起こしたことがある。本人は冤罪を主張したが、大学側は騒ぎが大きくなったので、ひとまず彼を休職にしたんです。彼は一貫して無罪を主張し、彼の父親は、痴漢騒ぎがあった電車に連日乗り込み、プラカードを持って息子の無罪を立証してくれる目撃者を捜し求めた。結局、彼は無罪になりましたが、大学に復帰したあとも『あいつは変質者だ』と噂されることが絶えなかった」

赤いインクの「×」印を押された瞬間に、容疑者の社会的生命は絶たれてしまう恐れがある。そこまで考えた上で「チカン抑止シール」は作られているのだろうか？

同席したフランス人記者が唸る。

「なかなか興味深い話だ。なにしろ欧米では電車内の痴漢はほとんどありえない。電車が混んでいないから手を伸ばしてこっそり痴漢するのは無理。腕の長さが2メートルくらいあれば別だけどな」

S教授が苦笑いする。

「数年前にロンドンの地下鉄で面白い看板を見つけました。日本のラッシュアワーの満員電車の写真が使われていたのですが、そこには『ロンドンもこうなりたいのか！』とあった。その時期、行政からの補助金が下りていなかったようで、エスカレーターも整備不良で止まっていた。それに腹を立てた地下鉄の職員がそんな看板を作ったようです」

文化人類学者のエドワード・ホールは、心地良いと感じる対人距離（他人との距離に関する意識）を分析、個人的距離（相手の気持ちを察しながら、個人的関心や関係を話し合うことができる距離）を45センチから1・2メートル、社会的距離（秘書や応接係が客と応対する距離、あるいは、人前でも自分の仕事に集中できる距離）を1・2メートルから3・6メートルとした。

一説によれば、日本人はこの距離が欧米人よりも短いそうだ。

欧米人が握手をしたり抱き合ったりするのは、対人距離が短いことをあえてアピールするためである。風俗、人種、宗教が異なる人々と暮らすのが当然の国では、他人とは簡単に相容れることはない。だから、見ず知らずの人間と狭い空間で肌を寄せ合う満員電車に乗ることなど考えられないのだ。

一方、日本には気軽に肩を組む文化もあるし、「袖振り合うも多生の縁」という言葉もある。

痴漢されても仕方がないような服装で、満員電車に乗り込む女性が多いのも事実だ。

「ピーピング・トム」

S教授の痴漢についてのレクチャーが始まった。

「江戸時代、『痴漢』という文字は『シレモノ』と読みました。これは『バカ』や『たわけ』を意味する言葉であり、性的な要素は含まれていません。『痴』は文字通りですが、『漢』は男ですね。しかし、明治時代に『チカン』とルビが振られるようになりました。当時の新聞でも、兄の嫁に手を出した男に対して『不義の痴漢』という見出しがついた。そのあたりから、痴漢の意味が限定的になっていったのです」

フランス人記者が顎鬚を撫でる。

「なぜ、痴漢という言葉の意味が変化したんだろう？」

S教授が頷く。

「江戸時代、男が町娘に手を出すことはよくありました。女性の着替えを覗いたり、尻を触るのも犯罪ではなかった。性に関しておおらかだったのです。度を越せば『たわけ』と呼ばれたが、男なら仕方ないという感じだった。しかし、明治に入り近代化を進める中、西欧の倫理観を導入することになります。そこで、性的に歯止めが利かない人間を表す言葉が必要になったわけです。『デバカメ』という言葉も同様。湯屋を覗く出っ歯の植木職人池田亀太郎が捕まったので、『デバカメ』という言葉を使って、覗きは犯罪であると周知させたのです」

欧米にも覗きを戒める「ピーピング・トム」の物語がある。

ゴダイヴァ夫人は、11世紀イングランドの女性で、マーシア伯レオフリックの夫人だった。夫レオフリックは圧政を行なったが、夫人は夫に重税を課すのを止めてほしいと嘆願する。

夫は「お前が裸で馬に乗り、街中を駆けるのなら止めてもかまわないが」と相手にもしない。

そこで夫人は意を決し、領民のために全裸で馬に乗り、コヴェントリーの街を走り回った。

フランス人記者が繋ぐ。

「有名な話だな。領民には、夫人が全裸で街を走る日には決して窓を開けてはならないと通達が出ていた。しかし、トムという男が約束を破り夫人の姿を見てしまう。神の怒りを買ったトムは盲目になってしまう」

痴漢や覗きなどの性犯罪は常習性が高いそうだ。なぜか？

遊園地でデートするとき、お化け屋敷に入ったり、ジェットコースターに乗ると恋がうまくいくという話がある。恋も恐怖もドキドキ感があるが、人間の脳はそれを同じものだと錯覚してしまうわけだ。

痴漢が発覚したら、社会的生命、地位を失う。その緊張感の中で快感が増幅し中毒になるのだ。

フランス人記者がニヤッと笑う。

「そういう意味では痴漢は登山に似ているな。命をかけて行為に挑むわけだから。高度な技術、判断力、五感を全開にして目的を達成する。頂上に到達したときの快感は……」

ちょっと待て！

登山家に怒られるぞ。

ジョークとヘイトの間

　今日の特派員仲間の定例会は荒れに荒れた。冒頭、フランス人記者が大きな声を出した。

「イギリスがＥＵから離脱するという。議会主義発祥の地で国民投票をやり、今頃になって後悔している連中も多いそうだ。これはブラックジョークだな。イギリス人は全員シャーロック・ホームズではない。海賊の末裔の野蛮人だから思慮が足りないんだ」

　イギリス人記者が分厚い銀縁の眼鏡を外す。

「さすが国王の首をギロチンで斬り落としたフランス人の発想ですな。すぐに頭に血が上る。今回の投票結果はブラックジョークではない。ヨーロッパで真にバランス感覚があるのはイギリスだけだ。我々が自分の道を選んでなにが悪い。バランス・オブ・パワーという発想はイギリスが発祥であり、フランスなどの大陸国家は冷静さに欠けるところがありますな」

　フランス人記者の怒りに火がついた。

「イギリスはヨーロッパの嫌われ者だろう。そもそも辺境の地にあるケルト人の国であり、田舎者が大航海時代や産業革命を経て、成り上がっただけだ。それで他の国を見下しているのだから始末が悪い」

イギリス人記者が首を振る。

「見下されて当然だろう。野蛮な革命に熱狂したフランス、ナチスに政権を取らせたドイツ。しかし、ナポレオンもヒトラーも、イギリスを落とすことはできなかった。第二次世界大戦で最後までナチスと戦ったのはイギリスではないか。ロンドンにV2ロケットが撃ち込まれる中、チャーチルは地下壕から指示を出した。エリザベス王女もカナダへの疎開提案を断り、国王ジョージ6世もチャーチルもロンドンを捨てることはなかった」

フランス人記者が鼻で嗤(わら)う。

「国内すらまとめられないイギリスは、もはや三等国だ。イングランド人は偏見の固まり。彼らはスコットランド人を怒りっぽくて酒しか飲まない連中だと決め付けている。ウェールズ人も格下の存在としてバカにしている。アイルランド人に至ってはバカにするどころか敵視しているだろう。第二次世界大戦の際、中立を宣言したのがアイルランドだったからな。オレが昔ロンドンのパブでギネスを飲んでいたら、イングランド人がこう言うんだ。『そんなものを飲むな。それはアイルランド人が皿洗いに使った後の汚水だ』と。一瞬、イギリス流のジョークかと思ったが違う。あれは完全にヘイトスピーチだ」

成り上がり

フランス人記者の肩を持つわけではないが、たしかにイギリス人には偏屈なところがある。アガサ・クリスティの『オリエント急行殺人事件』は、1920年代のヨーロッパを横断する列車が舞台である。映画化もされ、ショーン・コネリーがイギリス人大佐役で出ているが、フランス人を「フロッグ」、ドイツ人を「キャベツ」と呼ぶ。カエルを食う奴ら、ザワークラウトばかり食っている奴らという意味だ。

同じくヨーロッパを横断する列車を舞台にした映画に、ヒッチコックの『バルカン超特急』がある。主人公のイギリス人は、悪の手先であるイタリア人と格闘し勝利する。女性が心配して駆け寄ると、「大丈夫だ。だけどニンニク臭くてかなわない」と答える。イタリア料理をバカにしているわけだ。

フランス人記者が頷く。

「映画などでアーサー王は立派な鎧(よろい)を着ていたかのように描かれているが、それはありえない。当時のブリテン島は未開の地で、住民は原始人に毛が生えた程度のものだった」

ヨーロッパの片田舎で成り上がったイギリス人だからこそ、ナメられるのを極度に嫌う。礼儀作法を過剰に重んじるのも自分たちは紳士であり、野蛮な外国人とは違うと思いたいがためだろう。

こんなジョークがある。無人島に二人のイギリス人が流れ着いた。数年後、そこに一人のアメリカ人が漂着し、片方のイギリス人と出会う。アメリカ人はもう一人のイギリス人を指して「彼の名前は？」と訊く。するとイギリス人は「まだ誰にも紹介されていないから知らない」と答えた。紳士同士が知り合う際には必ず紹介者を必要とするというイギリスの礼儀作法を皮肉ったわけだ。

冷淡でケチ

険悪な空気の流れを変えようとしてアルバイトの小暮君が言った。

「僕はイギリスは好きです。他国をバカにしているというより、捻(ねじ)れた考え方がインテリの証だと思っているのではないでしょうか。イギリスを代表するコメディ集団のモンティ・パイソンも、一人のアメリカ人を除いてメンバーは全員オックスフォードかケンブリッジ卒というインテリでしょう。彼らはエリートから王族まで徹底的にバカにする。それを見てイギリス人は喜ぶ。愛国者ほど大笑いする。彼らには国を愛しているからこそ笑ってもいいという感覚があるようです」

フランス人記者が小暮君を睨み付ける。

「モンティ・パイソンは笑えないな。奴らは神を冒涜した映画を作っている。偶然イエスと同じ時代を生きたブライアンという男が、救世主と勘違いされて磔(はりつけ)にされる話だ。不謹慎にも程がある。ジュール・ヴェルヌが『月世界旅行』でイギリス人を皮肉っていたな。南北戦争後のアメリカで、人間が乗った砲弾を月に撃ち込む計画が立てられ、世界中から寄付が集まった。しかし、イギリスからは1ポンドも来なかった。奴らは他国のやることに冷淡でケチなんだ」

　イギリス人記者が立ち上がった。

「くだらない。君らは口先ばかりだ。戦後、アメリカはソ連の影響力拡大を恐れ、マーシャル・プランで大陸諸国にカネを流し続けた。一方、最後まで戦った私たちには莫大な借金が残った。わが国で続いた不況の一因はそこにある。ド・ゴールなんて偉そうな顔をしていたが、戦時中はいち早くパリを捨てロンドンに逃げてきたヘタレではないか」

　フランス人記者が中指を立てる。

「黙れ。何が英国紳士だ。チャーチルだって放蕩の結果生まれたアメリカ人とのあいのこじゃないか」

　イギリス人記者が、椅子を蹴飛ばして部屋から出て行った。

　普段仲良く一緒に酒を飲んでいる特派員仲間ですらこれなのだから、ヨーロッパの真の統合など、夢のまた夢なのかもしれない。

老人と若者

「シルバー民主主義」。最近、よく耳にする言葉である。「選挙などを通じて高齢者の政治的影響力が過剰に強まる現象」を指すそうだが、本当にシルバー世代の影響力は強まっているのか?

フランス人記者が首を傾げる。

「オレはきわめて疑問だな。今はむしろ若者の発言力が高まっている。先日の参院選(2016年7月10日)では、選挙権年齢が18歳に引き下げられたが、18歳と19歳の投票率は約45%と決して低い数値ではない。この票田は侮れない」

アメリカ人記者が長い金髪を掻きあげた。

「私が驚いたのは若者の支持政党よ。今回は自公連立政権を支持する若者が多かった。選挙前の報道でも、18~29歳の有権者のうち比例区で自民党に投票すると答えた人の率は高かった。全年齢層と比較してみても、若者の自民党支持率は高いのよ」

7月10日の朝日新聞の出口調査でも同様の結果が出ている。18歳と19歳の有権者の半数が自民党・公明党へ投票していたのだ。内訳は〈自民党40%、公明党10%、民進党17%、共産党8%〉。

20代では〈自民党43％、公明党9％、民進党16％、共産党7％〉。

一方、年齢が上がるにつれて自民党・公明党への支持率は下がっている。60代では〈自民党33％、公明党10％、民進党22％、共産党13％〉となっている。

人生経験の差

イギリス人記者が唸る。

「つまり、日本では若い世代ほど保守的なんだな。新しく投票権を得たのだから若者は革新に流れると思っていたがね。昔は若い世代は革新、柔らかく言うとリベラルだった。今回の結果は私にとっては予想外だ。このような現象は先進諸国ではなかなか確認できない。どこの国であっても、若い世代は経験値ではなく、頭で物ごとを考え、理想を求めて行動するからだ」

フランス人記者が反論する。

「それは表層的な見方だ。安倍政権は急進的な改革路線だろう。保守の要素は実際には少ない。だから、経験値の浅い若者が支持してしまうんだ」

ドイツにも、若い世代と老人世代の利害対立は存在する。ドイツは早くから18歳選挙権を認めていたが、若い世代は革新、少なくとも中道左派だ。今のメルケル首相は中道右派のキリスト教民主同盟であり、その支持基盤は中年層、老人層である。

イギリス人記者が銀縁の分厚い眼鏡を外した。

「同じようなことは先日のわが国の国民投票でも言える。若者はEUの掲げる理想に賛同して残留票を投じた。対して、老人は離脱に票を投じている。要するに、われわれは欧州大陸とは別の国であり、かつての誇り高い英国を取り戻したいと考えたわけだ。スプレンディッド・アイソレーション、つまり名誉ある孤立だな。90歳のエリザベス女王が離脱派だという報道も出た。女王が軽々しく政治的発言を行うのはまずいので宮殿側は否定したが、離脱派だとしても不思議ではない」

老人は人生経験を積んでいる。それこそ酸いも甘いも噛み分けている。だから保守的になる。一方、経験の浅い若者は、改革、革新に対する慎重さが足りない。それで自民党の改革路線に心を奪われてしまうのだろう。

平和の悪徳

フランスで7月14日に行われる革命記念日の行事を狙ったとも言われるテロがニースで発生した。群衆をトラックで撥ね飛ばしながら進み、最後は銃を乱射して80人以上を殺害した。トルコでは軍によるクーデターが発生。未遂に終わったものの、ここのところ世界中で騒動が続いている。

テロリストは彼らなりの〝正義〟を背負っている。頭でっかちな若者が〝理想〟を追い求めた結果、狂気にたどり着くのはよくある話だ。

　イギリス人記者が頷く。

「連合赤軍事件もそうだな。シルバー世代は〝戦争〟を知っている。それは〝現実〟を知っているということだ。暴力だけがモノを言う時代になれば、自分の身は自分で守るしかなくなる。戦争体験で、その教訓を嫌というほど叩き込まれたのだ。若者が老人から学ぶべきは、こうした現実感覚だ」

　アメリカ人記者が首をすくめる。

「日本の若者も不安定な国際情勢に気づき始めているわ。2016年7月の参院選では民進党の主張がはっきりしなかった。だから自民党に投票した若者の気持ちもわからなくはない。でも、シルバー民主主義という言葉で、拙速な改革を警戒する老人を批判するのはお門違いだわ」

　先日亡くなった大橋巨泉は、「戦争とは爺さんが始めて、おっさんが命令し、若者たちが死んでゆくものだ」と書いていた。

　しかし、血気盛んな若者が暴走するケースも多い。

　二・二六事件は、若い青年将校たちの行動が火種となり、結果的に戦争につながった。その収束に動いたのは鈴木貫太郎と岡田啓介という二人の老人だ。

　映画『アラビアのロレンス』では、部族統一のために働いてきたロレンスが、武功をすべてイギリス政府に利用され、失意のうちに退場する。そのロレンスに老練な族長ファイサルが声をかける。「もうここに兵士は必要ない。残るのは交渉というわれわれ老人の仕事だ。若者は戦う。勇気、未来、希望という戦いの美徳は若者のものだ。そしてそのあとで老人が平和を築く。平和の悪徳は老人のものなのだ。不信や警戒心、それが老人の道理だ」と。

フランス人記者が同意する。

「平和は妥協の産物なんだ。世の中は理想では動かない。争いを避けるためには、中途半端な状態で我慢しなければならないこともある。老人にはそれができる。しかし、裏切られた経験を持たない若者はそれがわからない」

結局、フランス語の「セ・ラヴィ」、つまり「人生ってこんなものさ」という考え方を受け入れられるかどうかだろう。

もっとも最近は老人が枯れなくなってきた。石原慎太郎のように、頭の中は青春時代のまま。過去の成功体験にしがみつき、ノスタルジーに浸る老人が、「もうひと騒ぎしよう！」と動いているのが今の日本だ。若者たちも、それに乗せられている。今必要なのは、頭でっかちな理想ではなく、平和という老人の悪徳ではないか。

テレスコープ・チャリティ

鎌倉の実家から戻ってきたアルバイトの小暮君が言う。

「2016年8月27日から28日にかけて放送された日本テレビ『24時間テレビ』の瞬間最高視聴率が35・5％に達し、例年通りの高視聴率となったそうです。なんだかがっかりしました。障害者を利用して、善意を垂れ流す。あんなバカバカしい番組、誰が見ているんでしょうか？」

フランス人記者が首を振る。

「君はまだ若いな。視聴者が甘ったるい感動を求めているのだから、それに応えるのは当たり前だろう。要するに障害者ビジネスだ。視聴者はマンネリズムを感じながらも、障害者に同情を寄せる自分の心の〝温かさ〟に満足するわけだ」

放送法第1条に、「放送を公共の福祉に適合するように規律し、その健全な発達を図ることを目的とする」とある。新聞や雑誌などの活字メディアは意識的に購読しない限り目に触れることはないが、テレビは見たくもないものが飛び込んでくることがある。だから、あまりいかがわしい番組は流すべきではない。

フランス人記者が顎鬚(あごひげ)を撫でる。

「イギリスでは1992年に、障害者を一面的にしか取り上げないチャリティ番組に対し抗議が起こった。それで1996年にBBCは、『障害者をヒーローや犠牲者として描くことは侮辱につながる』というガイドラインをつくったそうだ」

もっとも、「24時間テレビ」に対する批判も増えてきた。今回の放送では両足がマヒした少年を富士山に登らせる企画があったが、「虐待ではないか」との意見も相次いだ。

〝感動ポルノ〟

視聴率を稼ぐためには、より面白いストーリーを持った障害者を全国から集める必要がある。となると、制作スタッフが障害者施設を回って、ネタを探さなければならない状況も生じてしまう。こうした楽屋裏や恣意的な演出に、多くの視聴者が気づきはじめたのだろう。

小暮君が資料を出した。

「涙を流すと快感を得られることが科学的に証明されているそうです。最初は、思いやり、共感、同情といった感情により涙を流していても、そのうち泣くために泣くようになる。『全米が泣いた』といったコピーの映画のDVDを借りてきて、それを見て即物的に泣く。アダルトビデオを借りてきて抜くのと同じです。『24時間テレビ』が〝感動ポルノ〟と批判されるのも、あながち間違っていませんね」

日本では昔から「お涙頂戴映画」がたくさんつくられてきた。典型は「母もの映画」と呼ばれるもので、夫を亡くした母親が子供のために苦労を重ねるというのが定番の筋書きだ。健気に生きる母親に観客は同情を寄せて泣く。

当時の有名なコピーに「ハンカチを2枚ご用意ください」というのがあった。これもなんだか猥褻だ。

東大文学部の小暮君が言う。

「文学の世界にも同じようなものがあります。両親を失った少女が、いじわるな継母に引き取られ、過酷な労働をさせられる。戦後から昭和40年代にかけてこの手の少女小説が量産され、それ以降は少女漫画の世界に引き継がれました」

日本人は「かわいそうな人」に同情するのが好きなのだろう。だからこそ、歌舞伎のように、「泣き」を芸術の域にまで高めることができたのだ。

使命感と同情心

欧米はチャリティ活動が盛んである。ただしそれは、キリスト教の倫理観を基盤に成立している。神の慈愛がすべての人間に行き届くのが理想だが、現実にはそうはいかない。そこで、余裕のある者が幸せのおすそ分けをする。そこには、「神の愛を遍在させなければならない」という使命感がある。

海外のセレブが養子を取るのは、「成功によって得た富を公平に分配しなければ、天国に行けない」と思っているからだ。聖書には「富める者が天国に行くのは、ラクダが針の穴を通るより難しい」とある。セレブが孤児院などで養子を選ぶ際、最貧国出身の子供や、障害を持つ子供を望むのも、彼らにとってはそれが善行の積み重ねなのだ。

フランス人記者が唸る。

「一方、日本人のチャリティは、素朴な同情心から来ているな。目の前で苦しんでいる人には自然に同情してしまう。逆に言えば、目に見えないところで起こっている不幸は気にならない。だから、イラクやアフガンでどれだけ子供が飢えようが、平気で無視することができる。だが、テレビニュースなどで現地の悲惨な映像が流れると、途端に同情心が湧く。日本人は、そこで『縁が生まれた』と考えるわけだな」

小暮君が頷く。

「身近なところに同情を寄せるのは悪いことではありません。ディケンズは小説『荒涼館』で、欧米人の善意を皮肉っています。登場人物の婦人は、チャリティ・マニアで、貧しい原住民の子供を救う社会運動に夢中になっている。しかし、近所に住む貧乏な子供たちには目もくれない。こうした姿勢を、ディケンズは『テレスコープ（望遠鏡）・チャリティ』と批判しました。望遠鏡で遠くを見ているが、近くのものが見えていないと。要するに、社会的な改革は身近なところから始めるべきだと指摘したのですね」

フランス人記者が言う。

「徹底的に慈善事業をやった人物なら、ジョン・D・ロックフェラーを挙げることができる。アメリカの公立大学の多くには深夜まで開いているロックフェラー図書館がある。もちろん経費もかさむが、司書の給料も含め、すべて財団から資金が出ている。こうした人物のおかげで、アメリカの学問は進歩したわけだ。カーネギー財団もそうだが、これはアメリカの金持ちの典型だな」

ロックフェラーは、フランス革命によって損なわれた文化財の保護も行った。革命により廃墟になった修道院を買い取り、マンハッタンの北につくった「ザ・クロイスターズ」という美術館に絵画などの文化財を移した。

新興国アメリカには、産業革命以降、どんどんカネが入ってきた。それを有効に使ったわけだ。

「善意」を捻じ曲げてはならない。「24時間テレビ」のようなインスタントな感動は、視聴者の下劣な感情を満足させるだけで、人類に貢献するようなものではない。「お涙頂戴」の構造こそが、目の前の問題が見えなくなる「テレスコープ」状態を生んでいるのだ。

挨拶をやめてどうする

新宿西口の京王プラザホテルで取材を終えた後、久しぶりに新宿5丁目のバーに行った。新しいアルバイトの女の子が入っていたので、しばらく世間話。彼女は早稲田大学の学生で、先月からここで働いているという。

取材に同行したフランス人記者が言う。

「君はどこに住んでいるの？」

圭子ちゃん（仮名）がバーボンの水割りをつくりながら言う。

「目白です。駅からは少し離れているんですが」

「ほう、ちょうど帰り道だ。店が終わったらオレがタクシーで送っていこう」

危険を察知したバーのママが奥の部屋から出てきた。

「それよりも、この記事知っていらっしゃるかしら。知らない人から挨拶されたら逃げるように子供に教えている地域があって、実際にマンション内の挨拶が禁止になったそうよ。私はびっくりしちゃった。だって、防犯のためにはむしろ隣近所の挨拶が必要でしょう」

顔を知っている間柄で挨拶をしないのは、ケンカを売るのに等しい。

挨拶は躾（しつけ）の基本だ。朝は「おはようございます」、昼は「こんにちは」、夜は「こんばんは」。それが人間が共同で暮らしていくための最低限のルールである。

相手の人間性を確認

フランス人記者が唸る。

「治安が悪い国でも人々は普通に挨拶をする。それは相手がどのような人間か確認するためだ。同じマンションの住人とも、普段から挨拶を交わしておけば、いざというときに安心だ。だいたい、目も合わせないのなら危険人物であるのかどうかさえわからないではないか。挨拶の禁止など愚の骨頂だ」

ママがフルーツを運んできた。

「人間ではなくて、化け物を育てるつもりかしら。挨拶は人倫の基本でもあるのよ。この件は、神戸市のマンションで管理組合の理事を務めている男性が、神戸新聞に投書したことで話題になったらしいの。男性は『理解に苦しんでいます』と書いていたけど、同感だわ」

神戸市では2014年に路上で声をかけられた女児が殺害される事件が発生している。対策は必要だが、どこかズレているのだ。

以前、特派員仲間で集まり、上野公園で花見をやったことがある。すぐ近くで若者のグループが酒を飲んで騒いでいた。なにかの拍子に挨拶してきたので話を聞くと、築地で働いている人たちだった。彼らは帰り際に、「まだ刺身がたくさん残っているので食べませんか?」と言う。「もちろんです!」と答えて譲ってもらったが、最高にうまかった。そのときに、「不安なので、一応身分証明書を見せてくれませんか?」などと言ったら、お互い気分が悪くなっただけだろう。

フランス人記者が頷く。

「つまり、われわれは会話により事前に相手の人間性を確認していたわけだな。知らない者同士でも挨拶すれば心が通じる。神戸のマンションのやり方は、善意あるすべての人に、身分証明書を見せろと言っているようなものだ。しかし、お裾分けに毒を混ぜたり、子供を誘拐して殺す人間が、どの程度の割合で社会に存在するのだろうか。いちいち疑っていたらキリがない。それよりも、危険に対応する能力を身につけさせるのが教育ではないか」

わがままになった日本人

スキー中に事故が発生したら、スキーを禁止するのではなく、いざというときに身を守る技術を教えるほうが有益だ。挨拶も同じこと。危険な人間を見抜く能力が必要なのであり、少しでも危険なものを排除していけば、人生は氷の解けた水割りのようになる。

圭子ちゃんがびくっとして、水割りをつくり直した。

「たしかに人生が味気なくなってしまいますね。人を疑うことも時には必要です。それに、夜は家に鍵をかけて眠ります。けれども、子供に挨拶を禁止することで得られる安全と挨拶を禁止することで失うものの、どちらが大きいかは簡単にわかると思うんです」

先日「禁止事項が多すぎる公園」が話題になっていた。砂遊び禁止、水遊び禁止、ボール遊び禁止、走るのは禁止、大声で話すのは禁止、長時間のベンチ使用は禁止……。禁止事項が記された看板の写真がネット上にアップされ、「これだったら立ち入り禁止にしたほうがいい」と書き込まれていた。

社会ルールは、世の中を円滑に動かすためにある。しかし、昨今求められているのは、全員が損をしないルールだ。

たとえば、ある自治体がラジオ体操を始めても、近隣住民が「うるさい」と言えば、中止になってしまう。大多数にとって有益でも、わずかな人間がクレームをつければ禁止するしかなくなる。実際、多くの自治体では、ラジオ体操は苦情が出たら即取り止めという決まりになっているらしい。

ママがため息をつく。

「少数者の意見を尊重しなければならないという民主主義のルールを、誤解したり、拡大解釈する変な人たちが増えてきたのね。結局、日本人はわがままになったのよ。わずかな不快にも耐えることができないんだから」

日本ではもともと個人のルールより集団のルールが優先されていたし、はっきりとものを言わなくてもお互いの気持ちを慮る（おもんぱかる）「暗黙の了解」という文化があった。こうした美徳が衰退した結果、自分の主義主張をただがなり立てるだけの人が増えたのだろう。

また、核家族化、都市化が進み、地域共同体において自然に成立していた住民の視線による防犯システムが成り立たなくなった。現代人はネットを使ってコミュニケーションをとることが多い。そこには「世間」も「共同体」も存在しない。よって、社会規範が成立しないのだ。

深夜1時。入り口の戸が開き、某評論家が入ってきた。

すでにできあがっているらしく、大声で喋り始めた。こちらに気づいたようで、横目でチラチラ見ている。

ママが仲介するような素振りを見せたので、フランス人記者が目で合図し、止めた。

そいつは人倫にもとるクズ野郎である。つい最近も某誌でくだらない記事を書いていた。

よって、われわれは人倫に基づき、挨拶を避けたのであった。

弁護士に品位を求めるな

アダルトビデオ（AV）の出演契約を芸能事務所と結んだ女性が、出演を拒んで契約を解除。事務所は女性に違約金の支払いを求めて提訴したが敗訴した。

その後、「AV出演に手を貸した」ことが「品位を失わせる行為」に当たるとして事務所側の弁護士に懲戒が申し立てられたという。

アルバイトの小暮君が資料を配る。

「この件については第二東京弁護士会が審査し懲戒を退けたのですが、日本弁護士連合会は事務所側の提訴自体に『威圧的効果』があったと指摘。弁護士会は再審査し、再び申し立てを退けたようです」

先輩ジャーナリストのY氏が顔をしかめる。

「面倒な話ですな。そもそも弁護士に品位を求めるほうがおかしいんです。弁護士は白を黒と言いくるめる仕事でしょう。AV関係の芸能事務所など限りなく黒に近いんだから、カネだけで動く弁護士が出てくるのは当然です」

「弁護士ペリー・メイスン」

アメリカ大統領のリンカーンは元弁護士だった。彼が全寮制の大学を退学になった女学生の弁護を行ったときのことだ。寮長は「女学生は規則を破り、隠れてイチゴを食べた」と言う。リンカーンがイチゴを食べたらどのような不都合があるのかと理詰めで追及すると、寮長は言った。

「どうかこれをイチゴと捉えないで、リンゴと捉えて下さい」

要するに、アダムとイブが犯した罪を指しているわけだ。これにはリンカーンも笑いだし、負けを認めるしかなかった。裁判ではｗｉｔｎｅｓｓも必要になる。

アメリカ人記者が頷く。

「アメリカでは50年代後半から『弁護士ペリー・メイスン』や『弁護士プレストン』といった弁護士ドラマが出てきたの。アメリカでは弁護士はあらゆるテクニックを駆使して依頼人を無罪にする。だから弁護士にはカネで正義を曲げる者というイメージが昔からつきまとっていた。こうしたイメージを変えたのが『弁護士ペリー・メイスン』なのよ。主人公は刑事事件専門の弁護士で、依頼人が無罪という確信がなければ仕事を引き受けないの」

アメリカでは世界中から集まった人々が共通の言語とルールの下で暮らしている。単一民族である日本のように、お互いの気持ちを慮ることができるような文化ではない。考え方もバラバラなので「常識」も成立しない。「話せばわかる」「水に流す」といった感覚もない。彼らが信じているのは法律だけだ。だからきちんと契約書を交わし、どんな小さなことでも弁護士に頼ろうとする。

東大で日本文学を専攻する小暮君が言う。

「以前、こんな話を読んだことがあります。小説家の阿川弘之が常連の日本料理の料亭に行き、敷き詰められていた砂利につまずいて頭を打ってしまった。阿川はそのときの料亭の対応がすばらしかったと感動したが、この話をアメリカ在住の息子にすると、『お父さん、訴えたら勝つことができるよ』と言われたと。阿川は日本人の俺には考えもつかないと驚いていましたが、日本人でもアメリカに住んでいると感覚が変化してしまうんですね」

曲芸師

アメリカ人記者が事務所のソファーにもたれかかった。

「私の父の友人が詐欺に引っかかり、日本人弁護士のお世話になったの。その弁護士は、『医者と弁護士と芸能人は詐欺に引っかかりやすい』と言っていたそうよ。普段から『先生、先生』と呼ばれることに慣れているので、自分にうまい話が転がってくるのは当然だと考えてしまう。でも政治家も『先生』と呼ばれるのに、詐欺に引っかかったという話はあまり聞かない。有権者を騙すのが商売だから、用心深いのかしら」

Y氏が笑う。

「明治時代に一厘事件というのがありました。葉煙草農家の農民が乾燥していた一厘分の葉を手刻みにして喫煙し、専売法違反で起訴された。これが法治国家の原則だと知らしめたのです」

当時、弁護士は三百代言と呼ばれていた。資料によると、三百は三百文、つまり安物ということ。弁護士という職業は確立されておらず、「訴訟引受人」「弁護引受人」とも呼ばれていた。

そもそも裁判自体、日本にはなじまなかったのだろう。戦前の裁判ではカネと力のあるものが勝っていた。庶民は有能な弁護士を雇うことができないので勝てるわけがない。それで日本でも「法の網の目をかいくぐる悪徳弁護士」というイメージが定着してしまった。

Y氏が目を瞑る。

「私が新聞記者だったころ、高検の検事長にインタビューしたことがあります。取材後に『サンデー毎日』で連載中だった山崎豊子の『白い巨塔』の話になってね。検事長は『あの小説を終わらせるのはもったいない。法廷の話に持ち込んだらもっと面白くなるよ』と言う。そして小説のその後の展開をいろいろ語りだした。私は『サンデー毎日』の編集長と知り合いだったので、この話を伝えると彼の顔色が変わり、聞いた内容を全部教えてほしいと」

小暮君が素朴な質問をする。

「同業者なのに教えてあげたのですか？」

Y氏が頷く。

「私もネタをもらっていたからね。お互い様だ。私の中学校の同級生にノリがよい弁護士がいて、山崎が裁判のシーンを描写するのに苦戦していると話したら、検事の立ち位置などを細かく丁寧に教えてくれた。私はこの一件でも山崎さんに恩を売りましたよ。彼はその後、弁護士としても出世しましたが」

アメリカ人記者が首をすくめる。

「有能な弁護士はドラマの筋書きをつくることができるのよ。それが法廷闘争そのものだもの」

たしかにそうだ。弁護士の仕事は、勝つための道筋をつくることだ。そこに情緒やモラルを持ち込んでも仕方がない。彼らは法律をうまくあやつる曲芸師なのだ。

しかし、今の若者はＡＶなど見るのだろうか。あれだけたくさん出ていればマンネリ気味で面白くもないだろうに。

小暮君がつぶやいた。

「この際、白人男優を使って『白い巨塔』というＡＶを撮ったらどうですか？」

秀才キャラクターとしてのイメージが損なわれるから、そういうことは言わないほうがいい。

第2章

日本人の日本観

富士山信仰

今日は山梨県富士吉田市の渡辺金七郎さんのお宅に取材に来ている。長年、富士山信仰を研究してきた渡辺さんが怒りを表明しているのだ。

渡辺さんが苦虫を噛み潰したような顔で言う。

「今回（2013年6月）の富士山の世界遺産登録のニュースを見て喜んでいる奴らはアホかと思うね。あんたらには申し訳ないが、外国人に富士山の文化的価値などわからんだよ。富士山は日本固有の信仰の対象であり、素朴な愛国心の対象なんだ」

たしかに文化遺産登録の根拠の一つになっている「富士山信仰」は、われわれ外国人には理解し難い面もある。富士山本宮浅間（せんげん）大社のように富士山そのものを「ご神体」として祀っている神社もある。なぜ山が神になるのか？

渡辺さんがお茶を出してくれた。

「冬の白富士が見えたときは、無意識に手を合わせてしまう。富士山は人間とは対等なものではないだよ。圧倒的な存在なんだ」

こうした感覚は、キリスト教圏やイスラム教圏にはない。

アジア圏では、中国の泰山（たいざん）やチベットのカイラス山、ヒマラヤのカンチェンジュンガなど信仰の対象となっている山は数多く存在する。カイラス山では「五体投地」といって身体を投げ出しながら登山をする修行も行われている。

一番の違いは、富士山が周囲に同じような高さの山がない独立峰であることだ。あの雄大な富士の姿に、日本人は「孤高の精神」を見出してきたのかもしれない。

日本人と太陽と山

先週から世界遺産の取材を続けている部下のラッセル君が言う。

「映像関係の仕事をしている僕の友人によると、日本らしさを出すときは必ず富士山を使うという。彼はドイツ人ですが、多少不自然でも、富士山の横に飛行機が飛んでいるような絵をつくってしまうそうです。昨日静岡県側で聞いてきた話によれば、日本では江戸時代まで、登山は完全な宗教行事だったようですね。明治以降、ドイツのワンダーフォーゲル（青少年による野外活動）の文化が輸入され、登山はストレスを発散するためのレジャーになった。信仰対象である富士山が、観光客の捨てたゴミで汚染されるという事態もこうした背景があるようです」

強張（こわば）っていた渡辺さんの顔が少し穏やかになる。

「うん。君はきちんと勉強しとるようだな。戦前にコロンビア大学に日本文化研究所を設立した角田（つのだ）柳作という研究者がおる。日本学者のドナルド・キーンは彼の教え子だ。角田は、日本人と太陽、水、山との関係に注目した。太陽は天照大神（あまてらすおおみかみ）や大日様のように神道や仏教で大きな意味を持つ。島国の日本では水と神の関係も深い。そして、山々が連なる日本の地形は、寒暖の差や開墾の苦労もあり、日本人にとって決して都合のよいものではなかった。だからこそ、人間の力では太刀打ちできない圧倒的な存在として山は常に日本人の畏怖、畏敬の対象になってきたわけだよ」

なるほど。「富士山の頂上から御来光を拝む」という行為は、日本人が神聖視している太陽と山の両方と対峙する精神的な行為なのかもしれない。

国民の誇りが…

渡辺さんのお孫さんが小学校から帰ってきた。ピカピカの1年生だ。急に部屋が賑やかになる。

「あんたらもここで一緒に夕飯食べてくけ？」

いや、ありがたいのだが、今日中に東京の事務所に戻らなければならないので……。

最後に渡辺さんに聞いておきたいことがある。世界遺産登録のデメリットについてだ。

今回の世界遺産の選考では、静岡県と山梨県をまたぐ広範囲が世界遺産登録地と認められた。

そこには人はそれほど多く住んでいない。

一方、世界遺産選考の当落線上にあった鎌倉は、人家と文化遺産が交じり合っている。世界遺産に登録されれば、文化を保存するための規制が増えるため、街の改修がやりにくくなる。下手をすれば世界遺産の登録を抹消されてしまうのだ。

だから鎌倉では、今回世界遺産の登録に必ずしも積極的な人ばかりではなかった。

ラッセル君がお孫さんとじゃれあいながら言う。

「僕の国ドイツでも同じような話があったんです。チェコ近くのザクセン州にドレスデンという街があります。〝エルベ川のフィレンツェ〟と呼ばれる風光明媚なところなのですが、第二次世界大戦中には連合国軍の猛爆を受け10万人前後の市民がたった2日で殺されている。1990年の東西ドイツ統合以降、街並みの再建などが行われてきたのですが、2004年には歴史的建造物の残る文化的景観が評価され、ドレスデン・エルベ渓谷が世界遺産に登録されたんです。すると観光客も増え、交通量も急増した。そこでエルベ川に車両用の橋を建設する案が検討されたのですが、ユネスコの世界遺産委員会が反対。都市機能の発展を望めなくなってしまったのです。この厳しい規制に憤った住民は、実質的に2009年、自ら世界遺産の登録を返上しています」

渡辺さんが応える。

「ドレスデン市民は立派なものじゃんか。ユネスコだかなんだか知らないが、文化を守るなどと言いながら地元の生活を破壊しているのが実態ではないか。そのせいで、神山である富士が観光地になってゴミ山化が進むのなら、早急に返上いたしたいものだね」

渡辺さんの怒りがぶり返した。
「平安末期の歌人西行法師が伊勢神宮の佇まいに思わず詠んだ歌がある。

なにごとのおはしますをば知らねども
かたじけなさに涙こぼるる

仏教徒の西行が神道の神社である伊勢神宮で涙を流すというのは、日本人にしかわからん感情だよ。富士を見ても、お天道様を見ても、わしらは無心に手を合わせる。富士山を世界遺産に登録した連中は、こうした日本人の宗教観を理解しているずらか。外国人に評価されて喜んでいる連中のどれだけが、国民の誇りが汚されることになる可能性について想像できているのか。まずそれを問うてみたいもんだ」
日本人なら世界遺産より日本の遺産を大切にすべきなのかもしれない。

「昭和天皇実録」と日本の強さ

今日は某庁幹部の前田氏（仮名）と久しぶりの会食で、丸ビルの36階にある中華料理店に行った。鱶鰭(ふかひれ)料理が人気の高級店だが、ランチなら手軽な値段で食べることができる。早速、前菜のクラゲが運ばれてきたが、前田氏は少し落ち着かないようだ。

「ここの窓からは皇居が丸見えですな。まあ、これも時代の流れなんでしょうが、一昔前なら考えられないことだね」

時代の流れといえば、宮内庁が24年あまりをかけ編纂した「昭和天皇実録」が先日完成した。61冊、計1万2137ページに及ぶ圧巻の「正史」だ。

仕事柄、皇室に詳しい前田氏が言う。

「天皇陛下の実録のもっとも古いものは、奈良時代の『日本書紀』ですな。実録の作成はいったん途絶えましたが、明治以降に復活。ただし、『明治天皇紀』は完成から公刊まで35年かかったし、『大正天皇実録』は情報公開請求により公開されたものの、黒塗りされた部分も多く、公刊はされていない。今回の『昭和天皇実録』は、完成とほぼ同時に公刊するわけでしょう。情報公開の時代というわけですな」

なお、実録の編纂にあたっては、約3000点の史料を集め、元側近の聞き取り調査を行なった。新しい史料も続々と見つかり、昭和天皇の果たした役割の解明が進むと思われる。

イギリス王室の場合

前田氏が海鮮スープに手をつけた。

「ところでミスター・デンマン。西欧では王の記録は作られているのかね？」

日本の皇室にもっとも近いのは、イギリスの王室だろう。東の日本皇室と、西のイギリス王室は、東西の横綱のようなものだ。現在のイギリス王は、エリザベス2世だが、ご存知のとおり健在である。だから「昭和天皇実録」と比較できるのは、エリザベス2世の父親であるジョージ6世の記録ということになる。彼は短命で56歳で死去。昭和天皇が皇太子時代に西欧を歴訪した際には彼に迎えられている。

しかし、記録は文書になってはいるが、公刊はされていない。あくまでも記録が散逸しないために資料室に保管しているだけだ。

フランス王の公式記録もない。

ルイ16世の日記は有名だが、歴史的に重要な史料ではあるものの、庶民の動きや歴史の流れに無頓着なので、あまり参考にならない。たとえば、バスティーユ監獄が陥落した日の記述が「何もなし」の一言で終わっている。これは狩りに行き、獲物が何もなかったことを示しているらしいが……。

ナポレオン・ボナパルトは、王ではなくて皇帝だが、セントヘレナ島に流され、晩年は失意のうちに死ぬ。時代が古いこともあり公式文書はない。フランスでもっとも有名な人物でさえ、この程度なのである。

前田氏が頷く。

「似たような話を聞いたことがあるな。ロシアのピョートル大帝も、後進国だったロシアをヨーロッパの列強の地位に押し上げた功績があるが、公式記録は存在しない。20世紀に入ってレーニンの指導するボリシェヴィキ革命により帝政が打倒され、ソヴィエト連邦が誕生する。共産主義においては王の存在をもてはやすことが御法度だから、『正史』どころではなかったんだろう。もっとも、今ではウラジーミル・プーチンが、王のような顔をしているがね」

空前絶後の記録

西欧には「王」はたくさんいる。オランダ、ベルギー、スペイン、スウェーデンには王室があるし、過去には、イタリア、オーストリアにも王がいた。ドイツには皇帝がいた。しかし、絶大な権勢を誇ったオーストリアのハプスブルク家は第一次世界大戦の敗北で没落する。ドイツもワイマール共和制への移行で、皇帝はいなくなった。

だから、日本の皇室と西欧を簡単に比較することはできないだろう。そこではイギリスを除き、王の位置づけ自体が軽量級なのである。スウェーデン王は、自転車で買い物に行くくらいなので、荘重な雰囲気はない。もともと現人神だった日本の天皇とは、格式の面においても、まったく別物なのだ。

「鱶鰭とキヌガサタケの醤油煮込み」が運ばれてきた。

前田氏が唸る。

「これはうまいね。中国で鱶鰭を食べるようになったのは、明の時代らしい。この店は広東料理だけど、鱶鰭は潮州料理が起源だろう。もっとも、中国の場合は、王朝が代われば前の時代を全否定するので、『正史』など残りようがない。最後の王朝は清だが、あれは満州民族の王朝だから、やはり『正史』は残されなかった。今は漢民族の共産党が支配しているから、王政の出る幕はないだろうねえ」

中国の歴史書としては『史記』があるが、暮らしや社会のことについては、ほとんど書かれていない。逆に日本の歴史書は、日常の些末な出来事を記していることが多い。平安時代の貴族の日記を読めば、儀式における帽子の被り方については事細かに記しているが、肝心の宮中における儀式の位置づけについてはよくわからないところがある。

前田氏が同意する。

「今回の『昭和天皇実録』も、侍従が書いた事細かな日記が、史料として用いられている。日記自体が貴重なものなので、出版されていてもおかしくないのだが、あまりに描写が克明で、量が多いので見送られたそうだ。今回の『実録』が成立した背景には、徹底して宮中の記録を残すという強い意志を感じるな。『実録』は、昭和天皇の生涯が編年体で編まれている。これを編纂するのは大変なことだし、まさに空前絶後の記録と言っていい。これは、日本が文化国家だからできることであり、同時に天皇陛下という巨大な存在がいることによってなせる業なんだろう」

日本の皇室は数奇な運命を辿った。昭和天皇は、戦前は「現人神」であり、戦後は人間宣言を発し、「人間」になった。敗戦後、アメリカ国内では皇室をなくし、天皇を戦犯にするという動きもあった。「万世一系ノ天皇之ヲ統治ス」から「国民統合の象徴」へ急変した天皇のあり方は、「王」を追放したり、殺して排除してきたわれわれ西欧人からすると、非常にアクロバティックに見える。それと同時に、そこに戦後日本の強さの秘密があるような気がするのだ。

日本人の日本観

ここ数年気になっていることがある。それは、日本人が自信を持つようになってきたことだ。もちろん、それ自体は悪いことではない。外国人の私から見ても、日本はよい国だ。しかし、かつての日本人はもう少し控えめというか、表立って自国を誇るような――アメリカ人や中国人や韓国人のような――人は少なかったのではないか。

「外国人が日本を褒める」という趣旨のテレビ番組も増えている。2014年10月21日にスタートした「所さんのニッポンの出番！」（TBS系）はその典型だ。番組案内には、〈日本の素晴らしさを再認識！　世界に誇ろう日本人！〉とある。書店に行けば、日本はいかにすごい国なのかということを力説した書籍が並んでいる。バブル期にもこうした現象はあったが、現在とはかなり状況が異なるはずだ。この問題を考えるヒントとなるのが、「日本人の日本観」を巡る2つの調査結果である。

森鷗外と夏目漱石

文部科学省所管の「統計数理研究所」が２０１４年10月30日に発表した国民性調査によれば、日本人の83％が「生まれ変わるなら日本に」と考えているという。一方、内閣府が同年10月18日に発表した「人口、経済社会等の日本の将来像に関する世論調査」では、50年後の日本について「暗いと思う」と答えた人が60％にのぼり、「明るいと思う」は33・2％にとどまった。日本人の多くは「将来は暗い」と憂慮しながら、もう一度日本人に生まれ変わりたいと考えているわけだ。これをどう考えればいいのか。

フランス人記者は事務所のソファーに陣取り、焼売(シューマイ)弁当を食べている。

「こういう矛盾は日本人だけでなく、どこの国の人間にもあるんだ。誰でも落ち込んでいるときは自分が嫌いになるし、気分がいいときは自分びいきになるだろう」

一般論としてはたしかにそうだが、かつての日本には自国に誇りを持てない人が多かったような印象がある。「空があんなに青いのも、電信柱が高いのも、郵便ポストが赤いのも、みんなあたしが悪いのよ」という落語が流行(はや)ったこともあるくらいだ。

戦後のインテリは、自国の悪口を垂れ流すことが商売だった。「これだから日本は駄目なんだ」「欧米には絶対に勝てない」「東欧より社会福祉が遅れている」「日本には民主主義が根づいていない」

……うんぬんと、日本の文化、芸術、経済、その他ありとあらゆるものを外国と比べて、腐していた。

今でも「欧米に比べて女性の社会進出が遅れている」とか、「日本型経営は過去の遺物で、これからはグローバリズムの時代だ」などと時代遅れの戯言を叫ぶ新自由主義者みたいなのもいるが、「自国の悪口を言うことが良心の証明」という歪んだ価値観が一部に定着しているようだ。

フランス人記者が、ラ・マルセイエーズを口ずさむ。

「オレの国は逆に愛国で一貫しているからな。日本全体に自己嫌悪が蔓延していたことに関しては、理解できないこともない。1854年にペリーが2度目に日本に来た時、模型の蒸気機関車や電信機などを持参した。その時の日本人のショックはすごかったらしい。その後、西欧に追いつくために、絹を売ったカネで大砲や軍艦を買った。でも、戦争に負けて1945年に一からまた始めなくてはならなくなった。そこで今度は、アメリカに憧れるようになる。ドイツからアメリカに乗り換えたわけだな」

戦前日本の憧れはドイツだった。森鷗外の『舞姫』は、ドイツ人の女がドイツ帝国に留学した日本人に恋する物語だが、これは当時の日本人男性の〝夢〟のあらわれだろう。

フランス人記者が頷く。

「鷗外はドイツで日本と世界の差を痛感した。夏目漱石もイギリスに留学中は、日本人としてのアイデンティティを失いそうになり、発狂寸前にまで追い詰められた。でも2人は、江戸期からつながる日本文学の金字塔を打ち立てている。海外に行くことにより、日本の美質を知ったわけだな」

ここにヒントがあると思う。

つまり、現在の日本人は留学などしなくても、世界の実情を理解できるようになったのだ。そして、それがそれほど輝かしいものではないことに気づいたのである。

『お茶漬けナショナリズム』

フランス人記者が顎鬚を撫でる。

「バンクーバーのある新聞が『日本にあってカナダにないもの（欲しいもの）』というアンケートをとったんだ。そこで何が1位になったかわかるかい？『温かい便座』だ。2位は『コンビニエンスストア』。24時間開いているような店はカナダにはほとんどない。3位は『ラーメン屋』。これはカナダ人だけが感じていることではないだろう。ここまで便利な国は世界でも日本だけだ。ロンドンのパブのトイレは、激しく汚い。飾っているのは表面だけというのが、〝紳士の国イギリス〟の実態なんだ。結局、ウォシュレットの温かい便座に座っていられるのだから、日本人は外国に憧れなくなったんだな」

カナダならケベック、イギリスならスコットランドのような分離独立運動に悩む国も多い。ロシアもそうだ。日本の場合、地方により方言は異なるが、独立運動が発生するようなことはないだろう。なぜなら、日本人は江戸時代とは異なり、日本国全体に帰属意識を強く感じているからだ。

フランス人記者が同意する。

「かつて三島由紀夫は、海外旅行から戻ってきて祖国を讃美するような日本人を『お茶漬けナショナリズム』という言葉で揶揄した。『日本のフランス料理が一番うまい』とか、『日本の女が世界一』などと言い出すような連中だ。しかし、自国を過大に評価するのも、過小に評価するのも、目が曇っているという点においては変わりがない」

そういう意味において、日本人は自国の状況を正確に認識しているのではないか。現状を考えれば、将来それほど明るくなるとは思えない。だからといって、海外を探しても、〝理想郷〟が存在するわけではない。論壇を牛耳ってきた知識人の影響力も地に落ち、日本人は自国を貶める(おとし)ことに恥じらいを持つようになったのだ。もっとも、それほど気負ったものではないのかもしれない。テレビをつければ海外の悲惨なニュースが次々と飛び込んでくる。日本人の日本観は、今の厳しい世界情勢を反映しているのだろう。

お祭りと夜店の意味

靖国神社の「みたままつり」が7月13日から16日まで開催されている。若者が夜遅くまで騒いだりゴミを投げ捨てたりするため、2015年は露店の出店が中止になった。昨今は暴力団排除の流れを受けて全国的に露店を禁止する風潮があるが、少し寂しい気がしないでもない。

餅は餅屋だ。テキ屋の元締めでもある某暴力団関係者に取材した。

九段下のホテルグランドパレスのラウンジに、男は30分ほど遅れて現れた。高級スーツを身にまとった70代後半の紳士である。ソファーの向かい側に腰を下ろし、水割りを注文する。

「ミスター・デンマン。神社の祭りから露店を追い出すのはひどい話ですよ。日本人は誰もが幼い日の夏祭りの思い出を持っている。射的に金魚すくい、輪投げ……。もちろん、食べ物はジャンクなものばかりです。綿アメ、水アメ、極彩色のカキ氷……。お好み焼きだって、バケツにメリケン粉と水とキャベツをぶち込み、適当に焼いただけ。ソースを焦がすニオイで子供を釣るわけですな。公衆衛生法もへったくれもなく、役所も最初からいいかげんだとわかっているから何も言ってこない。あのいかがわしさが夜店の醍醐味ではないですか」

それはわかるのだが、靖国神社は戦争で亡くなった英霊を祀る場所だろう。こうした襟を正すべきところで、若者がバカ騒ぎするのは問題ではないか。

男女の縁は神様が決める

男が首を振る。

「それは違いますな。祭りはバカ騒ぎが許される場なんです。民俗学者の柳田國男先生によれば、日常生活に属する『ケ』と、儀礼や年中行事などの非日常に属する『ハレ』は、日本社会において厳然と区別されている。そして神社の境内で行なわれる祭りは、まさに『ハレ』なんです。祭りは日々の生活で縛られているモラルから解放される場である。男女が関係をもつのも『ハレ』に属すること。歴史的にもお祭りの時のセックスは黙認されてきた。みたままつりがナンパの一大舞台になっているなんて、結構なことではないですか。少子化が進んでいるこの御時世、若者はもっと乳繰り合ったほうがいいんですよ」

私はかつて人類学の本で、「夜這いの文化」について学んだことがある。日本の田舎では、祭りの夜に夜這いが行なわれることがあった。男も女も祭りでは性におおらかになる。夜店に並んでいる商品も、夜這いに行くための道具が発祥という説もあるそうだ。例えば、お面は夜這いの際に変装するための道具であると。

男が頷く。

「そこまでご存知なら話は早い。古くから文楽や狂言、大道芸で使われてきた『おかめ』は一平四満といって鼻が低く潰れ、頬が膨らんでいるのが特徴です。一説には、これは女性器を模っているそうです。同様に、田楽などでの道化役である『ひょっとこ』の尖った口は男性器を模っているという話もある。祭りの最中に、男女がお面を被り乱交し、生まれた子供を〝神からの授かりもの〟として、村全体で育てたという話も聞いたことがあります」

これは日本に限った話ではない。『ルイジアナ・ママ』という曲の歌詞に「I met her at the Mardi Gras」という一節がある。「Mardi Gras」とは謝肉祭の最終日のこと。ニューオーリンズの「Mardi Gras」は特に盛大なお祭りだ。

日本語の訳詞では「祭りがあったある晩に　あの娘誘って二人きり　ダンスに行ったのさ　そしたらあの娘はそっと打ち明けた　ぼくが好きだって」とある。欧米でも祭りは女性と出会うきっかけになっているのだろう。

男が満足そうに微笑む。

「ほら見なさい。男女の縁は神様が決めるものであり、人間ごときが介入してはならない。役所も警察も余計なことしかしない。いろいろ規制して、日常生活のモラルで祭りを裁断してしまえば、豊穣な文化概念が毀損されることになります」

社会の裏側のルール

何杯目かの水割りが運ばれてきた。

男はソファーにもたれて目を瞑（つぶ）り、昔を思い出しているようだ。

「日本人は祭りが好きなんですよ。お稲荷さんの祭りをやるにしても、どんな御利益があるかなど誰も知らない。要するに、祭りを開く口実にしているわけですな。お互いの姿がよく見えない薄暗い境内で、夜店の淡い光の中、子供たちは学校ではすぐに噂になってしまうようなこと、つまり男女の関係を知り、大人になっていく。言葉にできない淡い感情が芽生えることもある。祭りの夜は、こうした人生の機微を学ぶ場でもあるんです」

言いたいことはわからないでもない。だが、暴力団やテキ屋が大きな顔をするのは問題ではないか。ナンパ目的のチンピラが集まることにより、家族連れが祭りに行きづらくなったりもする。

子供にとっては、誕生日や正月でもないのに、自由にお金が使えるチャンスが祭りだ。しかし、当たり券が入っていない「ラッキーくじ」を引かせたり、すぐに死んでしまうヒヨコを売りつけたり、子供を騙すような商売はやはり褒められたものではない。

男が語気を強める。

「それは違いますな。子供はそこで虚偽の商売の存在を知るのです。私は子供の頃、夏祭りの夜店でノコギリを買ったことがある。夜店のおっちゃんは抜群の切れ味だと言っていたが、次の日には歯がボロボロになった。もちろん、文句を言いに行けば、彼らの本性が出る。次の日に行ったところで同じ場所で店を張っている保証もない。子供はこういう買い物を通じて、社会の裏側のルールを学ぶのです」

日本人は映画『男はつらいよ』シリーズを愛している。それはテキ屋の寅さんがテンポよく語る口上が、子供の頃の記憶を呼び覚まし、郷愁を誘うからではないか。

〽国の始まりが大和の国、島の始まりが淡路島、泥棒の始まりが石川の五右衛門なら、助平の始まりが小平の義雄。お父さん、これ買ってよ、ダメ？　ケチ。三、三、六歩で引け目がない。産(さん)で死んだが三島のおせん。おせんばかりがおなごじゃないよ。

もっとも、あなたが夜店をそこまで擁護するのは、金銭的な見返りがあるからだろう。

男は鼻を鳴らして憤慨した。

「それを言っちゃあおしまいよ！」

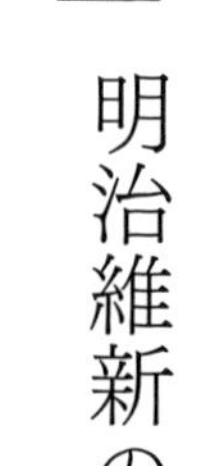

明治維新の禍根

久しぶりに神保町の書店をまわった。古書店に数カ所顔を出し、最後に三省堂に寄り、新刊本10冊を事務所に送ってもらう手筈を整えた。店を出ると両手に紙袋をぶら下げた歴史学者のY教授に出くわす。ちょうどお昼時だったので近くの中華料理屋に一緒に入った。

Y教授は席につくなり今日の収穫物をテーブルの上に載せた。歴史学の洋書が3冊、新刊の対談本が1冊、変わったところでは「明治維新は間違っていた」という内容の本もある。

ランチには少し贅沢だが、われわれは上海蟹をオーダーした。

Y教授が紹興酒をすする。

「これは話のネタに買ったんです。最近〝明治維新の禍根〟がテーマの本が多いんですよ。どこかの目敏（めざと）い編集者が仕掛けて、それが売れたので、類書がたくさん出たのでしょうけど」

明治維新を一種の革命と捉える人もいるが、その立役者は坂本龍馬、西郷隆盛、吉田松陰、大久保利通、山県有朋、木戸孝允……といろいろいる。彼らは歴史小説やドラマなどで肯定的に捉えられているが、日本人の歴史感覚に地殻変動のようなものが発生しているのだろうか？

Y教授が笑う。

「いや、そんな大層な話ではありませんよ。日本人はこういう物語が好きなんです。たしかに歴史に〝if〟を入れて考えることは楽しい。もし井伊直弼が襲撃された日に雪が降っていなかったら、もし徳川慶喜が鳥羽伏見の戦で大坂から帰らなかったら、もし江戸城が無血開城しなかったら……。でもそれはあくまでも空想上のお遊びです。歴史とは複雑な事象の組み合わせであり、実際に発生した事実しか意味を持ち得ないわけですから」

私が気になるのは、日本と欧州の革命観の違いである。

欧州は革命の歴史といっても過言ではない。フランス革命ではジャコバン派による独裁が行なわれ、多くの人民が殺害された。レーニンのロシア革命でも多くの血が流れ、ロマノフ王朝は徹底的に潰された。

「どちらもテロリスト」

このように革命は、その国の歴史自体をひっくり返すものである。それに比べたら、明治維新は生ぬるいものだった。また、幕末の志士の偉業は後付けで脚色された部分も大きく、彼らがいなくても日本は開国する運命にあったのではないか。

Y教授が頷く。

「むしろ大事なことは、明治維新に対する不満の根源を考えることです。会津と薩長の啀み合いは今でも続いている。薩摩の武士が会津の武士の嫁を強姦したという話もどこかで読みました。薩長のせいで各地で悲劇が発生したのは事実でしょう。それで薩長はテロリストと非難される。でも会津だって新撰組に関わっていたではないですか。新撰組のほうがよほどテロリストですよ」

たしかにそうだ。NHKが大河ドラマで新撰組や忠臣蔵を採り上げるのは不見識である。

Y教授が続ける。

「薩長に怪しい連中がいたのは事実です。伊藤博文だってもともとは攘夷派だった。それが維新後は開港を推し進める人物になっているのだから信用できない。徳川慶喜のほうがまだ信用できる。歌舞伎の『将軍江戸を去る』はご存知ですか？　無血開城を決めた慶喜は部下の一部を引き連れて江戸を離れる。千住大橋を渡ろうとすると、部下の山岡鉄舟が『上様、その一歩が江戸の別れの歩みです』と言う。それを聞いて慶喜が振り返る瞬間が歌舞伎で一番盛り上がるんです。私も思わず『上様！お早いおかえりを』って叫んでしまいたくなるんだな」

それこそ、後付けで脚色された歴史ではないか。

水に流す？

Y教授が笑う。

「明治維新の禍根で思い出すのは三島由紀夫です。彼は明治維新という近代化に反抗した神風連にシンパシーを感じていた。『豊饒の海』の第2巻はそんな話ばかりですよ。神風連のメンバーは、電線の下を通る時には電気が降りかかってこないように頭上に扇子を掲げていた。こうした近代に対する不信は、戦後日本に対する三島の反発と符合したんですね」

しかし、上海蟹は旨い。人は蟹を食べると無口になるというが、現代人は少し饒舌になりすぎているのではないか。歴史に対する謙虚さが足りないのだ。

Y教授が同意する。

「日本という概念が定着したのは明治維新以後です。戦争により国家意識が生まれた。それまでは藩が帰属意識の母体でした。幕府は敵対する藩を隣同士に置き、啀み合わせることにより自分たちに対する反発を抑えた。今でもそうですよ。飛騨と美濃は同じ県なのに仲が悪い。これもその時代の名残です」

なるほど。藩同士の反目が維新後も続いているわけか。

同じような話は欧州にもある。今になってもフランス人はドイツ人を許していないし、イギリスはすべての国に嫌われている。欧州はいわば怨恨の歴史の大陸である。

Y教授が蟹の甲羅に紹興酒を注ぎ箸でかき混ぜる。

「どこの国も変わりませんな。各藩の人物や風土について書かれた江戸時代の『新人国記』という本には、和泉国は『物の上手なるものなく』などと書かれている。これを読むと人間は、なにかを貶すことによってしか自我を保てない存在なのだなと思ってしまう」

ドイツ人はフランス人が芋を食べるときにナイフを使うのをバカにするし、フランス人はドイツ人がフォークで芋を潰すのをバカにする。

しかし、芋の食い方に唯一の正解などあるはずもない。だからこそ文化は衝突するのだ。

義和団事件の際の日本軍の代表は柴五郎という会津の出身者だった。彼の手記を見たことがあるが、薩長軍閥の中で非主流派にもかかわらず出世した人物とは思えないほど、延々と会津が薩長にひどい目に遭わされたと書き連ねている。日本人が「水に流す」という言葉をよく使うのは、逆に「水に流すことのできない」過去を抱えているからではないか。

Y教授が店員にカードを渡した。今日はおごってくれるらしい。

「大阪の維新を名乗っている連中も延々と内ゲバを繰り返している。改革、革命と聞こえがいいことを言っていても、結局、怨恨と妬みとカネがああいう集団を動かしているんですよ」

妙に納得のいく話だった。

自爆テロをカミカゼと言うな

パリで発生した同時多発テロを、現地メディアが「カミカゼ攻撃」と表現しているようだ。しかし、その語源となった日本の神風特攻隊は、一般市民を攻撃対象にしたものではない。あのような表現は誤解を招くのではないか。

白髪のバーテンダーが頷く。

「先日、作家の野坂昭如さんが亡くなられました。彼は『国家非武装されど我、愛するもののために戦わん』という本を出していますが、その中で『軍隊とは国家の資本やステートを守るものであり、人々を守るものではない』『もし日本に外敵が攻めてきたら国家に頼らず民間防衛で自分たちの身を守ればよい』という趣旨のことを説いていた。戦争で幼い妹を亡くした野坂さんが平和を語るのはわかりますが……」

国家が正式に組織した軍隊、つまり正規軍だけが戦争を行なう権利を持つ。それ以外の集団が武器を持って立ち上がれば、どのような大義があろうと、ゲリラと看做(みな)される。当然、戦場において人権が守られることはない。

似ても似つかない

フランス人記者が唸る。

「ISは正規軍ではなくてゲリラだろう。だから国際法違反なんだ。民間人を狙った絨毯爆撃や空襲も同様だ。戦争とは正規軍同士の戦いのことであり、民間人を狙った攻撃は許されない。従って、広島や長崎の原爆投下は明らかな国際法違反だ」

日本はサンフランシスコ平和条約を締結する際に、原爆投下が国際法違反であることをもっと強く主張すべきだった。

しかし、日本に突きつけられた講和条件が当時としては悪いものではなかったため総理の吉田茂はそのまま呑んでしまった。

来日中の部下ラッセル君が言う。

「アメリカやイギリスが行なった国際法違反はこれだけではありません。アメリカ空軍とイギリス空軍は第二次世界大戦末期の1945年2月13日から3日間にわたってドイツ東部のドレスデンを無差別爆撃しています。ドレスデンは歴史的建造物も多く、〝エルベ河畔のフィレンツェ〟と呼ばれた美しい街でした。軍事基地もほとんどなかったのに、連合国は空爆で瓦礫の山にしてしまった。アメリカ人やイギリス人は日本の特攻を野蛮だと非難しますが、自分たちがもっと野蛮な戦争犯罪人であることには気づきもしないのです」

日本軍の神風特攻は正規軍によるものであり、当然国際法に違反しているわけではない。要するに、ＩＳのテロと〝カミカゼ〟は似ても似つかないものなのだ。

フランスの作家で文化相でもあったアンドレ・マルローは、特攻の精神を高く評価した。

《スターリン主義者たちにせよナチ党員たちにせよ、結局は権力を手に入れるための行動であった。日本の特別攻撃隊員たちはファナチックだったろうか。断じて違う。彼らには権勢欲とか名誉欲などはかけらもなかった。祖国を憂える貴い熱情があるだけだった。代償を求めない純粋な行為、そこにこそ真の偉大さがあり、逆上と紙一重のファナチズムとは根本的に異質である》

たしかに特攻は非合理的な戦略だ。若い命も失われた。戦争の悲劇は二度と繰り返すべきではない。しかし、祖国と家族を想う一念から恐怖も生への執着もすべてを乗り越えて出陣した特攻の精神は貴重なものではないか。

バーテンダーが頷く。

「私は鹿児島の知覧を何回か訪れたことがあります。神風特別攻撃隊の出撃基地の一つです。そこに行けばたいていの日本人は襟を正すのです。戦中、どこかで特攻作戦が行なわれると、ラジオで『海行かば』が流れました。私は子供でしたが、厳粛な気分になったものです」

伝統的な死生観

われわれも少々厳粛な気分になってきた。バーテンダーが続ける。

「大東亜戦争は真珠湾攻撃で始まりました。特殊潜航艇に乗り込んで、真珠湾の米艦艇を攻撃しようと企図、未帰還となった海軍大尉たちは『特別攻撃隊の偉勲』として軍神とされました。彼らの攻撃も決死作戦だったんです。つまり、戦争末期の神風特攻隊だけでなく、あの戦争自体が決死の覚悟のもと行なわれたのです」

ラッセル君が腕を組む。

「近代以前の戦争では、人的消耗を顧みずに陣地を占拠する戦いが行なわれていました。こうした決死作戦に従事することは、洋の東西を問わず名誉とされてきました。西部劇の『アラモ砦』もそうですよね。圧倒的に優勢なメキシコ軍を相手に、勝てないことが確実であるにもかかわらず、できるだけ敵に損害を与えて足止めするわけです。これも全米を奮い立たせた美談とされてきました」

バーテンダーがライムを搾る。

「作家の山田風太郎は、『特攻を含む日本軍の最後の大暴れは決して無駄ではなかった』と言っています。彼は軍に好意的ではありませんでしたが、特攻が占領軍に恐怖の感情を植えつけたことを評価したのです」

フランス人記者が顎鬚（あごひげ）を撫でる。

「日本人は特殊な民族であり、欧米人は理解できないという固定観念を、日本人自身が利用してきたフシもあるな。これは60年代の話だが、必死になって交渉にあたる日本のビジネスマンを見て、欧米のビジネスマンは『ここで契約しなかったら彼はハラキリをするのではないか』と恐れたという。いわゆるエコノミックアニマル、モーレツ社員と呼ばれた時代の企業戦士たちは、欧米人には特攻の精神と重なって見えたのかもしれない」

しかし日本人も変質してきたのだろう。若い世代は「命こそが最上の価値である」という価値観を植えつけられて育ってきた。けれど生き延びることが至上の価値になってしまえば、死ぬ意味も見つけられなくなる。

ラッセル君が頷く。

「映画やドラマでも特攻を描いたものがありますが、出撃に際して思い悩む隊員の心情を、現代の価値観に基づいて描いていました。あれは少し問題がありますね。日本人の伝統的な死生観が失われてきたということなのでしょう」

バーテンダーがサービスで人数分のカクテルをつくってくれた。

「カミカゼです。ウオッカベースにコアントローとライムジュース。名前の由来はその切れ味にある。これが日本のスピリッツです」

刺青文化論

医師法違反の罪に問われたタトゥーの彫師が、無罪を訴えて法廷闘争に踏み切るとの報道があった。戦前は彫師を直接取り締まる規制があったが、戦後は消滅。しかし2001年、厚生労働省は「針先に色素を付けながら皮膚の表面に色素を入れる行為」は医師しかできないとの通達を出している。ちなみに、アメリカでは多くの州で彫師はライセンス制になっており、イギリスは登録制だ。

こんな話を始めたのも、いま露天風呂に入っている中年男の背中に大きな紋々があったからである。

フランス人記者がいつになく声を潜める。

「あれはどう考えてもNGだろう。ここの健康ランドの従業員はなんで追い出さないんだ？」

若者のタトゥーとヤクザの刺青（いれずみ）では威圧感が違う。

アルバイトの小暮君が室内風呂に首まで浸かる。

「聞いた話によると、アメリカの若者の4割近くはタトゥーを入れているそうです。もちろん全身ではなく、上腕にワンポイントの小さなものを入れる程度。日本の刺青は芸術作品に近いものがありますが、アメリカ人のタトゥーには文化の香りはしませんね」

ロシアマフィアの場合

刺青の歴史は古い。紀元前から世界各地で行われ、3世紀の史書『魏志倭人伝』に日本では「男子は皆面に黥し身に文する」との記述がある。つまり、顔にも体にも刺青があるということだ。江戸時代には荒くれ者が好んで彫った。文政10年（1827）頃から、歌川国芳が精巧華麗な刺青のある『水滸伝』の豪傑108人の錦絵を売り出し、江戸の侠客を中心にブームになった。

フランス人記者がさらに声を潜める。

「オレはヤクザが大嫌いなんだ。昔の博徒やテキ屋の刺青を反社会的と言うつもりはないし、歌舞伎の演目にも刺青をした役は出てくる。しかし、わざわざ健康ランドで他の客を威圧する野郎には反吐が出るな」

小暮君が頷く。

「僕は米露共同制作の『ロシアの犯罪者と刺青』というドキュメンタリー映画を見たことがありますが、ロシアでタトゥーを入れるのはマフィアだけだそうです。アメリカ人にとってはファッションなのでしょうが、ロシアでは犯罪集団との繋がりを明確に示す。日本のヤクザの刺青には『オレはいい彫物してるだろ』という自己顕示欲を感じますが、ロシアのマフィアは刺青を隠します。それは組織への帰属を示す印であり、グループの成員は同じ柄を入れるとのこと。小説『ハリー・ポッター』でも、悪い魔法使いたちが腕にある蛇の刺青を示して仲間であることを確認しますが、あれと同じですね」

火事と喧嘩は江戸の華

刺青男が露天から室内風呂に戻ってきた。われわれは何食わぬ顔をして、今度は露天風呂に移った。

フランス人記者が周囲を見回す。

「しかし、古代の日本人はなぜ刺青を彫る必要があったのだろうか。単に呪術的な要素だけではあるまい」

小暮君がタオルを頭にのせる。

「僕が以前読んだ本によると、日本人は昔から漁業により生計を立てていたので遭難する人が多かった。漁師の遺体が浜に流れ着いても、たいてい身元がわからない。当時の服装は粗末なものだし、波に揉まれればなくなってしまう。目玉や唇などの柔らかい部分は魚に食べられてしまう。そこで身元を確認できるように刺青が彫られたのです」

これはスコットランドのセーターに近い。漁師文化であるイギリス北部では、島ごと、家ごとに特徴的なセーターの編み方が伝わっている。これは海に落ちたとき、どこの誰なのかわかるようにするためだ。

小暮君が続ける。

「戦国時代の足軽の間で刺青が流行した理由も同じです。彼らは戦場でいつ首を取られるかわからない。首なしの死体が野ざらしにされることもある。そんな彼らは、死後に自分を特定して成仏させてほしいとの願いを込めて刺青を彫ったのです」

江戸時代になると、幕府は支配階級の基礎教養として儒教を採用する。『孝経』には「身体髪膚之れを父母に受く。敢えて毀傷せざるは、孝の始めなり」とある。髪から皮膚にいたるまで身体は父母から与えられたものであり、それを傷つけないことが孝行につながるということだ。儒教的な考えでは、刺青は親不孝の最たるものだろう。

武士の間で刺青の習慣がなくなる一方、町人文化として刺青は拡がっていく。

まずは火消しだ。当時は燃えている家の隣の建物を打ち壊して延焼を防ぐのが仕事だった。その中でも一番目立つのが纏持ちだろう。屋根に上り纏を振り、消火の目印となると同時に、仲間を鼓舞する役目もあった。当然、屋根が崩れて命を落とす者もいた。上半身裸で刺青を見せながら纏を振る姿は、江戸の庶民の心を捉えた。それを如実に示すのが「火事と喧嘩は江戸の華」という言葉だ。

フランス人記者が唸る。

「喧嘩も刺青の見せどころだな。男たちは諸肌を脱ぎ、背中の紋々を見せつけた。江戸は消費中心の都市だろう。生産活動はほとんど行われず全国から集まる大名が財政を支えていた。だから、質実剛健な農村文化とも、実利を重んじる上方文化とも無縁だった。〝宵越しの銭は持たない〟という刹那的な生き方が〝粋〟とされたわけだ」

「火事が華だ」とは退廃の極みである。江戸っ子は「どうせ火事になればすべてが燃える」と諦念し、太く短く、潔く生きることを美徳と考えた。その感性が今のヤクザに受け継がれているのだろう。

東大文学部の小暮君が言う。

「それどころか日本人は退廃に美を見出します。谷崎潤一郎の『刺青』は、少女の背中に大きな女郎蜘蛛を彫った若い彫師の宿願を描いている。見事な刺青は芸術です」

ふと気づくと、いつの間にか真後ろに刺青男がいた。緊張が走る。

湯煙に隠れて男が言う。

「先輩方、今日はエエ話を聞かせてもろたな」

最後の最後に刺青をほめておいてよかった。

消されていく言葉

私も歳を重ね、最近は目がかすむようになってきた。どうやら耳も遠い。このまま行けば私も「片輪」の仲間入りだ。もっとも今の日本でこうした言葉を使う人は少なくなってきた。歌舞伎の長唄に『三人片輪』という演目がある。もとは狂言で、「めくら」と「つんぼ」と「いざり」（足が不自由）を装った3人衆が、主人が居ない間に協力して酒を飲むという話だ。この演目をやったからといって、身体障害者を差別することにはならないと思うが、もうしばらく演じられていない。恐らく主催者側が批判を恐れて自粛しているのだろう。

フランス人記者が笑う。

「それならオレは『いざり』だな。江戸時代の『めくら』は法師として働く者もいた。だが『めくら』という言葉自体が消されていく。オレが知る限り、日本では戦後に自由が拡張されるのと同時に、皮肉にも言葉の制限が始まった」

私はむしろ「目が不自由な人」という表現に違和感を覚える。「不自由」という言葉には、「いつか自由になる」という意味が内包されているが、「めくら」の人間の目が開くことは基本的にない。

「盲御前」

私の孫の世代のベルギー人記者が言う。

「障害者に対する偏見ということでは、相模原の施設が襲われた事件は衝撃的でした。犯人はヒトラーが降りてきたと供述しているそうですが……」

フランス人記者が顎鬚を撫でる。

「ナチスドイツ時代、政治犯と並び、精神障害者も強制収容や殺害の対象とされた。ゲルマン人であっても例外ではない。なぜなら、ヒトラーは障害者、とりわけ精神障害者の遺伝子を断つことが民族の浄化につながると考えたからだ。戦後のドイツは中道左派政権が続き、伝統的な社会民主主義の下、福祉政策が進められた。これは、今もドイツ人がナチス時代の罪に過剰に反応していることに他ならない」

日本オタクのベルギー人記者が頷く。

「先日、ＮＨＫの大河ドラマ『真田丸』に出てきた赤ん坊が紙おむつをつけていたといって一部で話題になりました。これに限らず日本の時代劇は、リアリティという観点では不自然なことだらけです。江戸時代にはそこらじゅうに『片輪』と呼ばれた人がいたはずなのに、時代劇にはまったく出てこない。日本には古くから神道の考え方が根付いていますが、その価値観では病や死は『穢れ』とされる。だから、『片輪』も庇護を受けるわけもなく、社会のお荷物として扱われた。しかし排除まではされなかったようです」

フランス人記者が同意する。

「一方で日本には障害者が活躍する話が多い。奈良時代には盲御前（めくらごぜ）という職業があり、記憶力が優れているとされた『めくら』が、口承文学の担い手となっていた。こうして伝承された記憶を文書にまとめたのが『古事記』だ」

「排除」こそが差別

キリスト教文化圏では、障害者は悪魔の申し子とされてきた。聖書にも、キリストの奇跡で障害者の病が癒えるというエピソードがあるが、これも神の愛によって「赦される」のだ。これは障害者が神の赦しが必要な存在と見られていたことを示している。つまり、信仰の道から逸れた者の姿こそ障害者であり、神の警告と受け取られたのだ。

こうした考え方は、キリスト教文化圏の文学や映画に見出すことができる。シェイクスピアの『リチャード3世』ではリチャード3世が「せむし」として生まれてきたことを呪い、悪に染まっていく。これは悪人には身体の欠陥があるというキリスト教の視点を反映したものだろう。同様に、映画007シリーズに出てくる悪役は、いずれも障害を持っている。『ドクター・ノオ』に登場するノオ博士には両手がないし、『ゴールドフィンガー』に出てくる用心棒は「おし」（言葉が喋れない）である。ディズニーキャラクターの悪役のピートは義足だし、『ピーター・パン』のフック船長は義手である。

その点、日本においては障害者を悪人として描く作品は少ない。山田洋次監督の映画には知的障害者がよく登場するが、コミカルに肯定的に描かれている。映画『不知火検校』は、生まれつき「めくら」の男が、悪事を働きながら、最後には将軍家に仕える身分にのし上がっていくというストーリーである。当時、幕府は盲人に対し高利貸しの免許を特権として与えていたが、主人公の不知火検校は親分を殺して主人になってしまう。そして、集めたカネにモノを言わせて絶世の美女を自分のものにする。しかし『めくら』の主人に女が満足するはずもなく、女は若いツバメをつくる。それを知った不知火検校は、女を男と一緒に殺してしまう。つまり、健常者よりも強い障害者が描かれている。この作品が好評を博し、今度は「めくら」にヒーローをやらせようと作られたのが『座頭市』だといわれている。

フランス人記者が唸る。

「今の日本では、こんな映画を作ることはできないだろうな。なんでも障害者差別に結び付けられる。言葉狩りや障害者が登場する作品の製作を自粛することが、障害者差別の解消につながるかといえば疑問だな。かつて日本にも小人プロレスというのがあった。お笑いの要素が強かったが、これもメディアに吹き荒れた自主規制によりテレビで中継されることがなくなった。その結果、小人たちは職を失ってしまった」

　それこそ、障害者を目に見える場所から排除するという差別ではないか。最近ではパソコンで「障害者」と打ち込んでも勝手に「障碍者」と変換される。「害」の字がよくないという。「びっこ」も「めくら」も「ちんば」も「おし」も「きちがい」も漢字に変換されない。メディアも苦情への対応が面倒だから自主規制する。校正者や校閲者も「表現注意」と指摘を入れてくる。しかし、たかが「めくら」、されど「めくら」である。言論の自由はこうした形で制限が始まるのだ。

　ベルギー人記者がまとめた。

「『三人片輪』だって、障害者を笑いものにしていますが、この演目が観る者に誘う心情は、人間は誰しも『片輪』の部分があるということです。われわれだって打ち合わせにかこつけて真っ昼間から缶ビールを飲んでいるんだから、『三人片輪』とかわりませんよ」

各国「国旗・国歌」事情

「リオデジャネイロ五輪のおかげで各国の国歌や国旗に触れる機会が多い。その扱い方を見ると、それぞれの国民性が見えてくるのではないか？」

特派員仲間の会合でフランス人記者がこう切り出した。

ゲストに招いた国際関係学を専攻するN教授が言う。

「ブラジル人の国歌や国旗に対する尊崇の念はすごかったですね。見ているこちらの側にも、それが伝わってきました」

イギリス人記者が頷く。

「そもそもオリンピックは国威の発揚に利用される。ブラジルのような国はナショナリズムに依存せざるを得ないのだろう」

私は事務所のテレビでオリンピックを観ていた。体操の内村航平選手らが金メダルを獲り、表彰台に上がり、全員で「君が代」を歌っているのを見て思い出したのが1998年の長野の冬季オリンピックである。里谷多英という女の子がスキーモーグルで金メダルを獲ったが、日章旗が揚げられ「君が代」が流れた際、帽子をかぶったまま表彰台に立ってしまった。国歌斉唱の時も胸に右手を当てなかった。国際的に見ても前例のないことであり、無礼ではないかと問題になった。国歌や国旗の教育現場への強制に批判的な朝日新聞でさえ、里谷をチクリと批判していたほどだ。

「名より実」の中国人

フランス人記者が顎鬚（あごひげ）を撫でる。

「国歌や国旗に対して最も無頓着なのは中国人だろうな。先日、オリンピックの卓球の試合を観て驚いたが、ドイツ女子代表チームはほとんど中国人なんだ。『若きウェルテルの悩み』に出てくる婦人ロッテのような女性が出てくるのかと思いきや、結局、卓球王国中国でトップクラスになれない選手たちが、国籍を移してオリンピックに出ているわけだ。そのうち五輪の卓球種目は、出場者全員が中国人に独占されるという事態になるぜ」

教授がニコニコ笑う。

「中国人は名よりも実を取るタイプなので、書類上の国籍にこだわりません。どの国旗に敬意を表し、どの国歌を口ずさむかなんてことは、どうでもいいんです。彼らの中では、自分たちそのものが中国であり、自分たちがいるところが中国となる。だから世界各国に中華街ができるのです」

教授が口ずさむ。

〽白地に赤く　日の丸染めて
　ああ美しや　日本の旗は

「私くらいの年齢の人間は、小さい頃、よく学校で歌わされたものです。日本では昔から太陽をシンボルとして旗がつくられていました。白地に赤い丸は、昇る朝日をモチーフにした源氏の旗から引き継がれたようです。平家の旗も沈む夕日をモチーフにした赤地に金色の丸というデザインですね」

日の丸はとにかくシンプルである。現在世界にある約200の国旗のうち2色しか使っていない国旗は、日本、イスラエル、ポーランド、トルコ、スイスなど少数だ。

イギリスの植民地だった国の国旗には左上にユニオンジャックが描かれているし、モンゴルやキリバスの国旗のように複雑な絵柄が描かれているものも多い。

3番だけを歌うドイツ国歌

イギリス人記者が銀縁の分厚い眼鏡を外す。

「それを言うなら、日本は国歌もシンプルだ。『君が代』は1番限りで全11小節、しかも前奏がなく、曲も歌詞と同時に終わる。世界中どこを見ても、これほど短い国歌はないのではないか」

アメリカ国歌は4番まであるし、フランス国歌の「ラ・マルセイエーズ」は1番が29小節あり、それが7番まで続く。

ハイドンが作曲したドイツ国歌は3番まであるが、1番と2番の歌詞は現在無視されている。なぜなら、1番の歌詞では「西はマース、東はメーメル」などと作曲当時の領土をはっきりと歌っているからだ。ハイドンの時代のドイツは広大な領土を所有していた。今、これを歌うと、近隣諸国から「ドイツは拡大主義だ」と批判されてしまう。それで封印したわけだ。

2番の歌詞が封印された理由は、もっとくだらない。「ドイツの女は良い、ドイツの酒は旨い」という内容なので国歌としての品性がないと批判されてしまった。それで現在、ドイツ国歌は、当たり障りのない3番だけが歌われている。

フランス人記者が笑う。

「ロシアでは国歌の扱いもゴタゴタしていたな。国歌のない時代には、『インターナショナル』という労働者の歌を使っていたが、スターリンの時代に『ソビエト連邦国歌』がつくられた。その後、ゴルバチョフが倒れ、エリツィンが台頭すると、グリンカが作曲した歌詞のないメロディーが国歌になったんだ。しかし、プーチンの時代になると、新しい歌詞を付けた『ソビエト連邦国歌』に戻された。KGB出身のプーチンはソ連時代にノスタルジーを持っているからな」

同様に、ドイツが東西分裂したとき、西ドイツはそのままの国歌を使っていたが、東ドイツは歌詞を消してメロディーだけにした。同じ歌詞を使うわけにはいかなかったのだろう。

教授が頷く。

「ヒトラーの時代、国歌よりもよく歌われていたのは、『ホルスト・ヴェッセル』(旗を高く掲げよ)という国家社会主義ドイツ労働者党の歌だった。ソ連の『インターナショナル』もフランスの『ラ・マルセイエーズ』も貧民を革命に煽り立てる歌だ。一方、日本の『君が代』は、皇室の繁栄が末永く続きますようにと願うだけの、おだやかなものです」

日本の国歌や国旗の歴史はそれほど古くない。明治維新に関わった大名たちは徳川の旗を外交で使うわけにはいかなかった。そこで薩摩藩の島津斉彬が白地に赤の丸を提案したところ、評判がよく、日本の旗になった。「君が代」を最初に作曲したのはジョン・ウィリアム・フェントンというイギリス人である。歌詞は詠み人知らずの古今和歌集の短歌がもとになっている。日の丸と「君が代」が国旗国歌法により正式に制定されたのは1999年のこと。つい最近だ。そもそも日本に国家という概念が生まれたのは明治維新以降であり、それまではそれぞれの大名が治める土地に対する強い帰属意識があった。国歌や国旗に無頓着な日本人が多いのは、このあたりに遠因があるのではないか。

聖徳太子論争

文部科学省が小中学校の次期学習指導要領改訂案を公表した。そこでは聖徳太子の呼称を小学校では「聖徳太子（厩戸王（うまやどのおう））」、中学校では「厩戸王（聖徳太子）」と併記する方針だった。

しかし、一部から不満の声が噴出。「新しい歴史教科書をつくる会」は、「律令国家形成の出発点となった聖徳太子を抹殺すれば、日本を主体とした古代史のストーリーがほとんど崩壊する」と批判。結局、文科省は記述を元通りに戻すようだ。

フランス人記者が吐き捨てる。

「頭悪いよな。聖徳太子は没後１００年以上経ってからつけられた呼称だろう。おとぎ話は別として、史実を学ぶ学問の場で、厩戸王という呼称を使うのは当然だろう」

アメリカ人記者が同意する。

「呼称以前に、聖徳太子の実在自体が疑問視されているわけでしょう。日本の歴代天皇は、推古天皇あたりまでは実在を疑う声もある。聖徳太子は推古天皇の摂政なんだから、聖徳太子が存在しなかった可能性も十分にあるわ」

たしかに、有名な旧1万円札の聖徳太子の肖像画も、当時の日本人の服装とは違う。あれは中国の絵を流用したものであり、長い髭も後から描き加えられたものだ。有名な「十七条憲法」は、儒教精神に基づく官吏の心得である。推古朝時代には官僚制度のシステムは完成していないので、「官僚こうあるべし」という法文が出てくること自体変だ。

当時の日本には文字を使うことのできる人間はほとんどおらず、『古事記』は、記憶力のよい人間が暗唱し、伝承されていた。ヤマトタケルやスサノオノミコトと並んで「古代史の英雄」に数えられる聖徳太子の呼称について議論すること自体がナンセンスだろう。つまり、聖徳太子はイギリスのアーサー王と同じ。「我々の先祖にはすごい人物がいるんだぞ」と言いたいがためにつくられた伝説なのだ。

アメリカ人記者が続ける。

「厩で生まれた王というのは、どう考えてもイエス・キリストのことよ。原始キリスト教の伝説がシルクロードを経由して中国に伝わり、それが日本に入ってきて聖徳太子像がつくられたと考えるのは、それほどおかしなことではないわ」

アルバイトの小暮君が反論する。

「僕は中学校の修学旅行で奈良の法隆寺に行きました。子供心に『昔の日本にはすごい人がいたんだな』と感心した記憶があります。それぞれの国には物語がありますよね。『我々は世界で一番の民である』という教育は日本に限ったことではありません。イギリス国歌の『God Save the Queen』だって、国の誇りを前面に打ち出したものでしょう。もちろん、歴史学や考古学では実証的な研究をしなければなりませんが、小学生くらいだったら歴史に興味を持つように、聖徳太子を英雄化しても害はないと思います」

歴史を学ぶ子供にとって重要なのは、当時の日本と隋の関係を頭にうまく思い浮かべることだろう。そういう意味では、聖徳太子をフィクションとして切り捨ててしまうのはもったいない。問題は小学生レベルの大人が多いことだ。神話と事実、ライトノベルや講談と歴史を混同してしまう。

中国との貿易が活発になった室町時代、足利義満は交易をスムーズに行うため、自ら「王」と名乗った。王は皇帝の下に位置するので、中国に遜（へりくだ）ったわけだ。本居宣長などの江戸時代の国学者は、これを「日本を貶（おとし）める行為」と批判した。そこで、それまで注目されてこなかった聖徳太子が担ぎ出されることになる。聖徳太子が隋の煬帝（ようだい）に「日出処（ひいずるところ）の天子、書を日没処の天子に致す」という国書を出して、激怒させたとの話が典型だ。江戸時代の日本人は、「当時の日本には中国と対等に渡り合った大人物がいた」というエピソードを歓迎したのである。

フランス人記者が頷く。

「自信を喪失すると、それを慰めるための史観が必要になる。新しい教科書がどうこうという連中が、この問題に口を出すのもそういうことだ。当時の国学者は、推古天皇の時代は不明なことが多いので、勝手に伝説を付け加えていったのだろう。その出所が、中国の肖像画と官僚制度だったというのは皮肉だけどな」

アメリカ人記者が笑う。

「明治の開国の時代になると、今度は列強に対してコンプレックスを抱く日本人のプライドを喚起するために自慰史観が利用されるようになるわけね。それがナショナリズムに繋がったというのは短絡的だけど、少なくとも日本人のドメスティックな意識を定着させるのには一役買っているはずよ」

事実より伝説が好まれる

歴史とは本来わかりづらいものだ。だから、慎重に扱う必要がある。しかし、多くの人は「わかりやすい物語」を求める。そこに目をつけた司馬遼太郎は、「一介の浪人が近代日本の礎を築いた」という物語をつくった。『竜馬がゆく』が書かれた高度経済成長期は、「これからは官僚や財閥ではなく、オレたちサラリーマンが主役なんだ」という空気があった。司馬はそれをうまく取り込んだのだろう。

小暮君が食い下がる。

「わかりやすい物語にすると、童話や紙芝居がそうであるように正義の味方と悪役を設定する必要が出てきます。これは司馬史観などと批判されますが、それでも歴史に目を向けるきっかけになると思います。『リバティ・バランスを射った男』という西部劇の中に、『ここは西部だ。事実と伝説があれば、伝説を事実にするんだ』という言葉が出てきます。多くの人は、事実より伝説のほうを好むんです」

アメリカ人記者が毒を吐く。

「バカね。それこそ〝ポスト真実〟じゃないの。歴史が悪用されることが問題なのよ。日本人は歴史上の偉人に学びたがる。書店に並んでいるビジネス書や自己啓発書もそんなのばかりだわ。少し前に坂本龍馬ブームがあったけど、感化されて自分のことを『平成の坂本龍馬だ』なんて言う輩(やから)がたくさん出てきた。『龍馬プロジェクト』とかいう変な政治家の集団もあるし、それこそ維新の会は典型。そういう連中にロクなのはいないわ」

フランス人記者がオチをつけた。

「その坂本龍馬だって西郷隆盛の使い走りの一人に過ぎなかった。松井一郎や橋下徹も、せいぜい安倍晋三の使い走りだろう」

塩の役割

２００１年の米中枢同時テロで崩壊した世界貿易センタービル（ＷＴＣ）跡地で「白い粉」をまいている男がいるとの通報があった。地元警察が出動し、一時、周辺は封鎖、避難指示が出された。その後、日本人男性がテロの犠牲者を追悼するために食卓塩をまいたことが判明。欧米には「清めの塩」という習慣はないが、あまりにも過敏になっているのではないか？

今日はイギリス人記者の古希のお祝いだ。彼はすでにワインで顔が赤くなっている。

「日本人が塩をまいているのだから、ニューヨークの連中もわかりそうなものなのに。大相撲のロンドン興行では、水戸泉が『ソルトシェイカー』と呼ばれ、人気者になった。私は現場にそれが塩だと分かる人間がいなかったことのほうが驚きだな。なにしろ、日本ではアメリカ建国以前から、力士が塩をまいているのだから」

奈良、平安時代になると神社の境内で相撲がはじまった。これは豊穣や豊漁を願う神事でもあった。そこで神聖な場所である土俵から邪気を祓うために力士は塩をまくようになったのだ。

穢れを祓うもの

日本オタクのベルギー人記者が豆知識を披露する。

「塩は海水を意味する『潮』とも通じています。『古事記』や『日本書紀』には、黄泉の国から戻ったイザナギノミコトが自らの体に付いた黄泉の国の穢れを祓うため、海水で禊祓(みそぎはらえ)をしたと記されています。これは海水を浴びて身を清める『潮垢離(しおごり)』とも関連がありますね。海水を沸かした『塩湯(えんとう)』が、病気の治療に使われたこともあります。塩には殺菌力があるので、あながち迷信とは言えません。神社のお祓いも『塩湯』で清めが行なわれます。日本人は、天災や病気、事故が起きると塩を使ってきた。地鎮祭でも必ず盛り塩が供えられます」

塩が穢れを祓うものとされたのは、食糧を塩漬けにすると腐らないという経験則から来ているのだろう。バクテリアの存在が知られていない時代には、塩が邪気を祓っているように見えたのだ。また塩は殺菌だけでなく、漬物や干物などの保存食を作るときにも不可欠である。

日本では1970年代まで塩田式で塩を作っていた。四国の塩は特に有名で、瀬戸内の海水を砂で作った「田」にまいて、日光で乾かし、白く固まった部分を、甲子園球場の整備で使うのと同じようなトンボで集め、再び水に溶かし煮詰めていく。当時、四国の瀬戸内海側では、こうした光景をいたるところで見ることができた。

一方、内陸部が広い中国は塩不足に悩まされた。それで極東の海や西部の塩湖で作った塩を、北京や南京に運ぶ「ソルト・ロード（塩の道）」が整備された。これが結果的に「一つの中国」を生み出したのである。塩の力は大きい。

フランス人記者が4本目のワインを開けた。

「神道の葬儀では必ず祭壇に塩を供える。神道では穢れの最たるものが死なんだな。その考え方が広がった結果、葬式から戻ってきたら、家の前で塩をまく習慣が根付いたのだろう。穢れの語源は『気枯れ』だという話を聞いたことがある。悲しみにより『気』が『枯れて』しまったとき、元気を取り戻すために必要なのも塩なんだな」

塩は遺体の腐敗の進行を遅らせるために使われてきた。だから、「不浄のものを清める」という発想につながるのは理解できる。しかし、日本において「穢れ」が差別とつながったのも厳然たる事実だ。

「エンガチョ」という子供の遊びがある。歴史学者の網野善彦によると、「エン」は穢や縁を表し、「チョ」は擬音語のチョンが省略されたもので、意味としては穢や縁を「チョン切る」ことを表している。不浄のものに触れた人間には穢れが移る。それを防ぐために、「エンガチョ」「バリアー」などと叫んで聖域を作るのだ。

イギリス人記者が頷く。

「最近は、仏教の葬式に神道の流儀を取り入れるのは正しくないという主張も広がってきているようですな。清めの塩を使うのは長年の習慣だと仏教界も考えてきたが、浄土真宗はいち早く塩をまく風習を廃止した。仏教では生と死を分けて考えない。生と死それぞれがひとつの『無常の世界』に取り込まれていると考える。特に、死後すぐに仏になるという『往生即成仏』を唱える浄土真宗は死の穢れを認めないいんだ」

もっとも「穢れ」という発想は、ヒンドゥー教から仏教経由で日本に入ってきたものだし、日本の葬式仏教は、本来の仏教の姿とはかけ離れている。だから、そこまで厳密に考えて、慣れ親しんだ風習を捨てることもないような気もするが。

聖書にも登場

縁起担ぎ、厄除け、魔除けを目的とする「盛り塩」という風習もある。今から約2300年前の秦の時代、始皇帝は牛車に乗って後宮を廻ったが、その際、女たちは自分の家の前を素通りしないように牛が好む塩をまいたという。そこから、盛り塩は「客を招く」とされるようになった。

フランス人記者の友人でもあるシェフが、われわれのテーブルにやってきた。

「イタリア料理の決め手は塩なんだ。オレはいつも地中海のシチリアの塩を使っている」

旧約聖書の『レビ記』は、神殿の捧げ物に塩を添えるように命じている。神の側からの永遠の約束は「塩の契約」と呼ばれる。塩は化学的にも安定した物質で腐敗しないからだろう。ユダヤ人の間では、塩はやがて知恵の象徴になっていく。

　ベルギー人記者が同意する。

「新約聖書のマタイによる福音書には、『あなたがたは地の塩である。もし塩のききめがなくなったら、何によってその味が取りもどされようか』とあります。これは山上の垂訓のひとつです。塩は世に味わいを添え、腐敗を防ぎ、清潔を保つ。人々は地上でこのような役割をすでに担っている。それを失わないように、イエスの教えに従えということですね。そうしなければ神によって裁かれると」

　黙って話を聞いていたフランス人記者がつぶやいた。

「このラムチョップ、塩があまり利いていないな。お前、料理下手になったんじゃないのか」

　シェフが苦笑いしながら言う。

「いつもの営業妨害か。塩まくぞ、コラ！」

新撰組という物語

新撰組の近藤勇が処刑されたのは１８６８年5月17日。２０１７年は１５０回忌という節目である。新政府軍との戦いに敗れ、京都の三条河原で晒し首になった近藤だが、現場に取材に行く前に、京都駅近くの喫茶店でミーティングを行なった。

日本オタクのベルギー人記者は張り切っている。

「新撰組を題材にしたドラマやアニメは日本にたくさんあります。英語の字幕や吹き替えで見ることができるものもあり、欧米でも新撰組は意外と知られているんです。僕も新撰組のアニメを見ましたが、わかりやすく話を短縮してあり、なかなか面白かったです」

欧米にも新撰組ファンはいる。ネット上の百科事典では、英語・ドイツ語・フランス語・スペイン語版で、かなり詳しい解説がある。池田屋事件、組織の上下関係、掟・規則などが紹介され、揃いの羽織袴や誠の旗の写真も載っていた。「主君に対し、最後まで忠義を尽くす」という彼らの生き様が、エキゾチシズムの文脈で捉えられている面もある。

女性に人気がある理由

ベルギー人記者が頷く。

「新撰組の厳しい掟、そして規則を破ったら即切腹という文化は、欧米では想像を超えるものとして、好奇心の対象になるんです。それと、新撰組の特徴の鉢巻きも珍しかったんだと思いますよ」

フランス人記者が吐き捨てた。

「オレも新撰組について調べたが、野蛮な集団という認識しかないな。腕っぷしは強かったのかもしれないし、会津藩の松平には忠誠を誓っていたが、やっていることは酔っぱらって暴れるヤクザと同じだ。ロマンチックな美談に仕立て上げられているが、誰もが平和に寝静まっている夜、人を殺しまくっていたわけだからな」

たしかに、京都では新撰組の評判は悪い。会津藩のお預かりが乗り込んできて大騒ぎしたのだから、嫌われて当然だ。新撰組の忠義にしても、帝(みかど)を擁する京都の人からすれば、筋違いにしか見えない。もっとも、会津藩のお預かりだけあり、資金は潤沢で金払いはよかった。豪勢に遊ぶので女性にモテた。

ベルギー人記者が資料を配る。

「当時は、長く続いた江戸の太平の世の末期で、武士らしい武士はほとんどいなかった。だから、武士道を体現しようとする新撰組は、京都の女性には久々に見た〝武士〟として新鮮に映ったのかもしれません。皮肉なのは新撰組のメンバーのほとんどが百姓出身ということです。生まれつきの武士は、武士としての自分のアイデンティティーについて深く考えることはありません。一方、武士階級出身ではない場合、『武士とは何か』と考え抜き、その理想を追求しようとします」

そういう意味では、新撰組は武士もどきであり、コスプレのようなものかもしれない。若者たちが揃いの浅葱色(あさぎいろ)の羽織を着て、剣の腕を競い合う。豪傑な近藤勇、クールな土方(ひじかた)歳三、天真爛漫な沖田総司というキャラクターのバランスもよかった。女性に人気というのも頷ける。アイドルグループのように、「私は近藤」「私は土方」「私は沖田」と贔屓(ひいき)を作ることができた。京都における新撰組の噂が江戸まで伝わり、新撰組の浮世絵がブロマイドのように女性に売れたという話もある。幕府側に立って忠義を尽くした新撰組は、その膝元である江戸の人々には受けたのだろう。

「滅びの美学」

タクシーに乗り、三条大橋で降車、河原に下りた。ここは昔から処刑や晒し首が行なわれた場所だ。フランス人記者が、鴨川を眺めながら言う。

「やはり新撰組を美化した作家の影響が大きいのではないか。幕末の政情不安の中、右往左往する人間の姿を、平和になった現代の小説家が面白おかしく書いたわけだ。その代表格が司馬遼太郎だろう。司馬は幕末を舞台に通俗的なサラリーマン小説を書いたんだ」

司馬が『燃えよ剣』を書いたのは、高度経済成長期、サラリーマンが日本の中心になっていく時代だ。多くのサラリーマンが「自分は所詮組織の歯車だ」と悩んでいるところに、「組織の中でも英雄たり得る」「歯車でも全体を動かす存在となり得る」と励ましたわけだ。

ベルギー人記者が同意する。

「『燃えよ剣』は、局長の近藤ではなく、副長の土方が組織を作り上げたことに焦点を当てた作品ですからね。土方は喧嘩好きの〝バラガキ〟、つまり、触ると痛いイバラのような乱暴な少年だった。統率力では近藤に劣るし、剣の腕は沖田に劣る。しかし土方は、これからの戦いは個人対個人ではなく集団対集団だといち早く見抜き、組織を作り上げることで新撰組を幕末最強の剣豪集団にしたのです。組織を維持するために非情な態度を貫いた土方は、当時のサラリーマンの心を掴んだのでしょう」

昔の剣豪小説の主人公は、誰よりも強く、誰よりもリーダーシップがある人間だった。しかし、土方はそうではない。能力で勝てなくても、時代の変化を読めば成功するかもしれない。司馬を読んだサラリーマンたちは、「ひょっとしたらオレだって」と思ったのだろう。

フランス人記者が唸る。

「そういうことだ。そこが司馬の策略というか、狡猾なところだな。司馬は、剣も強ければ人望もあるというオールマイティーな人物を肯定的に描くことはなかった。そして、どこか欠けたところがある人間を魅力的に描いた。新撰組なら、清河八郎や芹沢鴨、山南敬助はあまりよく描かれていない。司馬に悪く描かれた人物の子孫の中には、怒り狂っている人もいるそうだ」

小説家の子母澤寛(しもざわかん)は、多くの関係者に直接取材し、『新選組始末記』を書いた。執筆時は、新撰組を直接知る人々に取材する最後のチャンスだった。江戸に対する強烈なノスタルジーを持つ子母澤にとって、幕末を描くのに一番ふさわしい題材が新撰組だったのだろう。

子母澤は勝海舟についても書いているが、勝は明治政府から爵位をもらっており、最後が盛り上がらない。小説家の山田風太郎は「死は大半の人にとって挫折である。しかし、奇妙なことに、それが挫折の死であればあるほどその人生は完全型をなして見える」と言った。織田信長や坂本龍馬、新撰組が繰り返し物語の題材になるのは、日本人がいまだ「滅びの美学」に価値を認めていることを示すのではないか。

教科書に「龍馬」も「桶狭間」もなしでいいのか

私は大学で西欧史に加え、アジア史を学んだ。特派員になった後は、日本語の書物を読み、日本の歴史を学んだ。過去を知ることは現在を知ることにつながるからだ。

先日、高校と大学の教員らでつくる「高大連携歴史教育研究会」が、高校の授業が暗記中心になっているのは問題だとして、教科書で扱われる約3500語を「半減すべし」との案を発表した。

たしかに暗記偏重では歴史の本質はわからない。年号や人物の名前を覚えることよりも、歴史の流れを理解することのほうが大切だ。

しかし、武田信玄、上杉謙信、吉田松陰、坂本龍馬といった名前まで削除するのはやりすぎだろう。われわれ外国人でさえ、知っている名前なのだから。

歴史の研究者や専門家から見れば、松陰は若者を唆したテロの首謀者であり、龍馬はいかがわしい武器商人に過ぎないのかもしれない。司馬遼太郎の通俗歴史小説とは一線を画したいという気持ちもわかる。

とはいえ、こうした人名を教科書から消すことのメリットがどこにあるのか理解できない。歴史は影響の連鎖であるからだ。松陰は幕末の尊王攘夷派の志士たちに大きな思想的影響を与えたし、龍馬の動きは明治維新がどのような背景の下で成立したのかを知るよすがになる。

『我が闘争』を巡る論争

「歴史が暗記教科になっているのはおかしい」という主張はわかるが、「だから暗記する固有名詞を減らす」という解決策はもっとおかしい。信玄も謙信も天下を取った武将ではないが、歴史教育には、子供たちにロマンを伝えるという一面もある。だいたい信玄や謙信という人名を削除してしまったら、「敵に塩を送る」「風林火山」などの言葉が伝わらなくなるではないか。

負けた人間、失敗した人間、マイナスの評価を下された人間でも、語り継ぐべき者はいる。フランスのナポレオン3世、ドイツのヒンデンブルク元帥も、現在では偉大な人間とはされていないが、それを理由に教科書から名前を削除するという発想は西欧にはない。

重要なのは、それぞれの時代を生きた人物を多面的に理解して、最終的に自分の頭で評価することだ。人名すら知らずに、どうやって歴史観を養うのか?

もっとも、歴史教科書はどこの国でも論争の種になってきた。ドイツではヒトラーの『我が闘争』が2016年に解禁された際、教員の間で教材として使用すべきか否か議論になっている。

戦後、ドイツでは『我が闘争』は禁書状態だった。著作権を持つバイエルン州政府は発行を凍結し、国立図書館ですら貸出も複写も認めていなかった。戦前は各家庭に一冊はあるといわれるほど出回っていたが、戦後は一部の研究者を除き、誰も読むことができなかった。だからドイツ人は『我が闘争』の内容を知らず、神話の世界の書物のような扱いになっていたのだ。教員たちは、まずその〝脱神話化〟が必要だと主張した。ヒトラーの思想にダイレクトに触れることで、初めて真の批判や反省があり得ると。

時代が変われば、人物に対する評価も変わる。教科書に載る人物も変わる。歴史家はその点に謙虚であるべきだ。

また、国によっても価値判断は異なる。インドの歴史教科書では、ヒトラーとムッソリーニが高く評価されている。「衰退した帝国に尊厳と名声を取り戻し、確固たる統治機構を確立した」「失業を解消し経済的繁栄をもたらした」といった具合だ。ヒトラーに問題があるとしたら、ユダヤ人をガス室に送ったことくらいだと。人物の評価など簡単に定まるものではない。

木口小平と広瀬武夫

これは先輩ジャーナリストのY氏から聞いた話だ。彼が国民学校に通っていた頃、教科書には木口小平や広瀬武夫といった人名が当然のごとく載っていたという。木口は日清戦争で死んでもラッパを口から離さなかったラッパ手の二等兵。広瀬は日露戦争時の海軍士官で、部下を助けるために沈みゆく船に戻って死んだ「軍神」である。こうした人名は戦後、ＧＨＱ主導でつくられた歴史教科書では即座に抹消された。

歴史は英雄伝やエピソード集ではない。誰をどのように教えるかは、常に政治的な問題を孕んでいる。

しかし、わくわくするようなエピソード、英雄たちの破天荒な行動、不条理極まるリーダーの判断……こうしたものも歴史の魅力なのだ。

子供は面白いものを嗅ぎつける能力を持っている。「桶狭間の戦い」まで教科書から削除すべきだというが、その戦術を通して、織田信長の人物像を知ることができる。これは意味のないこととは思えない。

人間は「自分とは何か」「何のために生まれ、何のために死ぬのか」と考え続ける存在だ。しかし、自分の周辺の小さな世界だけで考えても答えが出ないので、歴史に目を向けるようになる。「桶狭間の戦い」を知ることが、人生において戦う日が来たときに役立つかもしれないのだ。

私は某新聞社のカルチャーセンターで日本史を学んだことがある。そのときの講師はまるで講談師のように話のテンポがよく面白かった。

彼は「聖徳太子なんていなかった」と言う。かつては実在の人物として教えていたが、近年は「厩戸王（うまやどのおう）」という有力な皇子がいただけという学説が有力になっているそうだ。

その上で、「厩戸王は厩戸、つまり馬小屋で生まれたという伝説があるが、これはイエス・キリストと同じです。遠く離れた文化圏において、聖なる人物の生まれた場所が同じなのはなぜか。皆さんも一緒に考えてみましょう」と。こうした問いを投げかければ、歴史はさらに面白くなっていく。

彼はこうも言っていた。「山上憶良は『宴会が楽しくて帰りたくないけれど、家族が待っているから早く帰らなければならない』と歌っている。今のサラリーマンの心理と同じですね」と。こういう話を学校ですれば、生徒も「万葉集は難しそうだけど、昔の人も僕のお父さんと同じだな」と思うはずだ。

大切なのは、歴史に興味を持たせ、歴史に学ぶ姿勢を身に付けさせることである。だとしたら、信玄、謙信、松陰、龍馬といったエピソードの宝庫を捨て去ってしまうのはあまりにもったいない。

講談だけで歴史は学べないが、講談には歴史の魅力を伝える力があるのだ。

「西郷」の表と裏

ＮＨＫ大河ドラマ「西郷(せご)どん」がスタートした。日本の歴史を勉強したわれわれ西欧人からすると、幕末物があまりにも多いと感じてしまうが、日本人は西郷隆盛のどこに惹かれるのだろうか？

アルバイトの小暮君が資料を配る。

「『西郷どん』は２０１８年1月7日に第1回が放送されましたが、視聴率は15・４％と歴代ワースト2位だったそうです。２０１７年末の紅白歌合戦には西郷役を演じる鈴木亮平がゲスト審査員として出演していましたし、大河ドラマ『翔ぶが如く』で西郷役を演じた西田敏行と対談させたり、局をあげて盛り上げようとしていました。にも拘らず視聴率がふるわなかったのは、幕末物が飽きられたのか、巷で囁かれる配役ミスが原因なのか、テレビ離れの影響なのか……」

「こんな人ではなかった」

西郷の功績といえば江戸無血開城が最初に思い浮かぶ。会津にまだ軍勢が残っていた幕府軍と新政府軍がもし激突していれば、犠牲者の数は甚大だっただろう。

　近代史を研究しているY教授が頷く。

「幕府側の勝海舟は新政府側が出した降伏条件を実質的に拒否しましたが、それでも勝を信用して無血開城を成し遂げた西郷の功績は認めるべきでしょう。明治6年の政変で下野し鹿児島に戻った後、明治10年に西南戦争の指導者となり、敗れて城山で自刃しました。いわば明治政府に敵対する賊軍として生涯を終えたわけです」

　アメリカ人記者が首を傾げる。

「そんな賊軍のリーダーがどうして人気があるのかしら？」

　西郷ファンのY教授が言う。

「人品が優れているからではないでしょうか。それに皇室に対する敬愛の情が深かった。『西郷南洲遺訓』には、《総じて人は己れに克つを以て成り、自ら愛するを以て敗るゝぞ》とある。私はこの言葉を、自己抑制ができる者が事を成し遂げ、自己愛がすぎる者、保身に走る者は敗れてしまうと解釈しています。《凡思慮は平生黙坐静思の際に於てすべし》という言葉もいい。物事を考えるときは黙って自分の中で整理せよということでしょう。一番好きな言葉は、《道は天地自然の道なるゆゑ、講学の道は敬天愛人を目的とし……》。つまり、人知の及ばない〝天〟を敬い人間を愛して学問を研究せよということですな。西郷はストイックで真摯なんです」

　フランス人記者が唸る。

「うーん、オレには西郷は胡散臭い人物にしか見えないけどな。だいたい写真すら残していないだろう。太い眉に大きな目、大きな顔、恰幅のよさというイメージは後から捏造されたものだ」

たしかに、西郷の容姿は絵でしか残されていない。上野には犬を連れた福々しい西郷の銅像が建っているが、実際は顎が尖っていて頬もこけていたという説もある。銅像の除幕式に出た西郷の妻・糸が「うちの人はこんな人ではなかった」とつぶやき、西郷の弟・従道があわてて注意したというエピソードもあるくらいだ。

アメリカ人記者が笑う。

「私が調べた範囲で言うと、明治政府より西郷に支払われた給与は当時の金額で月2000円、年俸にすると現在の2億4000万円くらいになる。贅沢三昧で美食を続けた結果、晩年は太ってしまったようね。ちなみに西郷は征韓論を唱えて大久保利通と対立するけど、下野した後も、明治政府からちゃっかりカネをもらっていたそうよ」

人格も怪しい

幕末の動乱の時代、薩摩藩は非常に強大な力を持っていた。現在の鹿児島県全域と宮崎県の南西部を領有し、琉球王国を間接的に支配下に置いていた。

1867年にパリで開催された万国博覧会では、薩摩藩は「日本薩摩琉球国太守政府」の名で幕府とは別に展示を行い、独自の勲章まで作成している。これは幕府に正面から歯向かった薩摩藩の当時の権力を物語っている。薩摩藩士は独立国に住んでいるような気分だったのではないか。西郷は独力でのし上がったのではなく、背後に薩摩藩が控えていたことを忘れてはならない。

Y教授が目を瞑る。

「それと西郷札にも触れないわけにはいきません。西南戦争中、西郷軍が戦費調達のために発行した戦時証券、軍票です。これは西郷の力を背景に無理矢理流通させたもので、西郷軍の敗北と共にその価値を失った。明治政府からの補償もなかったため、西郷札を引き受けた商家は没落することになりました」

フランス人記者が憤慨する。

「ひどい話だな。オレは西郷の人格も怪しいと思っている。安政の大獄のころ西郷は奄美大島に藩により潜居させられたが、島の人間を毒蛇のハブに喩えたり、現地で結婚した愛加那という女性に財産の保証をすることなく島を出るとあっさり捨てた。以前読んだ本によると、帝国憲法が制定され恩赦により西郷の地位が回復した後、奄美大島に西郷の石碑が建てられたが、愛加那は罵ってつばを吐きかけたそうだ」

小暮君が資料をめくる。

「政府軍の総攻撃直前に、西郷の部下の河野主一郎と山野田一輔は政府軍総司令官の川村純義に面会を求め、西郷の助命を嘆願しています。つまり、西南戦争から自分だけ抜けるので命を助けてほしいと。山県有朋は驚いて、西郷ともあろう人が何を今更と拒否したそうです」

ここまで西郷を叩くと少し気の毒だ。しかし、とどめを刺したのは西郷ファンのY教授だった。

「西郷の有名な言葉に『児孫の為に美田を買わず』というのがあります。財産を残すと子孫の自立心を失わせるという意味です。しかし、西郷一族は土地を買い漁り、その総敷地面積は東京ドーム120個分くらいありました」

日本人が西郷を英雄視するようになったのは、明治維新により既得権益を奪われたり没落したりした人の不満に応えたからだろう。西南戦争後、明治政府に対する抵抗は完全に抑え込まれた。彼らは西郷を持ち上げることにより、屈辱に耐えていたのではないか。

フランス人記者が吐き捨てた。

「写真がないのをいいことに、西郷のイメージは膨らみ続けた。通俗的な歴史家がそれを後押しし、NHK大河ドラマが虚像を国民に刷り込んだ。確実なのは西郷の金玉がでかかったということくらいだな。病名はフィラリアだ」

辞書礼賛

10年ぶりの改訂となる広辞苑の第7版が発売された。長年辞書の編纂に関わってきたM先生は2017年で90になる。鎌倉駅近くの彼の自宅で話を聞いた。

「広辞苑の初版が出たのは、昭和30年、私がまだ大学に勤務していた頃です。地元の書店さんが自転車で研究室まで届けてくれて感動したのを覚えています。なんというか、文化の香り、言い知れぬ権威を感じたものです。なにしろあれだけ分厚い本が出版されたのは戦後初めてでしたから。私の手元にはいまだに広辞苑の初版があります」

広辞苑は「国民的辞書」であり権威であるがゆえに批判の対象になることも多い。英語圏ならオックスフォード英語辞典、フランス語ならラルース大百科事典、ドイツ語ならブロックハウス百科事典が有名だが、いずれも項目ごとに初出文献と執筆者名が記されている。欧米にはルター以来の辞書編纂の歴史があり、専門家を総動員して編纂する。それに比べると国語辞典と百科事典を兼ねた広辞苑は、中途半端であり、格が一段落ちると。

編纂者は変人が多い

アルバイトの小暮君が鞄から資料を取り出して渡す。

「今回の改訂ではＬＧＢＴ、オタク、婚活、クールビズ、ブラック企業、マタニティー・ハラスメント、ちゃらい、無茶振りなどが加わったそうです。もちろん言葉は変化していくものですが、すぐに消えてしまう流行語を辞書に掲載するのは違和感があります。そんなものは『現代用語の基礎知識』に任せればいいと思うのですが……」

Ｍ先生がニヤリと笑った。

「いや、それは違いますな。そもそも広辞苑はその時々の世相を反映するという性格を持っている。第２版で愛車、第３版でサラ金といった言葉が追加されましたが、それだって当時の新語ですよ。辞書を引くのは、温故知新、故き(ふるき)を温ね(たずね)新しきを知ることです。ネット上の情報は日々書き換えられますが、印刷されたものはそのまま残ります。出版された当時の知識が固定化されているわけで、そのページを繰るのは歴史を知ることなんです」

私の仕事場には、東ドイツの辞書がある。それには、「同志」「集団農場」といった今では「死語」になった言葉がふんだんに載っている。その解説から、今日では消え去った社会主義国を知ることができる。

Ｍ先生が頷く。

「そういうことです。紙の辞書の本当の価値は、時間が経ってから現れる。今回の改訂で加わった新語が、数十年後の日本人にとってどのような意味を持っているか。私に言わせれば、それこそが広辞苑の正しい使い方です」

Ｍ先生の仕事場の本棚には、広辞苑、大言海、大辞林、新潮国語辞典、新明解国語辞典などが並んでいる。

「辞書には人間の情熱がこもっています。そこには敬意を払うべきでしょう。私の学生時代、京大の図書館にはオックスフォード英語辞典が中央の机に鎮座していました。ひとつしかないので盗まれないように鎖でつながれていた。それを引くときは辞書に向かい軽く一礼したものです」

辞書編纂の苦労はＭ先生が一番よく知っている。

「辞書編纂者は柔(やわ)な神経では務まりませんよ。だからどこの国でも辞書編纂者は変人が多い。私の先輩で広辞苑を作った新村出(しんむらいずる)も、好きなものにとことんのめり込むタイプだったようです。彼は女優の高峰秀子の大ファンでした。作家の谷崎潤一郎は高峰を可愛がっていたので、尊敬する新村の自宅に連れて行った。高峰が部屋に入ると、至る所に彼女のポスターが貼られていたそうです。今で言うアイドルオタクですな」

殺人者の協力

小暮君が笑う。

「最近は紙の辞書を使う人は減り、電子辞書やインターネットを使う人が増えています。それでも新聞や雑誌のコラムで、『広辞苑をひもといてみると』『広辞苑によると』などと使われます。つまり広辞苑は今でも権威なんですね。新聞記者や作家も普段はネットで辞書を引いていても、『ネット検索で調べてみたら』とは書けませんからね」

M先生が少し厳しい顔になった。

「辞書には物理的にも歴史的にも〝重み〟があるんです。分厚い辞書を引っ張り出してページをめくるのとキーボードを叩くのとは違う。昔は辞書を丸暗記し、覚えたページを食べていくという勉強法がありました。これは北原白秋が使った比喩で自らの血肉にするということですね。田中角栄もいつも辞書を引いていた。人の心をとらえる演説はそこから生まれたのでしょう」

1755年にイギリスで「英語辞典」を完成させたサミュエル・ジョンソンは、編纂中は自宅の扉に鍵をかけ、配達に来た牛乳屋ですら中に入れなかった。辞書を作るための資金をチェスターフィールド卿に求めたが、最初は断られ、辞書が完成する頃に援助の申し出があった。ジョンソンは相当頭に来たらしい。「英語辞典」のパトロンという言葉を引くと、「尊大な態度で援助し、その代償としてお追従を受ける哀れな人」となっている。

東大文学部で日本文学を専攻する小暮君が言う。

「夏目漱石は松山の中学に英語教師として赴任した際、生徒にある英単語の意味を問われました。生徒は帝国大学の英文科を出た教師をからかうつもりで、辞書で意味を調べた上で質問し、『先生の仰った意味は辞書に載っていません』とやった。すると漱石は『それなら君の辞書が間違っている』と答えたそうです。エリートの漱石からすれば当時の中学生が使う英和辞書は間違いだらけだったという解釈もできますが、単にへそ曲がりだっただけかもしれません」

M先生は江利チエミの元祖おっかけで、ファンの間でトラブルを起こし傷害罪で逮捕されたこともある。

「オックスフォード英語辞典は読者の指摘を受けると、改訂時に修正していました。その中でも質量ともに圧倒的な投書を送ってくる人物がいた。しまいには編集部が彼に手紙を送りアドバイスを求めるようになった。ただ、不思議なことに彼をパーティーに招待しても決して現れない。実は彼は殺人罪で長期収監されている囚人だったのです。英語圏最高の辞典は、殺人者の協力なしには成り立たなかった。だから言ったでしょう。辞書編纂者は私を含めて普通ではないんですよ」

第3章

教育改革と知の劣化

死ぬ権利、死ぬ義務

知人の大学教授が死んだ。昨年の夏には私の事務所にも遊びに来てくれたが、秋口に脳溢血で倒れた。都内の病院に見舞いに行くと、すでに意識は朦朧としており、舌を巻き込まないように固定する処置がとられていた。全身は点滴の管でつながれており、腹に穴を開け、食物や水分を送り込む胃瘻(いろう)を行う予定だという。

元気な頃の彼なら、そこまでして生き延びる道を選んだだろうか？

看護師が入ってきたので、病室を出て同じフロアの待合室で缶コーヒーを飲んでいると、彼の同僚のS氏が現れた。

友人の変わり果てた姿を見て、S氏はかなりショックを受けたようだ。旧知の私に軽く会釈した後は、下を向いてソファーに座っていた。

自然の摂理

先日、青山で行われた教授の葬儀でS氏と再会した。

「ミスター・デンマン。僕もこの歳になってわからなくなりましてね。結局奴は半年苦しんだのです。よく頑張ったと言う人もいますが、死にゆく本人はどれだけ幸せだったのか。食事もとることができず、チューブで栄養を送り込まれるだけなら、生きているミイラみたいなものです。結局、家族が『最後まで見捨てなかった』という言い訳を得るだけではなかったのか。僕は奴を畳の上で死なせてやりたかったです」

これは延命治療が抱える問題だ。先日、自民党のプロジェクトチームが尊厳死に関する法案をまとめた。そこでは、医師の免責事項として「延命措置の中止」が盛り込まれることになっている。また、ALS（筋萎縮性側索硬化症）の患者に生命を維持する人工呼吸器をつけるか否かの決断についても、現在法整備が求められている。

S氏が涙を浮かべる。

「これまで議論されてきたことではありますが、だらだらと長生きするのは本当にいいことなのでしょうか？　僕は延命措置の停止を求めることに〝尊厳死〟という言葉を使うのはおかしいと思う。それを言うなら、昔は尊厳死ばかりでした。昔は自然に死ぬしかなかった。一部の臓器が病に侵されれば、他の臓器は健康でも、死ぬしかなかったのです」

たしかに延命治療の発達により、生と死の境があいまいになってきたような気がする。

私が不思議に思うのは、日本の宗教界が尊厳死について多くを語らないことだ。彼らは信者に対し、現世的な利益を約束したり、今の辛さから抜け出すための道を説いたりする。しかし、魂の救済や死については深い部分まで扱わず、せいぜい葬式で説法するくらいだ。

しかし、人が死ぬときには、魂の救済が必要になる。ソ連共産党書記長のブレジネフでさえ、死の床でロシア正教にすがり、司祭を呼んだ。唯物主義・唯物史観では自分の死を解明することなどできない。

S氏が頷く。

「その点、欧米の宗教界では延命措置の是非に関する議論が活発ですね。カトリックの教書には『か細い生命の維持でしかない延命措置は、やめる決定をしても良心上何の問題もない』とあります。自殺を禁じているカトリックが延命措置の停止を肯定するのは変だと思う人もいるかもしれません。しかし、自殺は自然の摂理に反しているから許されないのであり、その論理でいけば、過度な延命措置は自然の摂理に反した行動となるわけです」

死を受け入れる

日本でも、延命治療を拒んで、壮絶な死を遂げた作家がいた。吉村昭だ。妻の津村節子が彼の最期を語っている。病院を出た吉村は、自宅のベッドに横たわり、自分に取り付けられていたチューブを、最後の力を振り絞って全部外した。その数時間後に彼は死んだが、最後まで意識はあったという。

寿命は天の定めである。そして文字通り、命を寿ぐことでもある。それはあくまでも、自然に死ぬからだ。

延命措置を施した瞬間に「死」は物質的なものになる。医学の発達が、現代人の死生観を狂わせている部分があるのではないか？

斎場から地下鉄の駅に向かう道を歩きながら、S氏がつぶやいた。

「結局、常日頃の覚悟ということになると思うんです。森鷗外が帝室博物館の総長だった頃、芥川龍之介と小島政二郎が『舞姫』や『うたかたの記』の頃のような作品を書いてほしいと迫ったそうです。すると鷗外は『俺の顔を見ろ。死相が出てるだろう』と言った。ハッとした2人は黙って部屋を後にします。鷗外は常に死に向かい合っていたんです。『高瀬舟』に登場する島流しの舟に乗る罪人も自分の死期について考えていたはずです。気高く切腹をする藩士の姿にフランスの役人たちが恐れおののく『堺事件』、殉死できない屈辱に耐えかね一族が全滅にいたる『阿部一族』など、鷗外は文学で死を突き詰めたからこそ、自然に自分の死を受け入れることができたのではないでしょうか」

かつての日本人には死の覚悟があった。すべての責任を放棄し、我先にと逃げた韓国セウォル号の船長と、大日本帝国海軍の第六潜水艇の艇長だった佐久間勉を比べるとそれがよくわかる。佐久間は、死の間際まで自分が置かれた状況を、明治天皇への謝罪の言葉と一緒に克明に記した。その際、自分の命や家族について言及することはなかった。いざとなったら命を捨てる覚悟ができていたのだ。

今の日本は命を最優先する国になっている。しかし、責任感のない長寿国家ほど土台の脆いものはない。一人一人が死と対峙しなければ、それこそ延命するだけの半分ミイラのような国になるだけだ。

駅のホームでS氏と別れたときの言葉が印象的だった。

「日本では死について考えることがタブーなんです。だから死に関わる議論を避けようとする。それが原因で相続問題も発生してしまうのです。不治の病が治るようになったのはいいことですが、一方で、われわれ現代人は死ぬきっかけを失ってしまったのではないでしょうか？」

手塚治虫のマンガ『ブラック・ジャック』にこんな話がある。天才外科医ブラック・ジャックのところに彼の恩師が運ばれてきたものの、手を尽くしたが死んでしまう。彼がうなだれていると、恩師の霊が出てきて言う。

「人間が生き死にを自由にしようとするなんて、おこがましいとは思わんかね」

私もそろそろ遺書を書かなければならない。

国立大学改革の誤り

文部科学省が国立大学に対し、人文社会科学系や教員養成系の学部・大学院の廃止などの組織改革を求めたという。しかし、医療や理工系の〝実学〟だけで豊かな人間を育てることができるのだろうか。

フランス人記者が鼻を鳴らす。

「日本政府も文科省も正気を失っているな。この件に関しては読売新聞の『編集手帳』が正論を述べていたが、その意見に大賛成だ」

《学問の世界でいえば、文学部はさしずめコントラバスに当たる。理工系のように経済成長の主旋律を奏でることはない。それでも古典や哲学、歴史の探求を通じて学問全体の重さと幅を支えてきたのは確かだろう。(中略)〝全日本アカデミック交響楽団〟に深みのある演奏を促す名案とは思えない》

読売新聞は社説でも次のように論じていた。

《確かに人文社会系は、研究結果が新産業の創出や医療技術の進歩などに結びつく理工系や医学系に比べて、短期では成果が見えにくい側面がある。（中略）だが、古典や哲学、歴史などの探求を通じて、物事を多面的に見る眼や、様々な価値観を尊重する姿勢が養われる。大学は、幅広い教養や深い洞察力を学生に身に付けさせる場でもあるはずだ》

当たり前と言えば当たり前だ。日本はそこまで余裕がなくなったのか。それとも精神的に劣化したのか。

ラテン語と漢文

某国立大学で歴史を教えていたY教授が言う。

「第二次世界大戦中にも国が目先の利益だけを追い求め、国立大学に組織変革を迫ったことがあった。それで、東京大学に第二工学部がつくられ、兵器を開発する研究者を養成したのです。今の文科省も、やっていることは同じなんですね」

大学は英語では「ユニバーシティ」であり、語源は「ユニバース」、つまり〝総合〟という意味である。一方、単科大学は「カレッジ」と呼ぶ。東京工業大学のように理系学部しか持たない大学がそれにあたる。もし、日本の国立大学から人文社会科学系の学部がなくなれば、ユニバーシティが消滅することになる。

フランス人記者が顎鬚（あごひげ）を撫でる。

「大学が発祥したのはヨーロッパだが、そこでは神学部が重要視されている。最古の大学とされるボローニャ大学にこそ神学部はないが、2番目に古いドイツのハイデルベルク大学の神学部は有名だ。神学は諸学の根本だ。したがって、大学を〝実学〟だけにしろなどという暴論は発生しようがない」

Y教授がにこにこ笑っている。

「教育の目的は、ユニバーサルな、つまり総合的で多面的な思考を身につけさせることです。一面的な思考しかもたない人間は、時に大きな間違いを犯す。今の政府の面々や文科省の役人こそがそれではないですか。そういう意味では、京都大学の山極壽一総長は立派でしたね。『幅広い教養と専門知識を備えた人材を育てるためには人文社会系を失ってはならない』ときちんと拒絶した」

文科省は、なにか根本的なところを勘違いしているのではないか。役に立たないことを教えるのが本来の大学教育なのである。形にはすぐに現せないもの、それを教養と言っていい。大学で英文学を学んでも、英会話がペラペラになるわけではない。英会話を身につけたいなら、駅前の英会話スクールにでも行けばいい。大学では英語を介して教養を教えているのだ。英語なんてアメリカに行けば、ニートでもホームレスでも喋ることができるのである。

Y教授が同意する。

「たとえば、ラテン語を知っているのといないのとでは英語の理解にも大きな差が出ます。イギリスを代表する詩人のジョン・ミルトンは、ラテン語の詩もたくさん残しました。日本で言えば、夏目漱石や森鷗外が漢文で日記を書いていたようなものですね。一日の終わりにリラックスしながら書く文章が漢文だった。それくらい教養として身についたものだったんですね。当時の知識人は誰でも白居易の『長恨歌』をそらんじることができた。これも一見何の役にも立たないようですが、鷗外の『舞姫』を読んでみればいい。『石炭をば早や積み果てつ』という有名な書き出しは、漢文書き下し文の短くともカチッとした文章のリズムを体得していたからできる表現なのです」

理系と文系をどこで分けるか

フランス人記者が吐き捨てるように言う。

「今の日本はなんでもかんでも成果主義というわけだ。でも、目に見えないものを大切にしなくなったら、人間はおしまいだな。学生はスノッブになる責任がある。教室に行くのもいいが、まずは書店と図書館に通うことだ。ヘッセ、漱石、鷗外、スタンダール、ドストエフスキー……。世界文学は10代で読まなければダメだ。哲学もそう。高校時代に『赤と黒』を読んで、その晩は眠れなかったというような経験をしているかどうかで、人間の質はまったく違ってくる」

たしかにそうだ。私も学生の頃に、ゴーゴリ、トルストイ、ツルゲーネフ、チェーホフを読んだ。仕事をするようになってからも、ソルジェニーツィンに衝撃を受けた。しかし、先日NHK

ラジオを聴いていて、女子アナウンサーがロシア文学を一つも読んでいないと告白したことのほうが、もっと衝撃だった。

Y教授が笑う。

「湯川秀樹だって、計算式を並べ続けて中間子理論に辿り着いたわけではないでしょう。彼の理論物理学は哲学に近いものがあります。理系と文系をどこで分けるのかは、実は非常に難しい問題なんです」

要するに、「役に立つ人材が欲しい」という財界の要望に、今の政権が乗ったというだけの話ではないか。そんな人材は、企業が私費で育てればいいのだ。

Y教授が頷く。

「日本人は技術の習得に異様な熱意を注ぐ習性があるようです。江戸時代には〝駕籠かき〟の名人がいたが、駕籠を担ぐ技術が高度になる一方で、『これに車輪をつけたらもっと楽に運べるのではないか』という発想にはならない。そこで人力車の登場と同時に、名人たちは淘汰されてしまう。その人力車を扱う名人も出てくるが、今度はエンジンのついた乗り物に駆逐されたのです」

これは技術の進化に付随する根源的な問題だ。大切なのは、理工系の技術や知を、歴史的・文化的に位置づけるための人文社会科学系の教養なのである。

東大ブランド

英国の教育専門誌『タイムズ・ハイアー・エデュケーション』が発表した２０１５年の世界大学ランキングで、東京大学は２０１４年の23位から43位に順位を落とし、アジア首位からも陥落した。ちなみに第1位は5年連続となるカリフォルニア工科大学だった。第２位はオックスフォード大学、第3位はスタンフォード大学、第４位はケンブリッジ大学、第5位はマサチューセッツ工科大学（ＭＩＴ）、第6位はハーバード大学と続く。一方、アジアのトップは第26位のシンガポール国立大学。北京大学も第42位で東大を上回った。

同様の大学ランキングは他にもあるが、いずれも東大の順位は下降傾向にある。

異なる欧米の事情

アルバイトの小暮君が言う。

「僕が通っている大学だから擁護するわけではありませんが、大学のレベルを判断する指標をつくるのは困難です。ものによっては、いかがわしいランキングもありますよ。これだって、上位はほとんどアメリカとイギリスの大学ではないですか」

フランス人記者が頷く。

「たしかにそうだな。これは学術誌や論文のほとんどが英語であることと関係している。なにが優秀であるかを判断するのは結局、英語圏の人間なんだ。教育の質や地域社会との関係などは簡単に数値化できない。また、教育機関としての大学と研究機関としての大学の評価を一緒くたにするのは乱暴だ。そう考えれば、やはりパリ大学が第1位となる」

小暮君が笑う。

「途中までは説得力がありましたが、最後でズッコケましたね。僕が疑問に思っているのは、多くの大学ランキングに〝国際性〟という指標が入っていることです。その部分で評価すれば、移民大国のアメリカが優位に立つのは当然です」

日本では7つあった帝国大学の頂点が東京大学だった。その流れもあり、国立大学のほうが私立大学より上という意識は、多くの日本人が共有しているように思う。しかし、欧米の事情は違う。今回のランキングで上位を占めたアメリカのカリフォルニア工科大学もスタンフォード大学もマサチューセッツ工科大学もハーバード大学も私立大学である。〝オックスブリッジ〟と称されるイギリスの名門校オックスフォード大学とケンブリッジ大学も同様だ。また、ドイツやオーストリアなどのゲルマン系の国には国立大学も私立大学もない。日本では江戸時代に各藩が藩校を作ったが、それと同じように各州の君主が領地に州立大学を作ったのである。

フランス人記者のお国自慢は続く。

「フランスには大学入学試験がない。高校卒業認定試験（バカロレア）に合格すれば、どこの大学でも自由に入ることができる。教育が開かれているんだ。もっともテクノクラートの養成機関であるグランゼコールに入るには、専門の試験に合格しなければならないが」

ドイツも同様の資格（アビトゥーア）があれば、大学の選択は自由である。たとえば、1年目はハイデルベルク大学で学び、2年目はミュンヘン大学に編入するといったように。ゲーテの『ヴィルヘルム・マイスターの遍歴時代』を読むとわかるが、ドイツでは職人は一人の師匠につくのではなく、多くの師匠のもとを渡り歩いていく。こうしたゲルマン社会の伝統が〝大学観〟にも反映しているのだろう。一つの大学が特別な権威をもつことはない。

知性に対するルサンチマン

小暮君が資料を整理しながら言う。

「一方、日本人は大学のカラーに染まりやすいのかもしれませんね。早稲田大学から慶應大学に編入する学生はほとんどいない。教授もそうです。一度、東大教授になったら定年を迎えるまでテコでも動かない。こうして学内にピラミッド階層ができあがるわけですね」

私もフランス人記者も大学に通っていたのは記憶にないほど昔のことだが、現役の東大生は自分の立場をどのように考えているのだろうか？

小暮君が顔をしかめる。

「いいことなんてありませんよ。東大生は損しているんです。よく京都大学はノーベル賞を取れるけど、東大は取れないと言いますよね。あれは1949年に湯川秀樹が日本人で初めてノーベル賞を取ったときの印象が強いせいで、実際には東大も京大も7人が受賞しているんです」

フランス人記者が異論を挟む。

「だが京大に自由な校風があるのは事実だな。京都は街自体が小さく、祇園や先斗町まで大学から歩いていくことができる。家も大学に近いので、夜遅くまで研究したり、酒を飲める。アイデアは雑談から生まれることが多い。霊長類研究の今西錦司も生態学者の梅棹忠夫も西陣の出身で、勝手知ったる街で飲み歩いていたわけだ」

東大には全国から「日本を背負って立とう」と意気込む秀才が集まってくる。そして実際に官僚になれば国を背負うことになる。彼らの自負は大事なものだが、冴えない人間から見れば「偉そうに」とやっかみの対象にしかならない。

小暮君が訴える。

「一時期官僚悪玉論が流行りましたが、あれも影響しています。東大には夏目漱石のような真面目な学者しかいないので、官僚のような威張る人間しか育たないと。民間企業に行っても、それはそれで文句を言われる。僕の先輩は教育系の出版社に入ったのですが、会う人のほとんどから『どうして、東大を出たのにこんなところにいるの？』と質問されるそうです。また、仕事でミスをすれば『東大なのに』と陰口を叩かれる。鬱病になりそうだと言ってました」

フランス人記者がニヤッと笑う。

「左翼の偏差値教育批判も関係しているな。一流大学に入ることだけが人生の目的ではない。勉強ばかりしていると社会に適応できない非常識な人間になってしまうと。彼らにとっては、東大ブランドを崩すことが、自説の強化につながるわけだ」

昔、『マルサの女2』という映画を見たが、宮本信子演じる主人公が大学卒業ほやほやの部下に「15秒！」と叫ぶシーンがある。それは部下が「東大出をひけらかす所要時間」だそうな。こうした知性に対するルサンチマンは健全ではない。

身も蓋もない言い方だが、たとえ東大出身者に問題があろうが、多くの場合、三流大学出身者よりマシなのだから。

組体操の是非

小中高校の運動会で組体操の事故が多発している。日本スポーツ振興センターによると、毎年8500件前後も骨折やねんざなどのケガが報告されており、小学校では跳び箱、バスケットボール、サッカーに次いで事故が多いという。組体操が運動会シーズンに限られることを考えれば、相当に高い確率だ。

某誌記者のK君が焼鳥を頬張りながら言う。

「朝日新聞が社説で批判してましたね。『子どもの安全あっての運動会だということを、学校は肝に銘じるべきだ』と。大阪府八尾市の中学校では、この3年間で7人が骨折している。生徒の要望によりピラミッドが10段にまで引き上げられ、一部の教員は段を減らすべきだと主張したものの、校長の判断により続行されたようです」

その社説は私も読んだ。

曰く、「危ないとの声はなぜ顧みられなかったのか、保護者や地域へのアピールのため安全への配慮がおろそかになっていなかったか、学校や教育委員会は検証すべきだ」

「確かに大きなピラミッドは迫力がある。達成感や団結力を養えると言う教員もいる。だとしても、子どもを危険にさらしてまでやる理由にはならない」

このあたりの主張には概ね同意する。

運動会と軍隊

普段から朝日新聞の論調に敵対心を持っているK君が言う。

「基本的に左翼は運動会が嫌いなんですよ。短距離走の順位をつけないために、仲良く子どもの手をつながせてゴールさせるバカな教師もいたそうですが、競争を否定したら運動会は成り立ちません。そもそも運動会は競争原理と闘争心を子どもたちに教えるものです。それは競争がこの世界の本質であり、競争を避けては生きていけないからです。そこを無視して子どもを社会に放り出すのは、教育者として無責任であり失格です」

それはそうだが、社説によれば10段のピラミッドは高さ約7メートルに達するという。中学生だと、土台部分の子にかかる負荷は1人当たり最大200キロ近い。一歩間違えば深刻な事故につながる。

社説はこう述べる。

「かけっこや跳び箱でけがをする子もいる。『危ないから』と競技種目から排除していけば運動会は成り立たないだろう。だが、巨大なピラミッドやタワーの危険性は桁違いだ。感動と引き換えにはできない」

抑揚の利いた実に真っ当な主張ではないか。

K君は食い下がる。

「でも、子どもには子どもなりに危険を求める心と闘争心があるんです。それをうまくコントロールしながら、心身の健全な発育を手助けするのが教育の大切な役目でしょう。朝日の社説には『集団の統一美を表現する意味合いが強い』とありますが、運動会と軍国主義を結びつけるのは筋違いですよ」

いや、それは違う。

運動会は軍隊が発祥である。

ヨーロッパでは各地に駐屯する部隊と現地住民との間で、たびたびトラブルが発生した。そこで年に数回基地を開放し、軍隊の訓練をパフォーマンスとして住民に見せることを思いつく。これが運動会の起源である。馬術や剣術などの技能を一種のショーとして供したわけだ。

この習慣が明治時代にドイツから来たお雇い外国人により日本に持ち込まれ、さらに森有礼の提案により学校教育に取り入れられた。

だから、運動会が軍事教練と似ているのは当然なのだ。

富国強兵と個人主義

K君が頷く。

「なるほど。たしかに運動会の競技は単純なスポーツではありませんね。玉入れやパン食い競走のような遊びの要素が大きい」

パン食い競走は、明治期の札幌農学校や海軍兵学寮などで始まった可能性が高い。

また、戦中の運動会では真珠湾攻撃や日本海海戦を模した競技が行われており、戦後の一時期GHQは運動会を禁止した。

K君の体重は100キロを超えている。ひたすら焼鳥を口に運び、生ビールで流し込んでいる。すでに30本は食べているのではないか。某誌では軍事モノを担当することが多いK君が言う。

「富国強兵に取り組んでいた日本は、近代化のために集団行動を子どもたちに叩き込む必要があったわけです。これは当時は切実な問題だった。なぜなら日本人は非常に個人主義的だったからです。『日本人は集団主義的な民族』というのは僕は俗説だと思う。戦国時代の戦(いくさ)を見ればわかりますが、ほとんどの武士は抜け駆けして敵将の首をとり恩賞をもらうことしか考えていません。戦場には集団で行くものの、結局は個人戦だったわけです」

明治政府は、軍事においても産業においてもヨーロッパのほうが格段に上であると痛感していた。そこで急いで近代国家をつくるために国民を統合する必要があった。だから徹底的に規律を叩き込んだわけだ。この即席の集団主義がナショナリズムの暴走につながっていく。

運動会で行われる競技の多くには結束力が求められる。騎馬戦もしかり、組体操もしかり、ムカデ競走もしかり。

そこでは集団のために個人が忠誠を尽くすことが求められる。個人による短距離走よりもクラス対抗リレーのほうが圧倒的に盛り上がるのは、運動会が教育に導入された動機を考えれば当然だ。

K君が膨れたお腹をさする。

「ナチスドイツは国民の健康を増進させるために体育教育を重視しました。戦中の日本にもヒトラーユーゲントがやってきて、小中学校で組体操を見せた。日本人は長身で金髪碧眼のドイツ青年に見とれ、その一糸乱れぬ動きに感激したらしい。しかし、戦後はナチスのイメージが逆効果になり、ヨーロッパでは運動会的なものが忌避されるようになっていく。でも、国民精神を鍛えるためには絶対に組体操のようなものが必要なんです」

ところで君が小中学生の頃には、組体操のピラミッドはあったのかね？

K君が口ごもる。

「……いや、僕、運動会は毎回サボっていたんですよ。デブだから集団行動は苦手なんです」

飲みかけのビールを噴き出しそうになった。

寿司屋と手袋

ニューヨークでは、市当局の衛生基準により、寿司職人が寿司を握る際、ゴムまたはプラスチック製の手袋着用を義務付けている。ところが最近、「日本料理の伝統を壊すな」「衛生効果がどれだけ上がるか疑問」などと反対の声を上げる店が現れたらしい。ある寿司屋の幹部は地元紙に「手袋を脱ぎ捨てろ。寿司のために戦え」と題する文章を投稿したそうな。

また、市内のある寿司屋では、市の衛生基準が日本の寿司文化の実態に即していないとして、衛生当局が検査に訪れるときだけ手袋をし、帰った後は一斉に外すという。

馬鹿馬鹿しい話だ。

それならゴム手袋に雑菌が付いていたらどうなるのか?

手袋の衛生管理ができていなければまったく意味がない。要するに、こうした一律の基準は混乱を招くだけなのだ。

もっとも、当局の基準について、日本人ではなく現地の関係者が反対の声を上げたのは立派だった。

以前、カリフォルニア州が同様の衛生基準を撤回したことがあるが、お役所の勘違いに無理に付き合うこともない。

「魚は味がしない」

日本でも手袋をはめて寿司を握るところがある。持ち帰り寿司のチェーン店だ。スーパーマーケットの中に併設されていることが多いが、さすがの私もあれを寿司文化とは思いたくない。時々回転寿司に行くこともあるが、そこでさえシャリとネタの温度を素手で測りながらきちんと握っている。

こうした話をいつもの寿司屋の主人にぶつけてみると、こう答えた。

「寿司職人は頻繁に手を洗うから、むしろ手袋より清潔です。浪曲師・二代目広沢虎造は『森の石松』にこう語らせています。『江戸っ子だってねぇ。呑みねぇ、呑みねぇ、寿司を食いねぇ』と。石松も手袋で握られた寿司を見たら、きっと嘆くと思いますよ」

風土や食文化の違いにより、外国で味が変化していくことはある。

私は以前ロンドンで、ハムを載せた寿司を見たことがある。また、パリの寿司屋ではタイ米を使っていた。

しかし、ゴム手袋はいけない。

熟練の職人はほとんど誤差なく一定量のシャリを掴む。そしてネタにシャリを押し付け、空気を含ませる。こうして、寿司が口に入ったときの温度や喉越しを考慮した上で完成させていく。日本の食文化を理解していれば、規制に反対するのは当然だ。

主人は暖簾を下ろしてビールを飲み始めた。

「こんなことが続けば、そのうち手打ちうどんや手打ちそばも規制しろという話になりますよ。でも、どんなに清潔にしても100％菌をなくすのは不可能です。結局、アメリカ人には偏見があるのでしょう。彼らが生魚を食べるようになったのは、つい最近のことです。私の親父が日本食のアドバイザーをやっていた1950年代、ニューヨークに日本料理屋は2店しかなく、生魚は提供していませんでした」

スティーヴン・スピルバーグ監督の『1941』という映画がある。これは、日本海軍潜水艦のアメリカ本土砲撃をモチーフにしたコメディだが、その中に「アメリカが日本人に侵略されたら、生魚を食わされるようになるぞ！」というセリフがあった。また、映画化もされたイアン・フレミングの長編小説『007は二度死ぬ』には、ジェームズ・ボンドがふぐを食べ「魚は味がしない」と語るシーンがある。

主人が苦笑いする。

「これは親父から聞いた話ですが、アメリカで忌み嫌われていた生魚文化が見直され、寿司がステータスフードになった理由は、それに先立つ醤油ブームの影響だそうです。今でこそ寿司はヘルシーフード、スローフードなどと持て囃されていますが、味の濃い醤油が浸透したことで、味覚が大雑把なアメリカ人でも、〝味がしない〟生魚を食べられるようになったというのです」

めじマグロの鎌焼きが出てきた。上品な脂がのり、これほど旨いものはない。

考えてみれば、アメリカ人が大量に生魚を消費するようになれば、食材を奪われるわけだから、日本にはプラスにならないかもしれない。西欧から来た私が言うのも余計なお世話かもしれないが、異文化を認める器量がない人間はカリフォルニア巻きでも食っていればいいのだ。

主人が頷く。

「江戸時代、寿司は屋台で提供されていましたが、それは当時もっとも衛生的だったからです。捕ってきた魚を、切って、握って、作った瞬間にその場で食べるのですから。また、わさび、ガリ、酢、茶といったものはいずれも抗菌作用をもっています。寿司屋で食中毒が起きるようになったのは、仕出しで寿司桶を置いておく時間が長くなってからです」

寿司は伝統芸能

関東、特に東京では寿司屋は酒飲みが集まるところでもある。聞いた話によると、これは昔、夜遅くまで営業しているのはラーメンの屋台と寿司屋くらいしかなかったかららしい。だから、『サザエさん』で夜遅くまで呑んだ波平やマスオが帰ってくるとき、お土産は必ず寿司折だった。

寿司屋は女性を口説く場でもあった。客の話をさりげなく盛り上げ、いいムードにするためには、寿司職人は単なる料理人ではなく、歌舞伎や落語、政治や経済など、様々な話題に通暁していなければならなかった。こうした事情は今も同じで、盛り場に行けば、クラブのホステスなどが使う同伴系の寿司屋はたくさんある。

主人はビールを飲みながらも、絶妙のタイミングで酒のアテを出してくる。この蟹の内子も旨い。

「堀江貴文さんがＴｗｉｔｔｅｒで寿司職人について、何年も修業するのはバカだと言って論争となりましたよね。でも寿司職人の修業とは、ものを見る目を養うということなんです。魚の選び方、熟成の度合い、〆るものや煮るものの仕込みなど、やはり何年も修業が必要な世界なんです」

寿司は伝統芸能である。その価値がわからないアメリカ人から見れば、「寿司なんて白米に刺身を載せるだけ」と見えるのかもしれない。

もっとも日本にもそれに近い「高級寿司屋」があり、一部で持て囃されているのは事実である。

もはや、精神も含め、日本はアメリカの属国になっているのではないか。

部活と規律

私の事務所でアルバイトを続けている小暮君は、２０１６年4月から大学4年生になる。大学院に進むか就職するか決めかねているらしく、特派員仲間の食事会に参加したときには、深刻な表情を浮かべていた。

小暮君が言う。

「僕はいわゆる就活が嫌いなんです。自分の能力を全力でアピールするのは恥知らずですよ。企業は、自由な発想ができる学生を採用したいなどと言いながら、規律に縛られた運動部出身の連中に手を伸ばすわけです。要するに、日本社会で求められるのは、使いやすいスポーツバカなんですよ」

たしかに小暮君のようなこじらせたインテリは、企業は使いづらいだろう。

日本の学校のスポーツ活動は非常に盛んである。高校野球の全国大会でしかない甲子園が、今では国民的行事になっている。部活では徹底的に指導がなされ、卒業と同時にプロになる若者もいる。ＰＬ学園の清原和博や桑田真澄もそうだった。教育目的の部活動という本来の姿からは、かなり逸脱していると言っていい。

集団行動が大好きな日本人

小暮君が憤慨する。

「僕は高校生の頃から運動部の連中に違和感を感じていた。朝から晩まで練習するなんて変ですよ。大学でも、部活やサークル活動がセミプロ化しているところもある。大学はまず勉強するところです。これでは本末転倒ですよ。欧米ではどうなんですか？」

フランス人記者が頷く。

「アングロサクソン系と大陸系では大きな違いがあるな。アングロサクソン、つまり英米系は、大学に入学したら基本的にはそのまま卒業する。だからクラブ活動が盛んだ。イギリスでは、オックスフォードとケンブリッジでボートやクリケットの対抗戦が行われるし、応援部やチアリーダーの文化もある。一方、フランスやイタリアといった大陸系は、入学した大学を卒業するとは限らない。学期ごとに大学を変えながら学ぶ学生も多い。だからクラブ活動が成立しないんだ。よって、大学の対抗戦もない。大陸では、スポーツの中心は学校ではなく、ミラノやマドリードといった都市なんだな」

今日はA新聞の元記者も参加している。

「部活は子供の心に革命を起こすことがありますな。私は旧制中学で応援部に入ってね。当時はラグビーが全盛で、蹴り上げるボールが運動場に10以上も飛んでいたものです。試合になると、私たち生徒は花園へ応援に行き、大声を張り上げ、負ければ帰りの電車の中で泣きじゃくった。ラグビー部の連中も、応援する私たちも全部自主的な活動でした。旧制中学5年間で、自主的な行動を取ることを覚え、少しずつ大人になっていきました。部活は青春時代には必要なのです」

小暮君が反論する。

「でも、そこには負の側面もあったはずです。体育会特有のシゴキや陰湿なイジメもあっただろうし。だいたい若者が他人の応援に全力を傾けるのは不健全ですよ」

元記者が苦笑いする。

「教室以外の場所で考え、実行に移すことで子供は成長していきます。当時の部活は自発的で、だからこその結束力もあった。子供から大人になるための作法を学ぶ貴重な場だったんです」

小暮君は納得いかないようだ。

ビールを飲み干して言う。

「日本で軍国主義が復活するのではないかと近隣諸国が心配しているという報道がありますが、こんなに拘束や規律が好きな国民であれば、すぐに軍隊をつくると思われても仕方がない。戦後日本において進駐軍が教育制度改革を叫んだのは、学校教育が日本の軍国主義を生んだと報告されていたからでしょう。だから、運動会の行進も禁止された。しかし部活動にまでは口出ししなかったので、日本人はそちらに規律を求めるようになったのです。ＧＨＱがラジオ体操を禁止したとき、日本人は森に隠れて行ったそうですよ」

フランス人記者が同意する。

「幕末から明治維新にかけて様々な政治改革が行われたが、その基本は軍制改革だった。そしてそれは学校や会社組織へ応用されるようになる。それにより日本は、世界の列国と肩を並べるに至ったわけだ。日本人は結局は揃いのユニフォームが好きなんだ。皆で力を合わせて何かを成し遂げることに、本能的な喜びを感じている。〝個性尊重〟などという近代の発想は、日本人には逆に息苦しいんだ。東日本大震災のときにも、〝絆〟という言葉に多くの日本人が飛びついたではないか。9割の子供が部活動をしているという事実は、規律、集団行動が大好きな日本人が、部活動にその役割を求めているということなのだろう」

ものを考えない労働者

イギリスのパブリックスクール（13～18歳の子供を教育する私立学校の中でもトップの10％を構成するエリート校）の授業では、教師や先輩、伝統に従うことの重要性を教え込まれる。古いパブリックスクールには、理不尽な風習も残っているが、それを含めて「伝統を守る」ことが、よきイギリスをつくるという確固たる信念がそこにはある。

こうしたパブリックスクールの伝統は、そのまま日本に移し替えられた。慶応義塾の塾長を務めた小泉信三は、平成天皇が皇太子だった頃に教育係に任命された。小泉は教育においてスポーツを重要視し、奨励した。

戦後教育においては「個人を尊重しろ」「ひとりひとりの個性を育てろ」と盛んに言われたが、規律を重んじなければ国が成り立たなくなる。そこで、スポーツの背後にある精神が重視されたわけだ。

元記者が言う。

「学校は単なる勉強の場ではなく人格形成の場です。友人との交流や、よりよい生き方について考えることを部活を通して学ばせているのです。日本のビジネスマンも、単に商売をやっているのではなくて、様々な人間関係に縛られることで、人格教育を受けているのです」

小暮君が酔いつぶれてきた。

「結局、そういうことじゃないか。ものを考えない労働者を量産したいだけだろう。部活で球を転がしているだけで人格が形成されるなら世話がない。僕は部活も就活も拒否します！」

なかなか将来が有望な若者である。われわれ年寄りの意見を少しも聞こうとしないのだから。

豊かな日本の賞味期限

まだ食べられるのに捨てられている食べ物、いわゆる〝食品ロス〟が日本では年間500万トン〜800万トンに上るという。これに関して先日の朝日新聞の声欄に、バーコードシステムを改良して賞味期限に合わせて自動的に値引きできるようにすればいいという提案が載っていたが、たしかにこうした方策も必要かもしれない。

ハンバーグを頬張りながらフランス人記者が言う。

「日本人は賞味期限を気にしすぎるんだ。賞味期限とは食品をおいしく食べることができる期限のこと。一方、消費期限は、食品をこの日までに食べろということだ。ここを誤解している日本人は多い。このあたりを周知させるべきではないか」

イギリス人記者が頷く。

「日本ではありとあらゆる食品に、賞味期限が記載されている。輸入食品にもラベルが貼ってあり、日本語で賞味期限が記載されていた。西欧には消費期限はあるが、賞味期限は日本のように厳密ではない」

消費期限に統一すべし

特派員仲間の昼食会にたまに参加するA新聞の元記者が言う。

「僕は1990年頃に、ミュンヘンから電車で1時間程のエーベンハウゼンという田舎で、1年ほど研究生活をしていたんです。不便な場所なので、世話をしてくれる現地のおばさんがいたのですが、彼女はしきりに『あなたが出す生ゴミは多い』と苦情を言ってくる。僕は日本の感覚で残飯を捨てていたのですが、彼女は、リンゴでも芯以外は皮も含めて全部食べろと言うのです。日本では野菜を売る店を『八百屋』と言います。文字通りたくさんの種類の野菜や果実が売られている。一方、ドイツの『青果店』は本当に貧弱です。レタスとほうれん草とトマトが並んでいる程度。だから、野菜クズを捨てるのは向こうでは贅沢なのかもしれませんね」

ドイツのポツダムは、戦後、東ドイツに属したが、1960年代前半、外国人も入れるようになった。私は早速取材に行ったが、宿泊したホテルでひどい目に遭った。朝食で出されたゆで卵を口に入れた途端、吐き出してしまったのだ。完全に腐っていたので、慌てて周囲を見ると、誰も手をつけていない。ドイツ人たちは文句を言うわけでもなく、脇にのけていた。

チャウシェスクが君臨した時代のルーマニアで、ワルシャワ条約機構7カ国の首脳がブカレストに集まったことがある。その取材に行ったときのホテルの朝食もひどかった。前日の残飯を出してくるのだ。パンは不揃いで乾燥しているし、バターもない。

要するに、東側の貧しい国では、食べることができるかできないかを、自分で判断するしかなかったのだ。自分の身は自分で守るしかない。日本では、水道水を問題なく飲むことができるが、西欧では考えられない。グラスに口をつける前に、どこから来た水なのか必ず確認する。

イギリス人記者が言う。

「日本人が賞味期限にこだわるのは豊かな証拠だよ。乾燥した海藻サラダにまで賞味期限が書かれているのだから。でもこれからは西欧の適当さを見習うべきだ。いっそのこと賞味期限をなくして消費期限に統一すれば〝食品ロス〟は減るだろう」

フランス人記者が同意する。

「日本は料理のレパートリーも多いし、世界中の料理を食べることができる。余裕があるから口に合わないものには箸をつけない。一方、ドイツ人やイギリス人は食べ物を残さない。もっとも料理はほとんど決まっている。食そのものに関心がないんだな。ドイツならマッシュポテトとソーセージが基本。イギリスならフィッシュアンドチップス。新聞紙に包めば軽食になるし、皿に盛ればディナーのメインディッシュになる。フランスやイタリアは例外だが、西欧の食文化は日本ほど発展していないんだ」

潔癖主義者

元記者が食後のコーヒーを啜(すす)る。

「日本は今でこそ飽食の国ですが、空腹の時代もありました。戦中から戦後にかけては米もあまり手に入らず、嵩を増やすために雑炊にして食べていた。僕は80を超えた今でもあの時代を覚えています。こういう経験があるから、食べ物を大事にする感覚が生まれるのです」

私は以前「もったいない」という言葉について調べたことがある。ノーベル平和賞をとったケニアの環境保護活動家ワンガリ・マータイが使って流行語になったが、本来は高貴な地位にいる人が自分に関心をもってくれることに対し「もったいないお言葉です」などと使うものである。

農業は自然の気まぐれに左右される。だからこそ、日本人はお天道様に感謝して、食べるときに「いただきます」と言う。

「もったいない」も食べ残すことを否定する言葉ではなく、お天道様に食べさせてもらっていることが「もったいない」という感謝の意味なのだ。

元記者が目を瞑(つぶ)る。

「戦後の闇市で出回った物資には賞味期限はおろか、消費期限もありません。多少傷んでいても臭いを嗅いで大丈夫だと思ったら買う。肉も細かく切られているので何の肉なのかわからない。

密造酒を飲んで失明する人もいました。すべてを自分で判断するしかない時代が日本にもあったんです」

　フランス人記者が唸る。

「陸軍軍医だった森鷗外は、ドイツに留学し、コッホに師事して細菌学を学び、日本に衛生という概念を持ち込んだ。顕微鏡で細菌を観察する日々を過ごした鷗外は、帰国したときには細菌恐怖症になっていた。鷗外は果物をくたくたに煮込んでジャムのようにしないと食べられなくなったそうだ。作家の泉鏡花も潔癖症で有名だな。刺身を湯煎して食べたとか、急須の注ぎ口に自作の紙カバーをつけていたという話も残っている。日本では、急速に衛生意識が広がったこともあり、過剰な潔癖主義者が出てきたわけだ」

　冷蔵庫の普及で保存期間が飛躍的に延びたことも大きい。これにより、食品の腐敗の程度を見極める能力がなくても生きていけるようになった。

　イギリス人記者がため息をつく。

「今の日本人には食べ物を粗末にすることに対する罪悪感がないんだ。これは自然と距離を置いてしまった現代人の問題でもある」

　帰り際、イギリス人記者が付け合せのニンジンを残していたのを私は見逃さなかった。

文化祭という文化

某大学のN先生の研究室を訪ねた。約1時間のインタビューを終えた後、大学付属のレストランに向かう。研究棟の外では、学生たちがベニヤ板をノコギリで切り、文化祭の準備をしていた。レストランは学生食堂より高いが、昼からアルコールを飲むことができるので、不良教員のたまり場になっている。

N教授は席につくと馴染みの店員に生ビールを注文した。

「秋といえば文化祭のシーズンですな。西欧にも同じような催しはあるんですか?」

私が通ったドイツの大学にはなかった。日本の中学・高校にあたるギムナジウムでは、学校を開放して模擬授業を行なったり、生徒がケーキや飲み物を販売するイベントがあったが、日本のように文化祭として制度化されたものではない。

取材に同行したフランス人記者が頷く。

「オレも聞いたことがないな。フランスだけでなく、イギリスにもないと思う。西欧では学校は純粋な教育機関だと思われているんだ」

ハンバーグと生ビールが運ばれてきた。

N教授が目を瞑る。

「私は昭和30年代に東大に通っていました。今は駒場寮はなくなってしまいましたが、当時は南寮、中寮、北寮の3つが中心となって駒場祭が行なわれていた。ほとんどの企画や展示は寮の中でやっていたので、『寮祭』のようなものです。当時は食糧事情も悪くて、模擬店で飲食物を売ることもなかった。ライス7円、納豆3円。10円あれば朝食をとることができた時代でしたな」

左翼系対「バンカラ」

N教授の半世紀ほど後輩にあたるアルバイトの小暮君が言う。

「当時はどのような催しがあったんですか?」

N教授が生ビールを飲み干す。

「あの頃は中国残留孤児が社会問題になっていて、『この子たちの親を探そう』という運動が盛んだった。駒場祭ではそれをパロディにして、『この子たちの嫁を探そう』という企画をやっていた。寮生の顔写真を貼り出して、来場者の中から『彼女』を見つけようとの魂胆ですな。でも、当時は女性の来場者が少なかったので、目論見は失敗したようです。思想的な団体の展示もあって、マルクス・レーニン研究会や弁証法研究会といった左翼系と、下駄を履いて旧制高等学校時代の寮歌を歌っているような『バンカラ』が、小競り合いを起こしたりね」

N教授の思い出話は止まらない。

「駒場寮は基本的に駒場キャンパスに通う1、2年生しか住むことができない。ですから、18、19、20歳のやんちゃ盛りで血気盛んな学生が、そうよくもない頭を一生懸命使って、企画をひねり出したんです。当時は学校からの補助金もないので、みんなアルバイトで稼いだカネを駒場祭につぎ込んでいた。入場料も取っていませんでしたからね」

東大の駒場は旧制第一高等学校の流れを汲んでいるので、「自治の精神」が強く、駒場祭はそれをアピールする場でもあったのだろう。

エネルギーの発散

小暮君が質問する。

「N先生が小中学生の頃は、文化祭はあったんですか?」

N教授が首を振る。

「戦時中だから、もちろん文化祭などなかった。当時は、日常のほうがはるかにエキサイティングだったからね。今では考えられないけど、中学生がダイナマイトを使って防空壕を掘っていたり。戦争も末期になると米軍のB29が遊び半分で低空飛行を続け、パイロットの顔が見えるほどでしたな」

生ビールのお代わりを注文する。この際だから、N教授に日本の文化祭の歴史的背景について聞いておこう。

特に日本の高校の文化祭は、われわれ西欧人から見ると、非常にユニークに感じられる。先ほどフランス人記者が言ったように、西欧ではハイスクールはあくまでも学問の場であり、日本のように勉強と直接関係のないイベントを学校側が開催することはない。

フランス人記者が顎鬚（あごひげ）を撫でる。

「日本の大学の文化祭は、実行委員会が学校に許可を取って行なうものだ。大学は場所を提供するものの、あくまでも学生が自主的に開催する。一方、日本の高校の文化祭は、カリキュラムに組み込まれており、出席日数にも数えられる。つまり、教育の一環として扱われているわけだ」

これは、西欧の個人主義と日本の集団主義の違いかもしれない。西欧人は個人の自由に価値を見出すが、日本では団結し共同作業を行なうことが求められる。

だからこそ、日本の高校では、文化祭や体育祭、野球の応援などが半ば強制されているのだろう。

N教授が頷く。

「文化祭は旧制高等学校の記念祭をモデルにしているのではないでしょうか。旧制高等学校ではキャンプファイアーをやったりしていましたから。また、東大や京大などの旧帝大の文化祭では、『官僚育成校』といったイメージを払拭したい学生が『官に縛られてたまるか』と気概を見せていましたな」

　東大文学部の小暮君が言う。

「小説家の橋本治は、東大生だった1968年に駒場祭のポスターを描いています。当時有名だった高倉健の任侠映画のパロディで『とめてくれるなおっかさん　背中のいちょうが泣いている　男東大どこへ行く』というコピーに、銀杏の刺青を入れた男のイラストを描いた。当時は東大紛争の最中だったこともあり、『どこへ行く』というフレーズは時代の混迷をうまく言い表していたのでしょうね」

　N教授がハンバーグを頬張る。

「そもそも祭りとは日常の外に出ることでしょう。集団主義を重んじる日本社会においては、エネルギーが有り余っている若者に発散させる場所が必要になる。それが文化祭なのでしょう。そこでは新たな友情や恋愛も生まれますしね。普段勉強ができない奴が、文化祭では張り切って、予想外の力を見せたりもする」

　フランス人記者が唸る。

「なるほど。日常を維持するためには、アクセントが必要になるわけだな……」

　N教授が5杯目の生ビールを飲み干した。

「われわれ大人は祭りなんていらないんです。代わりにコレがありますから」

　そういえばN教授は軽度のアル中だった。

ライス縦横談

先輩ジャーナリストのK氏が傘寿を迎えたので、都内の料亭でお祝いの会を開いた。離れの個室には店の主人が直接料理を運んできた。先付は百合根のムース、凌ぎは鯖の棒鮨が出た。

K氏は満足そうだ。

「ここの棒鮨は旨いな。そこの若い君は、このレベルの棒鮨は食べたことがないだろう」

アルバイトの小暮君が頷く。

「はい。お米が違いますね。僕は朝はパンだし、昼は麺類が多い。コンビニのおにぎりは食べますが、米よりも小麦のほうが多いんです」

K氏が酒をあおる。

「今の若い人たちは米に執着がないんだな。ある調査によると、日本人1人あたりの米の消費量は、世界で50位だという。1位はバングラデシュで、彼らは1日3食米を食べている。それと比べると日本は米食文化であると言えるのか疑問ですな」

ちなみに私は、日本に来る前から米食派だ。だから、日本の農業政策には批判的にならざるを得ない。米農家が飼料用米に転作すると多額の助成金が出る。だから米の供給量が減り、値上がりしているのだ。米に対する日本人の意識はどのように変化してきたのだろうか？

命がけで米を入手

K氏が目を瞑る。

「日中戦争に突入した頃から食糧事情が悪化し、1日に2合5勺食べていたのが2合3勺になった。おかずが充実していればまだしも、当時は海岸で拾ってきたひじきを乾かしたものくらいしかなかった。太平洋戦争が激化すると、今度は2合1勺になってしまってね。だから日本の戦況は相当悪いと子供でも分かるんだよ。当時、日本が優勢だという報道もあったが、米が食えないのに優勢なわけがない。終戦直後には米穀通帳が渡され、米が配給された。1回に2合5勺もらえることになっていたが、実際には物資が足りないので、代わりにキューバ糖というピンク色の砂糖が配られてね。そんなものでは腹は膨れないんだ」

椀物も向付も八寸も素晴らしい。K氏も料理に満足しているようだ。

「当時は米だけでなく小麦も足りなくて、代用食のサツマイモを食べていた。私が通っていた小学校の校庭も、畑に作り替えられサツマイモを育てていた。いつか銀シャリを腹いっぱい食べたいと思っていたな。豆や麦と一緒に米を炊くこともあったけど、まずいんだよ。初めて我が家で麦飯を炊いたとき、3歳下の妹が一口だけ食べて残してね。祖母に叱られても、どうしても食べられない。今でも妹と電話をすると、当時を思い出して彼女は泣くんだ」

小暮君がK氏に酒を注ぐ。

「米を手に入れる方法はなかったんですか?」

K氏が唸る。

「女性たちは晴れ着を農村で売って米を手に入れていた。私の祖母も、自慢の金襴緞子(きんらんどんす)を手放し、米を持って帰ってきたことがある。鉄道警察に見つかると贅沢品ということで没収されるから、命がけだ。列車の中から河川敷に米袋を放り投げ、家族が受け取る光景も見たな。皆、必死で米を手に入れたんだ」

日本人の米の消費量が減った一方、西欧では鮨を中心に米食が広がっている。ロンドンやパリでは、当初はエキゾチックなものとして日本食が注目されたが、今では街の人々が日本料理店に普通に通っている。日本が西欧文化を取り入れて食生活を変えたように、西欧人は日本の影響を受けて食生活を変えているのだ。

「バナナでは死ねない」

天然のスッポンの丸鍋が運ばれてきた。素晴らしい。西欧料理で言えば、これがメインディッシュになるのだろう。西欧人にとってパンはあくまでも肉料理の添え物である。一方、日本の食事は、炊きたてのご飯が中心であり、おかずは添え物だ。ご飯自体がご馳走なので、おかずは漬物などの質素なものでもかまわない。実際、日本人に最後の晩餐で食べたいものを聞くと「白米」と答える人が多い。一方、西欧人の多くは肉と答える。

東大文学部の小暮君が豆知識を披露する。

「神話にはよく米が登場します。天照大神が天岩戸に隠れた理由は、天照大神の田を弟のスサノオが荒らしたからです。『日本書紀』や『古事記』は、国土を〝豊葦原瑞穂国（とよあしはらのみずほのくに）〟と記してますが、〝瑞穂〟とはみずみずしい稲穂のことです。『万葉集』に登場する〝早稲〟は、早く実る品種ですね。日本は自然災害が多く、不作の年も多かった。こうした中、豊作を神に祈る仕事が専門化していき、それが現在の皇室につながっているのだと思います。新嘗祭（にいなめさい）は、天皇陛下が五穀の豊穣を天に感謝するものです。人間宣言後、昭和天皇が最初にしたのは田植えでした」

Ｋ氏が頷く。

「君は若いのによく勉強している。米でつくった酒も神と通じている。正月には米でつくった餅を供える。『山城国風土記』では、弓矢の練習の的に餅を使ったことで神の怒りを買い、没落した一族が描かれている。稲作は、日本人の心に大きな影響を与えてきたんだな。百姓は和を重んじるタイプが多い。なぜなら、稲作は1人ではできないからだ。灌漑施設の管理も除草も協力して行う必要がある。和を尊ぶ日本人の伝統は稲作により形成されたんだ」

愛読者カード

このハガキにご記入頂きました個人情報は、今後の新刊企画・読者サービスの参考、ならびに弊社からの各種ご案内に利用させて頂きます。

●本書の書名

●お買い求めの動機をお聞かせください。
1. 著者が好きだから　2. タイトルに惹かれて　3. 内容がおもしろそうだから
4. 装丁がよかったから　5. 友人、知人にすすめられて　6. 小社HP
7. 新聞広告（朝、読、毎、日経、産経、他）　8. WEBで（サイト名
9. 書評やTVで見て（　　　　　）　10. その他（

●本書について率直なご意見、ご感想をお聞かせください。

●定期的にご覧になっているTV番組・雑誌もしくはWEBサイトをお聞かせください
（

●月何冊くらい本を読みますか。
（　　　　冊）

●本書をお求めになった書店名をお聞かせください
（

●最近読んでおもしろかった本は何ですか。
（

●お好きな作家をお聞かせください。
（

●今後お読みになりたい著者、テーマなどをお聞かせください。

郵 便 は が き

お手数ですが
62円分切手を
お貼りください

170-8457

東京都豊島区南大塚
2-29-7
KKベストセラーズ
書籍編集部行

おところ 〒

Eメール @ TEL ( )

(フリガナ)
おなまえ

年齢 歳
性別 男・女

ご職業

会社員	学生(小、中、高、大、その他)
公務員	自営
教 職(小、中、高、大、その他)	パート・アルバイト
無 職(主婦、家事、その他)	その他( )

以前、深作欣二監督の『軍旗はためく下に』という映画を見たことがある。南方で上官を殺害した下士官たちの物語だ。その上官は発狂状態にあり、無謀な突撃作戦を命じていたので、下士官たちは殺さざるを得なかった。しかし、犯罪は犯罪である。軍法会議で下士官たちには死刑判決が下され、最後の食事としてバナナが与えられた。下士官たちは「バナナでは死ねない」と反発。そこで上官が「外米だが、これを食って死んでくれ」と炊いた米を渡すと、彼らは静まり、死ぬ覚悟を決める。私は、米が日本人に与える力の大きさを感じた。

店の主人が炭で炊いた白米と赤だし、昆布の佃煮を運んできた。米が立ち、光沢を放っている。

K氏が目を輝かせ、口にした。

「うん。今日の料理の中では、これが断トツに旨いな」

目の前にいる店の主人が機嫌を損ねるのではないかと、冷や冷やしたが、にこやかに頷いていたので安心した。

北大路魯山人は「三度炊く　飯さえ硬し　軟らかし　思うままには　ならぬ世の中」と詠んだ。やはり日本人は米食の民族なのだ。

食事は政治

2016年末に「ヌーハラ（ヌードル・ハラスメント）論争」なるものがあった。日本人が麺をすする音が西欧人には苦痛だという話が拡がり、食事マナーについての〝議論〟が行なわれたという。

フランス人記者が鼻を鳴らす。

「バカバカしい。こんなことで騒ぐ西欧人はオレのまわりにはいないぞ。オレは蕎麦が好きだけど、音を立てないと食った気がしないね。別にスパゲッティーを音を立てて食えと言っているわけではない。それぞれの国の文化にあわせたマナーがあるということだ」

日本人が麺をすするのは、汁と一緒に空気を口に入れることで風味を楽しむためだ。日本酒もすすると、ふくよかな香りが立つ。音を立てて抹茶をすするのは正式なマナーだ。食事のマナーは食材や調理法とも関係している。すべての国にあてはまるマナーなど存在しない。

落語では登場人物が蕎麦を食べるシーンがよく出てくるが、噺家は動きよりも音で説得力を出す。古今亭志ん生の蕎麦を食う音は芸術的だった。ラーメンや蕎麦が西欧でもっと普及すれば、西欧人もすすって食べるようになるかもしれない。

項羽と劉邦

イギリス人記者が銀縁の分厚い眼鏡を外す。

「そもそもラーメンや蕎麦は庶民の食事だろう。マナーがどうこう言っても仕方がない。一方、日本料理は芸術であり、マナーは厳格だ。日本には茶道もある。世界各地に茶の文化はあるが、芸能の極みにまで達した国は他にないと思う。われわれイギリス人も茶にこだわるが、日本に軍配が上がるのではないか」

私はドイツで仕事をしていたが、テーブルマナーは日本より厳しかった。西欧は階層社会である。官僚や公務員は地位が高く、次に民間のサラリーマン、その下にブルーカラーが続く。上流階級はマナーを守らないと下の層に見られてしまう。一方、ブルーカラーにはマナーは求められない。日本の場合、身分制度が完全に崩壊しているので、金持ちも貧乏人もマナーに大きな違いはないのだ。

フランス人記者が頷く。

「テーブルマナーの起源は、16～17世紀のイギリスという説がある。当時、イギリスは世界各国に進出していた。当然、支配下の国々の要人と酒宴を設ける機会も増えた。そこで、異なる食文化を持つ人同士でも、同じ席で食事ができるように生み出されたのがテーブルマナーだった。今も昔も、食事は外交上重要だから、余計な摩擦がおきないようにしたわけだな」

この点、日本の総理大臣は問題があるのではないか。安倍晋三はきちんと箸を持つことができないし、食事のマナーはデタラメだ。

室町時代に織田家が足利家と関係をつくる際、宴会に豊臣秀吉が招待された。足利家は「農民の出の秀吉がきちんと食事ができるわけがない。笑いものにしよう」と膳を出したが、秀吉は見事に礼にかなった食べ方をしてみせた。箸使いが歴史を変えた可能性がある。

項羽は劉邦を酒宴に招き殺害しようと考えた。劉邦は農民の出なので、「無礼な振る舞いをした」と口実をつけて、斬りかかろうとしたのだ。それを察した劉邦の家臣は、剣と盾を持って酒宴に現れた。もちろんルール違反だが、項羽は「なんと勇ましい」と言って酒を与えた。すると、家臣は立ったまま酒を飲み干し、肉を剣で刺して食べた。項羽はそれを面白がり、劉邦を殺さなかった。こちらは秀吉とは逆のパターンだが、食事は政治なのだ。

イギリス人記者がパイプを銜(くわ)えた。

「政治家は食事の席で命を落とすこともあった。西欧で銀のスプーンやフォークが使われるようになったのは、毒を盛られた場合、化学反応を示すからだ。逆に言えば、同じ席で食事をするのは、『敵ではない』と示すことになる。波乱の時代にこそ食事のマナーは重要になるんだ」

ヴィクトリア女王の場合

以前、長野県に木曽馬という馬の取材に行ったとき、取材先で緑茶と野沢菜の漬物を出された。私はお茶請けに漬物を食べたことがなかったので驚いたが、非常に美味(おい)しかった。都会の日本人はそんなことはしないが、長野ではこうして客人をもてなすのがマナーなのかもしれないと感じたものだ。

一見変に見える食文化でも、試してみないと良さは分からない。私もラーメンはすすって食べる。落語に『本膳(ほんぜん)』という話がある。あるとき、村の庄屋の娘が結婚することになり、村人たちも宴席に招待された。彼らは礼式が分からないので、手習いの師匠に同行してもらうことになった。師匠は『わしの真似をしろ』と言う。最初はうまくいっていたが、里芋の煮っ転がしが出てきたとき、師匠は里芋を床に落としてしまう。すると村人たちも同じように里芋を落とした。

イギリス人記者が笑う。

「庶民が食事のマナーで戸惑う話はよくあるな。西欧では19世紀に成金のブルジョア階級が台頭した。彼らは貴族たちと同等に見られたいので、必死になって貴族のマナーの真似をした。身分社会の解体により、マナーを覚える層も拡がったわけだ」

日本においても、室町時代には「下剋上」という言葉が生まれ、身分の入れ替わりが激しくなった。下の層にいる人間も、上の層に行くためにマナーを学んだ。教えたのは、中間の身分である僧侶だ。こうして、日本料理は当時の禅宗の影響を受けることになる。

テーブルマナーについての有名な話がある。

昔、ヴィクトリア女王がペルシャの王様を晩餐に招いた際、王様はフィンガーボウルの水を飲み干してしまった。それを見た女王は、同じように飲み干した。客に恥をかかせないことが大切だというエピソードだが、これはかえって失礼ではないか。

ペルシャの王様は後で気づいたかもしれない。もし本当に気を使うのなら、「私たちの国では食卓の上で指を洗う習慣があるんです。奇妙に思われるかもしれませんが、やってみませんか」くらい言えばいいのだ。

フランス人記者が唸る。

「そうだな。オレも食事のマナー違反をやっていたら、きちんと指摘してほしいものだ」

この後、私がフランス人記者の箸の持ち方の間違いを指摘したのだが、案の定、口論になった。

やはり、ヴィクトリア女王は正しかったのである。

PTAは役割を終えた

2016年、政府の「一億総活躍国民会議」に出席したタレントの菊池桃子が、「任意にもかかわらず、すべての者が参加するような雰囲気作りがなされている。働くお母さんたちにとっては、PTA活動っていうものが難しい」と発言。ネットでは「よく言った」「専業主婦でも辛い」「なくしてしまえばいい」と賛同する意見が相次いだという。

中学1年生の息子がいるベルギー人記者が言う。

「僕は自宅に戻るのは深夜だし、女房も日中は仕事に行っている。だから、PTAから活動に参加するように言われても困るんです」

PTAは「Parent-TeacherAssociation」の略。保護者と教職員が協力し、子供の健全育成を図ることを目的とした社会教育関係団体だ。1948年に文部省に「父母と先生の会委員会」が設置されたことから、全国の小中学校に広まっていった。任意参加ということになっているものの、共働き世帯の増加や少子化の影響で役員のなり手が減っており、子供が在学中に必ず一度は役員をやるように、暗黙のルールとして押し付けられるケースも少なくない。

女性たちのために作られた

アメリカ人記者が長い金髪を掻き上げた。

「PTAは19世紀末のアメリカで誕生したのよ。女性解放運動の一環として2人の女性が『母親の会』を作った。それがワシントンの『全米母親協議会』につながっていく。当時は女性参政権はなかったし、女性の役目は家庭を守ることだと決め付けられていた。女性が社会に進出するようになっても、政治や経済といった男性主導の分野にいきなり女性が参入するのは難しかった。それで社会進出の第一歩として教育の場が選ばれたの。だから、そもそもPTAは女性たちのために作られた組織なのよ」

当初のPTAの働きは目覚しかった。児童労働法や少年法の制定に尽力し、予防接種や給食を制度化、幼稚園を作ったのもアメリカのPTAの功績だ。

フランス人記者が顎鬚(あごひげ)を撫でる。

「日本にPTAを持ち込んだのはGHQだから、日本のPTAはアメリカとほぼ同じものと考えていい。戦前戦中の日本にも保護者会はあったが、これは学校設立にカネを出した地元の名士が学校運営に口を出すための組織だったようだ」

ベルギー人記者は日本人女性と結婚している。

「その話は、僕は義父から聞きました。昔は父兄会と言ったそうです。戦争中には、父兄会が募金を集め、陸軍墓地に寄付していた。父兄会といっても半分は母親だったそうですが。義父が通った学校は、自転車屋の息子や提灯張りの息子も通っていましたが、住友家や鴻池家の子息もいた。そうすると自然に、父兄会の会長に社会的地位のある人が就くようになる。また、父兄会の中心メンバーも良家の保護者ばかりになった。それにはいいところもあり、子供が原因のトラブルがあっても、父兄会会長が仲裁に入ればだいたい収まったそうです。義父は、昔は子供の言い分を真に受けて問題をややこしくすることもなかったと言っていました」

戦争が激化すると父兄会どころではなくなり、学校制度もバラバラになってしまった。そこで戦後は教育現場の再生のために、GHQの持ち込んだPTAをそのままはめ込んで対応したのだろう。さらにアメリカは、教育使節団を日本に派遣し、制度が機能しているかを確認している。


組織だけが残ったので…


アメリカ人記者が事務所のソファーにもたれかかる。

「アメリカは発祥の地だから当然だけど、イギリスや韓国にもPTAがあるわ。でも、PTAが存在しない国も多いようね。ロシア、台湾、スイス、オーストリアにもない。スイスなんて教育水準が高い国だから、ありそうなのに」

私が以前住んでいたドイツにもＰＴＡはなかった。小中学校のクラスでは親が２人ほど選ばれて、連絡係をやらされる程度だ。保護者が学校に口を出すことは基本的にない。

一方で、ドイツ人は、交通ルールやマナーに厳しく、他人の子供でもきちんと叱る。だから教育に対する関心の高さとＰＴＡの有無はあまり関係がなさそうだ。

ベルギー人記者がため息をつく。

「ＰＴＡの誘いがあまりにうるさいので、うちの女房が何度か会議に参加したんです。そしたら、『バカばかりでなにも決まらないわ！』とプンプン怒りながら帰ってきました。会議のテーマは、女子生徒のスカートの長さ。その程度の話を、お喋り好きな数人のお母さんたちが、長いだの短いだのと、取りとめもなく話す。他の母親は黙って聞いているだけ。子供たちの明日を左右するような議題は、ひとつも出なかったと言っていました」

初期のＰＴＡは子供を守る制度を作った。教育現場の整備も行なった。それが完成してしまえば他にやることはない。しかし、組織だけは残るので、バザーの手伝いをしたり、ベルマークを集めたり、どうでもいいことをやらざるを得ない。

仕事をしている母親には、ＰＴＡ活動は重荷になる。「子供のため」という名目があるせいで断りにくいのだろうが、すでにＰＴＡは役割を終えたと思う。

アメリカ人記者が珍しく同意する。

「当初のPTAは女性の社会進出が目的だったけど、今はむしろその理念にそぐわないものになってしまっている。社会構造が変化したのだから当然ね。それとPTA役員に報酬を出せばいいという意見もあるけど、私は反対だわ。お金で解決するような話ではないし、報酬の金額や誰に払うかで揉めるはず。そんなことに話し合う時間を費やすのは無駄でしかないわ」

ベルギー人記者が話をまとめた。

「これだけSNSの利用が広がっている時代なんですから、ネット上で保護者会をやればいいんですよ。メーリングリストでもLINEグループでも掲示板でもいい。誰でも都合のいい時間に参加できるし、会議に参加するプレッシャーもない。何かを決めるときには、期限を設けて投票できるようにすればいい。月に1回学校に集まって、ダラダラ議論するより余程いいと思います」

まあ、それが優等生的な解答なのだろう。

問題は「ダラダラ議論すること」が大好きな人が、あまりにも多いことだ。

学歴社会の差

日本プロ野球選手会の会長に西武の炭谷銀仁朗選手が選ばれた。スポーツ紙は「高卒初の選手会会長」と見出しで報じたが、別に高卒でもいいではないか。むしろ、スポーツ選手は大学に行かないほうがいい。20歳前後は肉体的にもピークを迎える時期だ。プロとして活躍したほうが得られるものが多いと思う。

イギリス人記者が同意する。

「かつて輪島という横綱がいたが、彼は日大卒だった。大学に行かずに早くからプロの環境にいたら、歴史に名を残す大横綱になったのではないか？」

アメリカ人記者は見出しが気に入らないようだ。

「このスポーツ紙の記者は高卒だからバカに違いないという偏見があるんじゃないかしら。日本人は立派な学歴がないと自信をなくす。でもアメリカ人は学歴よりも今自分に何ができるのか、満足できる人生が送れているのかと考えるのよ」

フランス人記者が唸る。

「だが、アメリカは日本以上に学歴社会の側面があるだろう。理系はもちろん、文系でも院卒でないと希望の職につけなかったりする。また、大学名より学んだ内容をシビアに問われる。日本では高校卒業時点の学力により人生が大きく左右されるが、アメリカ人は大学入学後を重視する。有名大卒でも、卒業時の成績が低ければ見向きもしない」

アメリカの一流大学の学生たちは、ひたすら成績の向上を目指し努力する。そこで勝ち抜いた人間だけが、政財官界で圧倒的な権力を手に入れるのだ。

アメリカ人記者が頷く。

「アメリカでは大卒と院卒では収入面でも大きな差があるの。日本では逆に院卒は敬遠されたりするでしょう。アメリカで学歴主義が批判されることが少ないのは、そもそも勉強ができる子供にしか競争を課さないからよ。日本では勉強ができない子供にまで受験させる。教育が産業になっているのね」

10歳で人生が決まるドイツ

なお、ドイツにも学歴差別はある。いや、差別というより区別と言ったほうが正確だ。

ドイツでは、大学に進むかどうかは、小学校卒業時（日本の4年生修了時）にほぼ決定する。その時点の学力と家柄により、大学を目指す学校に進むか、専門的な職業知識を身につける学校に進むかを決めなくてはならない。

家族の意向も少しは反映されるが、基本的には教師が振り分けるので、「学力はないけれど、大学には行きたい」という要求は認められない。

大学を目指す学校に進んだ場合、アビトゥーアという資格試験を受けることになる。この資格があれば、基本的にどこの大学にも入ることができるので、大学受験は存在しない。ただし大学ごとに入学に必要な点数が異なるので、入学できる大学は絞られてくる。

イギリス人記者が銀縁の眼鏡を外した。

「日本では一流大学と三流大学の差が目立つが、ドイツでは大学に行くのは上位30％のエリートなので、大学に行けるかどうかが大きな分かれ目となる。ドイツでは10歳で人生が決まり、途中変更はできない。要するに階級社会なんですな」

ドイツの労働者階級は終業時間になれば一目散に職場からいなくなる。彼らは出世の可能性がないので、無理をして働かないのだ。

日本やアメリカのような一発逆転の可能性がある社会とドイツのように可能性がない社会。どちらがいいかは一概には言えない。前者は逆転が可能なだけに、自分の境遇にいつまでも満足できない。後者は運命を甘受し、何とか楽しくやるしかない。

黒澤明の場合

資料の整理を終えたアルバイトの小暮君が会話に加わった。

「日本も昔は階級社会でした。江戸時代は、大工の子は大工に、庭師の子は庭師にと、生まれにより職業が決まりました。武士階級には出世争いがありましたが、家の格により制限がある。不平等な社会ですが、一方では際限のない競争に巻き込まれることもなく社会は安定していました。明治になり勉強すれば誰でも立身出世できる世の中になりましたが、学歴による序列化がはじまったとも言えます」

アメリカ人記者が首をすくめる。

「最近は採用面接で履歴書に出身大学名を書かせない企業があるらしい。でも、学歴による厳然たる差別があるからこそ、人は学歴ではかれない、と耳あたりのいい言葉でアピールするのよ。東大法学部の卒業生に求められているのは法の知識ではなくて、一生懸命かつ奴隷のように従順に勉強してきたかということで、そういう学生なら企業でも使い物になると判断するのね」

小暮君が反論する。

「でも今の世の中では、東大というだけで逆に差別されるんですよ。夏目漱石の『坊っちゃん』に登場する嫌われ者の赤シャツも、帝大出のエリートですからね。世間はエリートを羨望しつつも、やっかみの気分もある。だから、落語や将棋の世界でも、『大学なんか出るから落語がダメになる』とか『大学出の指す将棋はふにゃふにゃしてる』などと言われるのです」

私も似たような話を聞いたことがある。映画監督の黒澤明は中卒だった。映画界では最初は下っ端の雑用から始まり、中卒の役者やカメラマンに怒鳴られながら、使いっ走りをやる。下積み時代の黒澤は、女優の生理の心配までしたという。これが大卒になると、「なんでオレがこんなことまでしなければならないのか」となってしまう。プライドが邪魔するので、映画界ではハンデになるのだ。

小暮君はまだ憤慨している。

「松下幸之助は尋常小学校を中退して丁稚奉公に出て、15歳で就職しました。在職中に開発していた二股ソケットが大当たりし、松下帝国を一代で築きあげた。腕一本で成り上がった人物を美化したくなる気持ちはわかります。でも、同じような境遇で成功した人はほとんどいません。つまり、この手の美談はエリートに対する怨念が基盤となっているのです」

イギリス人記者が笑う。

「私の国でもオックスフォードの学生は、独自のオックスフォード訛りを卒業後も使い続ける。君も〝東大話法〟には十分に気を付けたほうがいい。要するに東大の教員や学生が往々にして使う欺瞞的で傍観者的な発言だな」

第4章

「日本文化」を知らない日本人

ベストセラー今昔

神田の居酒屋でK出版の社長が憤っていた。

「出版取次大手が発表した2014年の年間ベストセラーを見ましたか？　1位は『長生きしたけりゃふくらはぎをもみなさい』、2位は名言・格言と猫の写真を組み合わせた『人生はニャンとかなる！』。日本人は、まともな本を読まなくなったんです」

極小出版社の編集者の負け惜しみに、「ダイエットや犬猫の本でいいなら俺でもベストセラーは出せる」というのがある。文化を担う自分たちには矜持があるから、そんな本は出さないというわけだ。しかし、正面から「犬猫本」を作り、売るほうが立派ではないか。

社長の怒りは収まらない。

「ミスター・デンマン。それはわれわれに対する嫌味かな？　電車に乗ればスマートフォンを眺めてる連中ばかり。さもなければ漫画だ。日本人の活字離れは甚だしい！」

それも一面的な見方ではないか。

世界で一番本を読んでいるのは日本人である。欧米先進国と比べても日本人の読書量は圧倒的だ。電車の中でも、男女問わず文庫本を広げて自分の世界に没頭している人はいる。こうした光景を他国で見かけることはない。

社長が反論する。

「欧米には、本を大切にする文化がありますよ。ロンドンやニューヨークの書店の入り口で、健康本や犬猫本が平積みになっていることはないでしょう」

一般人が純文学に触れる国

たしかにそうだが、本の文化においても日本は世界一である。欧米の本はほとんどが安価な紙に印刷されたペーパーバックであり、日本のように判型や装丁まで凝りに凝ったものはない。書店には毎日新刊が並ぶ。毎朝一般家庭に届く新聞には、書籍の広告が犇(ひし)めき、読書欄もある。読売新聞約900万部、朝日新聞約700万部、これだけの人が毎朝文章を読む国などどこにもない。欧米の高級紙なら十数万部が関の山だ。

夏目漱石の『三四郎』『こころ』も朝日新聞の連載だが、一般人が純文学に触れる国が日本の他にどこにあるのかね？

社長が焼酎をあおる。

「だったら、どうして本が売れないいんだ。今月の資金繰りもぎりぎりなんだよ」

あなたが言ったように、スマホなどの別の媒体で文章を読んでいるからだろう。また、日本人の読書の質が落ちていると決め付けることはできない。くだらない本など、昭和の「エログロナンセンス」「カストリ雑誌」の時代からたくさんあった。それよりも、一定のレベルをクリアした書籍が、大量に書店に並んでいる事実を直視したほうがいい。

少し言い過ぎたようだ。社長は遠くを見つめ、しょんぼりしている。

いや、私は日本人を褒めているんだ。日本では江戸時代から藩校や寺子屋を通じて、身分を問わずに「読み・書き・そろばん」の教育が徹底されてきたので識字率が高い。

一方、欧米の人種混合社会ではそうはいかない。共通言語が通じない地区もあるし、書店や図書館がないところも多い。

神田の古書店街のようなものは欧米ではまず見かけない。日本全国の都市、大学の周辺には必ず古本屋があるし、自治体ごとに図書館もある。

欧米のそれは一部の人間が利用するものであり、日本のように庶民の生活に溶け込んでいるものではない。日本の図書文化は捨てたものではないのだ。

社長がため息をつく。

「でも僕が若い頃は、日本人はもう少し真面目でしたよ。東京にモノレールが開通した1964年のベストセラーは、大宅壮一の『炎は流れる』、山岡荘八の『徳川家康』など。その後も、報道写真家の岡村昭彦が書いた『南ヴェトナム戦争従軍記』は硬派な作品なのにベストセラーになった。阿川弘之の『山本五十六』もすごく売れたんだ」

売れる本がますます売れる

しかし、本の売れ行きの主因を時代に求めるのは間違っているのではないか。9・11同時多発テロが発生した2001年、ベストセラーの第1位は『チーズはどこへ消えた?』だった。第2位は『ハリー・ポッターと賢者の石』だ。

当たり前の話だが、普段本を読まない人間が買うからベストセラーになるのである。時代の問題に正面から切り込んだ作品が売れることもあるが、戦後のベストセラー一覧を眺めてみれば、基本的には、実用書、健康本、タレント本、犬猫本が多くを占めている。

社長が渋々同意する。

「1967年のベストセラーは多湖輝の『頭の体操』。あれもパズル本だった。1968年の北杜夫『どくとるマンボウ青春記』は娯楽作品か……。1970年の塩月弥栄子『冠婚葬祭入門』も実用書だな」

身も蓋もないことを言えば、肩肘はらずに読める本でなければベストセラーにはならない。

一度売れ始めると、話題になり、書店も再入荷して店頭の目につきやすい場所に並べる。出版社にはカネが入ってくるので、広告を打つことができる。こうして、売れる本だけがますます売れていくのだ。

こんな話を聞いたことがある。

1922年、アインシュタインが来日した際、日本では『アインスタイン相対性原理講話』がベストセラーになっていた。ところが、致命的な誤植が見つかる。そこで版元は本の交換に対応できるように態勢を整えたが、返品はほとんどなかったという。つまり、多くの人は話題になっているから買ったのであり、内容はどうでもよかったのだ。

これは、1983年にヒットした浅田彰の『構造と力』と同じ現象である。

もっとも書籍に限った話ではない。1977年に映画『スター・ウォーズ』の第1作がアメリカで公開されたが、配給元の20世紀FOXは日本での公開を夏休みに合わせて先延ばしにしていた。すると、新しもの好きの日本人は、わざわざハワイに行って映画を見たそうな。これは解禁日にボジョレーヌーボーを飲むミーハーな連中と同じ。ベストセラーなんてその程度のものなんだから、目くじら立てても仕方がない。出版に矜持があるなら、きちんとした本をヒットさせるのがまともな編集者ではないか。

社長は悪酔いしたようだ。居酒屋を出て、駅に向かう帰り道、遭遇した猫をしばらく睨みつけていた。

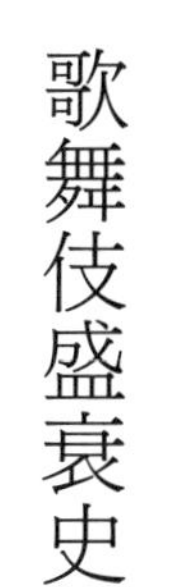

歌舞伎盛衰史

ここ数年、歌舞伎界で不幸が続いている。2011年に人間国宝の五代目中村富十郎、七代目中村芝翫(しかん)。2012年に四代目中村雀右衛門、十八代目中村勘三郎。2013年に十二代目市川團十郎。そして2015年には十代目坂東三津五郎……。一部には「歌舞伎座建て替えの呪い」というオカルト説もあるようだが、こうして〝大看板〟が次々亡くなると、この先どうなるのだろうか?

記事作成にあたり、日本オタクのベルギー人記者に意見を聞いた。

「たしかに今の歌舞伎界は危ない状況ですね。でも、歌舞伎自体何度も壊滅的な危機に陥っているんです。明治の一時期、外国から入ってきた〝新劇〟に対し、歌舞伎は〝旧劇〟として遺物のような扱いを受けました。また、武家社会や封建制度と強く結びついており、奉公や忠誠がテーマの演目も多いので、戦後は進駐軍に目をつけられていた。日本社会において、歌舞伎は常に賞賛の対象だったわけではないのです」

そのとおりだ。歌舞伎の元祖は三条河原に銅像が立つ出雲阿国。彼女は売春組織のリーダーで、女性を売るために舞台で踊らせていた。しかし、風紀の乱れを警戒した江戸幕府が女の歌舞伎を禁止する。

「白痴美」

ベルギー人記者が頷く。

「それで若衆歌舞伎という前髪をつけた少年による歌舞伎が出てきて、男色が盛んになります。幕府は芝居茶屋自体を悪所として弾圧。すると今度は歌舞伎役者が色付きの手ぬぐいを頭に載せ、それが流行する。彼らは今で言うファッションリーダーのようなもの。看板役者は大金をかけて派手な服装をしていた。それを真似する庶民が出てくるのですが、奢侈（しゃし）は幕府が嫌うところ。それで看板役者に給金を払いすぎないようにお達しが出た。このように、歌舞伎は弾圧と対策の繰り返しにより発展してきたのです」

事務所に入ってきたフランス人記者が横から口を出す。

「歌舞伎役者は、もともと河原乞食と呼ばれた卑しい身分の人たちだが、最終的に、明治天皇が楽しむようなものになった。文化は清らかな水だけから生まれてくるのではない」

ベルギー人記者が同意する。

「梨園とは、もともと中国・唐の時代の宮廷音楽家養成所のこと。そこから、日本では一般社会の常識と懸け離れた特殊社会、要するに歌舞伎界を指すようになりました。歌舞伎は近代的価観とは相容れないもの。悪を嘆美し、不道徳をすすめ、命の重さなど関係なしの残酷の美学こそ歌舞伎の魅力。もともと〝傾く〟が語源ですから、傾いた連中が作り出す世界なんです」

だから、近代にどっぷり浸かった日本人には歌舞伎を作ることができない。市川海老蔵は〝新歌舞伎〟なるものに挑戦したが、チグハグした印象が拭えない。歌舞伎の危機に向き合う姿勢は評価できるが、クドカンや野田秀樹に脚本を頼んだところで、話題性により一時的に客が集まるだけだ。その点、谷崎潤一郎は歌舞伎の魅力を「白痴美」という一言で簡潔に表した。

ベルギー人記者が膝を打つ。

「そうなんです。歌舞伎には知性がない。そこが歌舞伎の最大の魅力であり、それゆえに役者の美しさが際立つのです。歌舞伎は役者の表情、仕草を愛でるためだけに進化してきた文化です。芝居や演劇と異なり、脚本はあくまでも役者の魅力を引き出すためにあるもの。歌舞伎を芝居として評論したり、脚本を分析したりしませんよね。『役者評判記』という江戸時代の書物は、役者の演技の評価に尽きている。そこに特化したからこそ歌舞伎は生き延びてきた。脚本をいじって現代風にしても、歌舞伎の寿命を縮めるだけです」

役者とは自我の化け物

フランス人記者が腕を組む。

「歌舞伎では役者が一番映えるシーンだけを演じることがある。これは普通の芝居ではありえない。シェイクスピアだったら、『ハムレット』の〝生きるべきか、死ぬべきか、それが問題だ〟、『ジュリアス・シーザー』の〝ブルータス、お前もか〟、『ロミオとジュリエット』の〝ああロミオ、あなたはなぜロミオなの〟の部分だけ演じるようなものだ。ところで、歌舞伎役者はどうしてあんなに顔がでかいんだ？」

ベルギー人記者が即答する。

「舞台映えさせるために、わざと顔が大きい遺伝子を残してきたからです。だから歌舞伎は血筋が重要になるのです。昔の舞台は今のような照明がないので、ロウソクを使っていた。役者が顔を白く塗るのも、ロウソクの光を上手く照り返すためです。ロウソクが火事の原因となることもあり、千秋楽という文字に〝火〟が入っているのは縁起が悪いと〝千穐楽〟に変えたのですね」

歌舞伎が世界的に評価されるのは、日本という特殊な環境で育まれた文化であるからだろう。外国人の多くは、表層的なエキゾチズムに注目しているだけだ。しかし、歌舞伎の原点が俳優の動きや表情を楽しむところにあるとするなら、日本語がわからない彼らは、なまじ知識がない分、先入観なく楽しむことができる。

また、最近は若い女性の歌舞伎ファンも増えているという。もともと歌舞伎役者はアイドルのようなものなので、ミーハーな女性の方が歌舞伎本来の楽しみ方をしているといえる。

彼女たちは屋号なんて知らないから、中村獅童が出ていれば「獅童ちゃーん！」と嬌声をあげる。中村七之助には「しっちー！」と声をかける。それでいいのだ。

ベルギー人記者が話をまとめた。

「歌舞伎界が危機に瀕しているからといって、国が文化遺産として保護したら、かえってダメになる。歌舞伎俳優は若い頃から不養生だし、早死にするのもうなずけます。歌舞伎俳優は、病気になってもすぐに舞台に戻ります。役者とは自我の化け物であり、舞台に立たずにはいられない性を持つ。それはほとんど狂気に近い。三代目澤村田之助は、美貌の女形として人気があったが、病気で四肢を切断した。それでも〝だるま〟のような姿で舞台に上がり、喝采を浴びた。現代人の道徳や価値観では割り切れないものがあるからこそ、歌舞伎には価値があるのです」

フランス人記者が最後につぶやいた。

「そう考えると、歌舞伎座建て替えの呪いという説も切り捨てられなくなるな。そもそも特殊社会〝梨園〟の話なのだから」

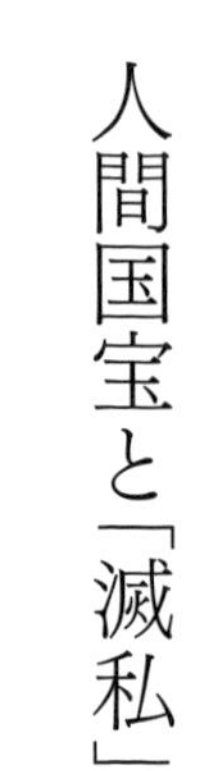

人間国宝と「滅私」

上方落語の第一人者、桂米朝が亡くなった。89歳の大往生だった。

米朝は1996年に国の重要無形文化財保持者、いわゆる「人間国宝」に認定されたが、われわれ欧米人には技術が国宝になるという考え方はいまひとつしっくりこない。ここは日本オタクのベルギー人記者から話を聞き出しておきたい。

赤坂の某ホテルのバーに入ると、ベルギー人記者とフランス人記者がカウンターに座っていた。

ベルギー人記者が話を切り出す。

「人間国宝という概念は日本にしかないと思います。もちろん、欧米にも芸術の分野でずば抜けた才能を示す人物は大勢いますが、国宝と呼ばれることはない。人間国宝は、日本の伝統文化と関係あるはずです。たとえば、歌舞伎では尾上菊五郎が登場すると『七代目！』と声がかかる。米朝さんは『三代目』でした。歌舞伎だけではなく陶芸でも襲名制度がありますが、日本では技術の継承自体が文化になるのです」

フランス人記者は納得していないようだ。

「伝統的な技術を受け継ぎ、そこに名前をかぶせるというのはわかる。でも、欧米にも伝統文化はあるだろう。日本のような家元制度とは異なるのかもしれないが、結局は同じことじゃないか？」

ベルギー人記者が首を横に振る。

「欧米で継承されるのは普遍的な技術です。そこでは、数学的な美、観念的な美、抽象的な美が尊重される。つまり、芸術は人種や国境に左右されない開かれたものであるという考えが根強い。彫刻には、普遍的な美を永久的に刻み込むという意志があります」

たしかにそうだ。欧米の芸術家は、一代限りの存在であり、家ごとに特殊な伝統を継承しているわけではない。だから、ピカソ二世やカラヤン二世は誕生しない。小澤征爾はカラヤンに薫陶を受けたが、それをもって彼がカラヤン一門になったわけでもない。

怪物的な存在

日本文化は他国から侵略されることもなく、長い歴史の中で内なる成熟に重きを置いてきた。江戸時代には、平和な時代が３００年近く続いた。そこで内部発酵し、磨き抜かれた技は、欧米のように個人の能力を重要視するものとは違う。

欧米ではピカソのような突き抜けた「個性」が評価されるが、日本で重視されるのは、徹底的な「滅私」ではないか？

ベルギー人記者が膝を打つ。

「そうなんです。襲名とは、偉大な名前を継ぐのと同時に、〝自己を殺す〟ということです。長い伝統を考えたときに個性やオリジナリティなどほとんど意味を持たない。自己を完全に消滅させ、伝統と一体化する。そこで必要なのは厳しい修練によって習得した『家の技術』です。その上で、いやおうなしに滲み出てきてしまう個性が人を魅了する。こうした〝円熟〟こそが、日本の芸事の本質です」

なるほど。その円熟の極みを、日本人は「宝」と感じるのだろう。

かつて作家の三島由紀夫は、日本文化における美には理念はいらないと言った。

《なぜなら、抽象能力の助けを借りずに、むしろそれと反対な道を進んで、個別から普遍へと向はず、むしろ普遍から個別へ向つて、方法論を作らずに体験的にのみ探求を重ねて、しかも同じやうに絶対（この「絶対」といふ用語も、仮に比喩として使つたのだが）をめざして進む精神は、理念の代りに、それの等価物たる或る具体的存在にぶつからざるをえない》（『小説家の休暇』）

つまり日本文化における美は、きわめて具体的なものであり、人間国宝はそれ自体が美を具現化する怪物的な存在なのだ。こうした文脈は、欧米的な芸術観では理解することができないだろう。

伝統と一体化

久しぶりにマティーニを頼んだ。うん。よくできている。ベルギー人記者は、おまかせでカクテルを注文した。

「人間国宝は、その呼び名から人間が国宝になっていると勘違いされることもあるようですね。もちろん、無形文化財に指定されるのは技術です。この制度が最初に適用されたのは1955年。敗戦後、日本は自国の文化に対する自信を失っていた。あらゆる伝統的価値が疑問視され、日本語を廃止してフランス語を使うようにすればいいなどと志賀直哉が提言するような時代でした」

そこから日本は徐々に立ち直った。日本文化を見直す動きが出てきて「人間国宝」の制度ができた。卓越した技術を持つ人間を称讃するだけなら文化勲章で十分だ。しかし、重要無形文化財として法的に指定したのは、伝統を守ろうという強い意志、ひっくり返せば、衰退する日本文化に対する焦りや恐怖があったからだろう。

フランス人記者が頷く。

「そう考えると、米朝は典型的な人間国宝だな。彼はもともと単なる落語愛好家だった。しかし、漫才の流行などで上方落語が押されていくのを危惧し、伝統と一体化する道を選んだわけだ」

ベルギー人記者が同意する。

「しばしば彼の落語は評論的と言われます。古い落語を引っ張り出してきて、現代に通じるような意味を与え、受け継ぎやすい形にした。米朝さんの凄さは教科書的な芸を大成したことですね。そういう意味で、彼は人間国宝そのものでした」

世の中には、人間国宝を辞退した人間もいる。北大路魯山人もそうだ。彼は病院で注射を嫌がり看護婦を平手打ちするなど、人間的には問題のある人物だったが、陶芸の才能はずば抜けていた。

一説には、国から認めてもらわなくても、自分の偉さは自分が一番わかっていると考えていたという。要するに、他人に頭を下げるのが嫌だったのだろう。もっとも、魯山人の作品は伝統に則ったものではなかった。そういう意味では、彼が人間国宝を断ったのは正しかったのかもしれない。

ベルギー人記者がカクテルの出来栄えに感嘆する。

バーテンダーが小声で応える。

「これが日本文化です」

はて、カクテルはアメリカが発祥だったような……。

「自分を消滅させないと正統なカクテルは作れません」

たしかにアメリカでまともなカクテルを飲んだ記憶はない。

いつまで「国技」と言えるか

今夜は両国でちゃんこ鍋を囲んでいる。元力士の主人は、フランス人記者と旧知の仲で、途中から日本酒の一升瓶を持ってテーブルにやってきた。

しかし、改めて大相撲の番付表を眺めれば、いまや「国技」を支えているのがモンゴル人であることが分かる。白鵬、日馬富士、鶴竜の横綱3人。そして次世代のホープとされる逸ノ城、照ノ富士の2人もそうだ。

一方、日本人力士のホープとされる遠藤はケガの影響もあって今場所も苦しい。これから相撲はどうなっていくのだろうか？

主人が大きなグラスに日本酒を注いでいく。

「役付力士のうち、大関の稀勢の里、琴奨菊、豪栄道、関脇の妙義龍、小結の栃煌山以外は全員モンゴル出身。さらに言えば、幕内力士42名のうち17名が外国人です」

アスリートではなく〝神職〟

相撲ファンのフランス人記者が得意の薀蓄をもとに皮肉る。

「このままでは外国人力士が日本人力士の数を上回るのも時間の問題ではないか。相撲は『古事記』や『日本書紀』にも登場する〝神事〟だろう。天照大神の前で、心も身体もすぐれた者たちが神の守護にあたっていることをアピールしたわけだから。元力士として忸怩たる思いはないのかね？」

主人が苦笑いする。

「もうそういう時代ではないのかもしれませんね。白鵬なんて日本人より日本人らしいでしょう。日本語もうまいし、人格者でもある。先日は、審判に反発して〝子供でもわかる〟などと言い、味噌を付けた感はありますが、基本的には立派な男ですよ」

日本オタクのベルギー人記者が横から口を出す。

「外国人が日本語を習得する際に大きな壁になるのが複雑な助詞です。高見山や武蔵丸といったハワイ出身の力士は『僕、勝った、嬉しいね』というふうに助詞を抜いた喋り方をする。でも、モンゴル人力士は、皆、正確に助詞を使います。日本語とモンゴル語は同じウラル・アルタイ語族に属するという説もありましたが、習得が容易なのでしょうか？」

私はかつて白鵬に関する記事を書いたことがある。彼は大横綱双葉山を尊敬しているそうだ。双葉山は連勝が69で途絶えたときに、中国の故事を引用して「我未だ木鶏たりえず」と言った。白鵬も連勝が途絶えたときに、この言葉を引用している。よほど深い尊敬の念を持っているのだろう。このような状況を見れば、もはや相撲は日本人だけのものではないのかもしれない。

付け加えれば、「白鵬が強すぎてつまらない」という指摘も的外れだ。横綱の「綱」とはしめ縄、つまり神社や神体を厄や禍(わざわい)から守るものである。だから横綱は負けてはならない。常に「横綱相撲」を取るべきであり、格下相手に手に汗を握るような力相撲を取ってはならない。

勝てなくなった横綱が降格ではなく引退させられるのは、こうした理由による。

主人がちゃんこ鍋に鶏団子をサービスで追加してくれた。

「そのとおりです。大事なのは形式ではなく相撲の精神です。精神が受け継がれるなら、モンゴル人が横綱でもいい。モンゴル出身の朝青龍は、土俵の上でガッツポーズをして批判されましたよね。態度がでかいと。しかし、横綱はアスリートではなくて〝神職〟です。だから、少々荒っぽい仕草で勝利の喜びを表現してもいいんですよ」

ベルギー人記者が頷く。

「そういえば朝青龍が、かつて横綱の仕事はエンターテイナーだと言っていました。力士は神々を喜ばせるエンターテイナーなんですね。日本人の多くはそれをわかっていない。どうしてわれわれ西欧人が指摘しなければいけないの？」

ペリーへのお礼

主人が鍋の具合を確認しながら、手際よくうどんを入れる。

「今度は私から質問させてほしい。今の西欧人は相撲をどのように見ているのでしょうか？」

ヨーロッパにも相撲好きはいる。一番有名なのは、元フランス大統領のジャック・シラクだろう。彼は訪日時にタイミングが合えば、大相撲を必ず観戦した。

一方、同じく元フランス大統領のニコラ・サルコジは相撲をまったく理解しなかった。サルコジはシラク政権で内相を務めていた2004年、「相撲は知的なスポーツではない」と発言している。

これについてシラクは回想録で「日本を中傷した」と強い不快感を示した。

フランス人記者が顎鬚(あごひげ)を撫でる。

「われわれにとって相撲は、長きにわたって日本に対して抱く特異なイメージの結晶だった。間違った日本人像を連想する際のカリカチュアの役目というかね。それが日本文化として正しく理解されるきっかけになったのは1991年の『大相撲ロンドン場所』ではないか。解説を任された文化人類学者のライアル・ワトソンは、相撲をスポーツとしてではなく、宗教に関わる伝統文化として解説し、好評を博した。あれで一般の西欧人は目を覚ましたんだ」

1853年、ペリー率いるアメリカの艦隊が日本に現れた。幕府は江戸湾浦賀に艦隊を誘導。

大統領国書が幕府に渡され、翌年、日米和親条約締結に至った。

ペリーは小銃などを献上。幕府はそのお礼に相撲を見せた。これは日本にも立派な体格の者がいることを見せつける「外交」でもあった。すると、長い航海で退屈していたアメリカ人たちが「俺も相撲を取りたい」と言い出した。当時の大関小柳常吉は「だったら3人まとめて相手にしてやる」と言い、1人を投げ飛ばし、1人を脇に抱えて、最後の1人を踏み潰した。アメリカ人たちは感服したと記録に残っている。

主人がしみじみと言う。

「あれから150年以上。やっぱり時代は変わったんです。もともと土俵の四方には柱があったのに、テレビ中継の邪魔になると言って取ってしまった。女性は土俵だけでなく観客席にも入れなかったのに、観客動員のために認めるようになった」

ちなみに「女性が土俵に上がれないのは女性差別」との意見は的外れである。これは綺麗な女性を近づけて、女神である天照大神の嫉妬を買わないようにするためだ。だから、むしろ女性を土俵に上げるほうが失礼なのである。それはブスと言っているのと同じことなのだから。

梨園の妻

歌舞伎役者の片岡愛之助と女優の藤原紀香が結婚した。

愛之助は一般家庭の出身で松竹芸能の子役だったが、13代目片岡仁左衛門の部屋子となり、京都南座で片岡千代丸を名乗るようになる。その後、2代目片岡秀太郎の養子となり、6代目片岡愛之助を襲名した。

歌舞伎ファンでもあるフランス人記者が言う。

「藤原紀香はバツイチの44歳だろう。梨園の妻は自己主張の強い女には務まらない。モデルあがりのタレントが、うまくやっていけるかどうかは疑問だな」

梨園という特殊な世界に足を踏み入れる〝妻〟に求められるのは、とにかく腰を低くすることだ。舞台の前と後には、贔屓筋に対して頭を下げまくらなければならない。

日本オタクのベルギー人記者が頷く。

「酒を飲んでやってきて、上機嫌で蘊蓄（うんちく）を垂れる贔屓もいます。梨園の妻は基本的には全公演に顔を出し、来客の対応をする必要がある。女性の贔屓が来れば、世間話の相手になったり。とにかく贔屓筋に好かれることが、旦那の人気につながるのです。歌舞伎はタニマチ文化であり、贔屓筋がいなくなればそれでお終いですからね」

扇千景の場合

ちなみに「梨園」という言葉は、中国の唐の時代に玄宗皇帝が梨の植えてある庭園で自ら音楽を教えた故事に由来する。梨園は血と芸でつながった共同体である。まずは血縁が重んじられるが、「勘三郎兄さん」、「勘三郎おじさん」と目上の役者を呼ぶとき、実際には血がつながっていないケースも多い。そこの部分は、芸によるつながりなのだ。

今回の記事を書くにあたりレクチャーをお願いした某大学の文学部教授が言う。

「梨園の特殊性と言えば、役者の浮き名の多さがあります。大阪を拠点にしていた2代目延若(えんじゃく)は『贔屓の女1000人とやった』と豪語していました。昔の相撲と同じく、歌舞伎は贔屓筋の裕福な女性が男を買う場所でもありました。梨園の女性関係のゆるさは、こうした歴史と関係しているのかもしれません」

フランス人記者が同意する。

「片岡愛之助の松嶋屋は15代も続く名門で、11代目片岡仁左衛門にはあちらこちらで産ませた子供がたくさんいた。でも、愛之助には片岡の血が入っていないから、そういう意味では松嶋屋のメインストリームから外れているんだな」

ベルギー人記者が頷く。

「藤原紀香が離婚した原因は、元夫でお笑い芸人の陣内智則が浮気をしたからでしょう。愛之助に愛人や隠し子がいるかどうかは知りませんが、いざというときに紀香がどこまで度量を見せることができるかでしょうね」

4代目坂田藤十郎が3代目中村鴈治郎を名乗っていた頃、すでに70代だったにも拘らず、ホテルに10代の舞妓を連れ込んでコトに及んだ。

藤十郎はホテルの廊下にバスローブ姿で出てきたが、その際、前がはだけ、イチモツが露出したところを写真週刊誌『FRIDAY』に撮られてしまった。

妻の扇千景は、政治家としての仕事が忙しく、公演にはほとんど姿を見せなかったが、世間が藤十郎の不倫について騒ぐ中、「彼は芸人ですから」「女性にモテない夫なんてつまらない」とさらりと言ってのけた。梨園の妻は、こうした器でないと務まらないのだ。

坂東三津五郎が死んだときの尾上菊五郎の弔辞はよかった。三津五郎は城郭めぐりが趣味だったが、菊五郎は「姫路城が好きだ、彦根城が好きだと言っておりましたが、ホステス嬢やキャバクラ嬢も好きでした」とやった。

名跡に惚れる

かつての歌舞伎役者の結婚相手は贔屓筋の娘か粋筋の女が多かった。「粋筋」とは遊郭の花魁（おいらん）や芸妓のことだ。歌舞伎は昔から男所帯なので、芝居が終われば遊郭に遊びに行く。現在は粋筋の女に対する世間の風当たりが強くなり、歌舞伎役者もテレビタレントと出会うことも多くなったので、愛之助と紀香のような結婚が増えたのだろう。

また芸能界にいれば、夫の体よりも名前が大事という歌舞伎界の掟を理解しやすいのかもしれない。

教授が解説を続ける。

「梨園の妻は男に惚れてはいけないのです。あくまでも名跡に惚れるのです。だから、市川海老蔵が西麻布で醜態をさらし、血まみれのままタクシーで自宅に帰ったときに、妻の麻央が救急車を呼んでしまったことに贔屓筋は激怒した。海老蔵という名跡に傷がついたらどうするんだと。この時に麻央が取るべき行動は、松竹の担当者に連絡することだったのでしょう」

ベルギー人記者の蘊蓄が始まる。

「歌舞伎では男性が女性を演じます。でも、そもそも歌舞伎は女性が始めたものでしょう。16世紀の安土桃山時代に現れた出雲阿国という女性が祖とされています。だから相撲のように、最初から女人禁制だったわけではない。女が歌舞伎の舞台に立てなくなったのは、江戸幕府の命令が理由でしょう」

京都の四条河原では、いわゆる「河原乞食」という被差別階級の人たちが、舞台を作って歌舞伎を演じ、観客から投げ銭をもらい生計を立てていた。しかし、そのうちに舞台にいる女を狙う客が増え始め、売春の場と化していく。

鴨川の北には御所がある。それで「お上の目前でけしからん」と幕府は怒ったわけだ。

教授が資料を渡してくれた。

「そうして始まったのが前髪をつけた少年による若衆(わかしゅ)歌舞伎です。ただし、これも男色の売春の場になってしまいましたが。ともあれ、歌舞伎は男だけで演じる芸能に変化することによって、より深い表現を伴うものになりました。女形は、女性以上に女らしい所作や艶っぽさを表現するようになっていく。常日頃から女性の一挙手一投足をつぶさに観察し、女性らしさを表現する方法を考えた成果でしょう」

愛之助といえば、少し前にテレビドラマ『半沢直樹』にオネエ口調の国税局査察部統括官の役で登場して話題になった。

若い頃女形をやっていた愛之助は「修練の賜物か」と訊かれることもあったようだが、本人曰くオネエと女形は別とのこと。

教授によると、ホモとオカマも違うらしい。ゲイの道は深いのだ。

政治と音楽

2016年の「フジロックフェスティバル」に学生団体SEALDs（シールズ）の奥田愛基が参加した。「音楽の祭典に政治を持ち込むな」との批判がある一方、「もともと政治と音楽は密接な関係にある」との声も上がっている。

フランス人記者が頷く。

「オレが国会図書館に行くと、国会前で騒いでいる若者たちがいた。近づいてみると『インターナショナル』を歌っているんだ。オレは思わず『君たちはこれがどういう歌なのか知っているのか』と訊いた。すると学生の一人が『反戦平和の歌です』と言う。呆れたね。あれは暴力革命の歌ではないか」

アメリカ人記者が長い金髪を掻きあげる。

「2016年の参院選では、三宅洋平が『選挙フェス』と銘打って街頭演説と路上ライブを一体化させていた。これは、日本以外の国ではよくあることよ。台湾総統選挙でも、蔡英文は自分の顔をアニメの萌えキャラ風にした上、自陣営のアニメソングまでつくっていたわ」

『ボーン・イン・ザ・USA』

沖縄の選挙は歌をよく使う。テーマソングや歌謡曲の替え歌をつくることもある。沖縄出身の友人は、上京して初めて本土の選挙を見たとき、「なんで歌を歌わないんだ」と不思議に思ったそうだ。

もちろん例外もある。1971年、元大蔵官僚の村上孝太郎が自民党から出馬した際、当時ヒットしていた『走れコウタロー』という曲をイメージソングに使った。単に自分の名前とひっかけただけだが、その効果があったのか初当選を果たしている。

イギリス人記者が銀縁の分厚い眼鏡を外す。

「オウム真理教もそうだ。『ショーコー、ショーコー、ショコショコショーコー』というリズムを繰り返されると、嫌でも耳に残ってしまう。オウムはアメリカ式の選挙をやると言っていたが、確かに選挙で音楽を使うのはアメリカが早かった」

1944年、ルイジアナ州知事選に立候補した歌手ジミー・デイヴィスは、持ち歌のヒット曲『ユー・アー・マイ・サンシャイン』を選挙期間中に歌いまくった。集会は大盛況。結果、デイヴィスは第47代ルイジアナ州知事に転身を遂げた。

フランス人記者が顎鬚(あごひげ)を撫でる。

「1984年の大統領選でレーガンが使った曲がブルース・スプリングスティーンの『ボーン・イン・ザ・USA』だったな。レーガンはこの曲のサビの部分だけをひたすら流した。『オレはアメリカで生まれた』という意味だから、『強いアメリカを取り戻す』というレーガンの主張とも重なった。だが、この曲はベトナム戦争に対する反戦歌なんだ。『アメリカに生まれた』というのは皮肉で、『国のために命がけで戦ったのに、国はオレを見捨てた』と歌っている。それを好戦派のレーガンが使うのだから、ブラックジョークとしか言いようがない。もちろんスプリングスティーンは抗議したが、結局うやむやのままレーガンは再選を果たしている」

アメリカ人記者が同意する。

「音楽は人間の感情を揺さぶることができる。だからカリスマ性のない政治家は音楽に頼るのよ。政治は、一人一人の繊細な感情にまで配慮しない。けれども、素晴らしい音楽は聴いた人を団結させることができる。だから、右左に関係なく大衆を動員するときに利用されるのね」

圧倒的な破壊力

音楽は感情で受け取るものであり、理性ではない。だから軍楽隊や軍歌が生まれる。理性を働かせれば、殺し合いになど行く気になれないが、リズムの反復を聴かされると、人間の思考は麻痺してくる。そこに愛国心を鼓舞する歌詞を組み合わせれば、戦意は高揚する。音楽の起源を辿ってみても、アフリカで狩猟のために発生したという説が有力だ。

　イギリス人記者が頷く。

「その話は私も知っている。狩猟や戦闘では、弓を引くタイミングや銃を撃つタイミングを大勢で合わせる必要がある。行進曲も兵士の歩調を合わせるために生まれた。『オーレー、オレオレオレー♪』というサッカーの応援歌をサッカーチャントというが、チャントとは戦闘時に兵士が歌うものだ。大勢で歌うことにより、結束力が増すのは古くから知られてきた事実だな」

　アメリカ人記者がため息をつく。

「考えてみれば、フランス国歌の『ラ・マルセイエーズ』は革命歌なのね。歌詞には『敵の血で地面を赤く染めよ』とあるけど、あれも煽動の歌よ」

　私はヒトラーとワーグナーの関係を思い出す。毎年夏になるとドイツではバイロイト音楽祭が開かれる。これはワーグナーの楽劇を演目とするが、ヒトラーも必ず参加していた。戦後、ナチスと懇意にしていたワーグナー家は冷遇されるようになり、バイロイト音楽祭も1951年まで再開されなかった。ワーグナーの音楽にはドイツ人を奮い立たせる何かがある。世界で初めて宣伝省をつくったのがナチスだが、彼らはワーグナーの才能を国民を煽動するために使ったのだ。

　フランス人記者が唸る。

「ポーランドは周辺国に分割された歴史を持つが、ショパンを生み出した。彼の音楽には祖国を喪失した人間の悲しみが漂っている。隣国のチェコもナチスに占領され、小国の悲哀を味わったが、ドヴォルザークを生み出した。スメタナも祖国愛をテーマに『わが祖国』を作曲している。これらの音楽は、いずれも愛国心とつながっている」

1972年にイスラエルに取材に行ったとき、宿泊先のホテルの音楽ホールでコンサートが開かれていた。暇だったので特に期待もせずに見に行ったが、後半、チャイコフスキーの5番が始まると全身に鳥肌が立った。それは私が飽きるほど聴いてきた5番とはまったく異なるものだった。指揮者はソ連から亡命してきたユダヤ人。レニングラードの楽団でタクトを振っていたが、自由を求めて家族を連れて命からがら逃げてきた。その日は彼がイスラエル国民になって初めての演奏会だったのだ。よく見ると演奏当初は握っていたタクトがなく、素手で指揮を執っている。力が入り過ぎて途中で飛んでしまったのだ。演奏終了後、イスラエルの聴衆がステージに駆け寄り、彼を讃えた。私は沈黙せざるを得なかった。このような圧倒的な破壊力を、政治にかかわる人間が見逃すはずがないだろう。

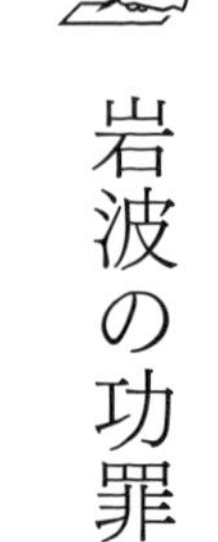

岩波の功罪

神保町の書店街を歩いていたら、岩波ブックセンターの入り口の自動ドアに張り紙があった。

「店主急逝のため誠に勝手ながら、（２０１６年）11月23日よりしばらくの間、休業させていただきます」。購入した本が入った紙袋を両手に抱えたアルバイトの小暮君が言う。

「ご存知なかったんですか。岩波ブックセンターを運営する信山社が東京地裁から破産手続き開始の決定を受けたんです。新聞記事によると、当初は岩波書店の関連会社が運営していたが、２０００年に岩波と資本関係のない信山社が引き継いだそうです。信山社会長で店主の柴田信さんが亡くなったことも影響したのでしょうか……」

昼時だったのでいつもの洋食屋に入り、メンチカツと生ビールを注文。店で落ち合ったフランス人記者は、すでにワインを飲んでいた。

「オレも驚いたんだ。神保町を散歩するときに、よく立ち寄ったからな。薄暗い感じが心地よかったんだ」

かつての日本では、岩波の書籍や雑誌『世界』を読んでいるのがインテリの条件という時代があった。しかし、今は見る影もない。

共産党との関係

フランス人記者が顎鬚（あごひげ）を撫でる。

「岩波の『世界』は、左翼一色の雑誌で、天皇制排斥を訴える歴史学者の羽仁五郎や、東大の政治思想史学者の丸山眞男が論客の常連だった。PR誌の『図書』も左翼の巣窟だったな。昔は大江健三郎の連載があったり、最近だと池澤夏樹か……」

たしかに岩波は左にブレていた。

岩波書店と「わだつみ会」が、戦没学徒の声を集めた『きけわだつみのこえ』の原文を改変したこともあった。遺族が訴えて裁判になり、第8刷のときに岩波が文章を直し、訴えは取り下げられた。

東大文学部の小暮君が言う。

「文庫の翻訳に政治的な理由で改変が加えられたこともありました。溥儀（ふぎ）の『紫禁城の黄昏（たそがれ）』の冒頭には所信表明の部分があります。そこには欧州各国が大清国に対し行ってきた酷い仕打ちと、侵略に対する抵抗に日本が協力したことを感謝する言葉があった。ところが岩波の翻訳ではその部分が丸ごとカットされていたんです。読者が読みたいのは当時溥儀が何を考えていたかなのに、肝の部分を省いてしまった。日本の傀儡（かいらい）だった満州国の溥儀の言葉をそのまま載せるのは、左翼にとって都合が悪かったのでしょう」

岩波書店と共産党は切っても切れない関係にあった。中国建国の翌年（1950年）、朝鮮戦争勃発を受け、GHQは日本国内の左翼を排除する動きを見せたが、『世界』編集長の吉野源三郎の机には、『アカハタ』が配達されていたという。

同年3月号の『世界』は、対日講和条約において、ソ連とアメリカの両陣営にくみせず、すべての交戦国と講和すべきだという「全面講和」の論陣を張っている。保守勢力は西側諸国との「単独講和」を主張していたが、共産主義国家と握手していたら今の日本はなかったかもしれない。

フランス人記者が頷く。

「当時の左翼は『単独講和』を『片面講和』などと揶揄していたが、常識がなかった。結局、吉田茂が、西ドイツのアデナウアーがとった東側諸国との対決路線を参考に『単独講和』を選択したわけだな」

岩波文化の衰退

小暮君が生ビールを飲み干す。

「一方で岩波文庫が果たした役割は大きいと思います。ただ、一部の翻訳はダメですね。ポーランドのシェンキェーヴィチが書いた『クオ・ワディス』は、使徒ペトロの物語です。岩波書店は、この翻訳をポーランド語の専門家に任せたんです。とにかく正確な訳が大切だという方針ですね。一方、新潮社の世界文学全集に収められた『クォ・ヴァディス』は、木村毅が英語から翻訳している。重訳ですが圧倒的に読みやすい。翻訳の精度は岩波が勝っていますが、一般人も読む本なのでそれでいいと思うんです」

あの本は私も読んだ。最後の殉教シーンは感動的だ。ペトロが迫害を逃れてローマを脱出しようとすると、イエスが降りてきて「お前がローマから出るなら、私はもう一度戻って再び死のう」と言う。ペトロはその言葉を聞いて、バチカンの丘で磔（はりつけ）になる。岩波書店は大学の講義で使われる「正しいもの」を作り、新潮社は「売れるもの」を作った。世の中に影響を与えたのは後者だ。

フランス人記者が唸る。

「似たような話がある。カントの『純粋理性批判』は岩波文庫の翻訳で読んでも意味がわからない。オレは英語とドイツ語で読んだが、非常に単純な理論なんだな。原文に即した翻訳にしたことで、カントのエッセンスを掴み損ねたんだ」

このあたりは小暮君の得意分野だ。

「『水滸伝』もそうです。僕は旧版の吉川幸次郎訳が好きなんです。講談調で訳してあり、途中で講釈へのヤジが入ったりする。独特のリズム感があり、話に引き込まれていく。でも、吉川の弟子で新訳をやった清水茂は、講談調をやめてしまった。より正確に翻訳したのでしょうが、そもそも『水滸伝』は講釈師が民衆に語り聞かせたデタラメ話です。それを一字一句正しく翻訳することに意味があるのか、よくわかりません」

岩波文庫のマルクスの翻訳も評判が悪い。私はマルクスをドイツ語で読んだが、特に難しいことを言っているわけではない。『共産党宣言』に至ってはマルクスとエンゲルスが労働者階級のためにわかりやすく書いたアジビラのようなものだ。よって、翻訳にもその熱気を反映させるべきだろう。

「翻訳者の解釈を組み込むのは、学問に対する冒瀆だ」という岩波茂雄の方針が引き継がれているのかもしれないが、むしろそれが日本人の古典離れにつながった可能性もある。

岩波文化が一時代を築いたのは、現代人の危機意識をうまく掬い取ったからだ。かつての日本人は御上に従って生きていればよかったが、現代社会では一人一人が考えなければならない。正しい世の中とはなにか、政治とはなにか、人はなぜ生きるのか……。誰もが悩み、岩波文庫を手に取った。

しかし、1991年にソ連は崩壊。ゴルバチョフとエリツィンは会見で共産主義の敗北を認めた。その後、共産主義的な正義に寄り添ってきた岩波にも不信の目が向けられるようになった。

岩波ブックセンターの休業は、岩波文化の衰退を象徴しているのではないか。

「緑の待合」にて

安倍晋三とドナルド・トランプがゴルフに興じたのはフロリダのパームビーチだが、われわれが向かうのは真冬の日本のゴルフ場である。ゴルフをやるのが目的ではない。以前から取材を続けていた収賄事件の鍵を握る中国人実業家と某党の政治家が、そこに現れるという情報を掴んだのだ。

久しぶりの大スクープの予感。新橋駅前でレンタカーを借り、南房総を目指した。

アルバイトの小暮君が運転しながら言う。

「安倍の祖父・岸信介とドワイト・D・アイゼンハワーも1957年にアメリカでゴルフをやっていますね。60年安保闘争の頃、訪日する予定のアイゼンハワーの大統領専用機にはゴルフバッグが積んであったそうです。ハガティー報道官の車がデモ隊に包囲される事件が発生して、訪日は中止になりましたが……」

「広がった密室」

フランス人記者は後部座席でふんぞりかえっている。

「大宅壮一はゴルフ場を『緑の待合』と言っていたな。待合は芸者を呼んで遊ぶ4畳半程度の部屋だが、得意先を呼んでわざと負けるところなど、ゴルフも芸者遊びも同じようなものだと。大宅は俗物を嫌っていたから、接待ゴルフを揶揄したのだろう」

田中角栄はゴルフを政治に本格的に用いた人物と言われている。昔から日本の政治家は重要人物に会うときには料亭を使っていた。しかし、マスコミから「料亭談合」などと批判されるようになる。そこで角栄はゴルフ場に目をつけた。

ゴルフ場は「広がった密室」である。人に聞かれたくない話をするのに都合がいい。また、護衛もしやすい。ケネディも金正男もそうだが、暗殺される場所はたいてい人混みだ。犯人は人混みに紛れて接近し、人混みに紛れて逃走する。一方、ゴルフ場は見晴らしがよく、ビルの窓から狙撃されることもない。ゴルフ場の入り口だけ見張っておけばいいので、SPも楽である。

角栄は政治的な目的でゴルフを始め、ゴルフ場を自分の会議室にした。ゴルフ入門書を大量に買って読み込んだため、初めてコースに出たときには、人に教えることができたそうだ。

助手席に座るアメリカ人記者が頷く。

「その話、私もどこかで読んだことがあるわ。実業家の小佐野賢治が、若き日の青木功プロとゴルフをすることになった。そこに角栄もやってきたんだけど、その日はメンバーが多く、1人あぶれてしまい、青木プロがキャディをやることになったの。それで、角栄にいろいろアドバイスして、そのおかげで角栄は調子が上がり、初めて90を切った。角栄は青木プロを知らなかったので、小佐野に『青木というキャディの面倒を見てやってくれ。あいつはプロになれる』と言ったそうよ」

もともとゴルフはイギリスの貴族のスポーツだ。政治家がゴルフを好む理由の一つもそこにある。鳩山一郎はその貴族趣味で有名だったが、ゴルフ好きでも知られていた。仕事よりゴルフに精を出して、「棒振り一郎」とあだ名をつけられたほどだ。

キツネ狩りもイギリスの伝統的な貴族のスポーツである。食用にもならず、農作物に害を及ぼすわけでもないキツネを狩るのは、ゲームとして純粋に面白いからだ。キツネは頭がいいので、逃げたり隠れたりするのがうまい。要するに頭を使うところがゴルフに似ているのだ。

ゴルフには人間性が出る。角栄は政策同様プレーも大胆だったし、宮澤喜一は芝目や風を読み緻密にプレーするタイプだった。

メタボリックシンドロームとの診断を病院で受けたばかりのフランス人記者が言う。

「ゴルフは運動音痴でもできるんだ。他のスポーツに比べてハードではないので、高齢の政治家でも続けることができる。政治家は全体の状況を見ながら判断するのが仕事だろう。ゴルフでもコースの全体を把握し、計画を立て、風向きを読み、状況によって臨機応変に動くことが必要だ。それに、負けて勝つということもある。相手の腕前を見抜き、うまく負ける技術も必要だ。そのためには、決めたところに正確にボールを打たなければならない。問題は、こうした〝緻密さ〟を持つ政治家が少ないことだな」

腹の探り合い

東京湾アクアラインを抜けて、車は館山自動車道に入った。空は青く晴れ上がっている。私はゴルフをやったことはないが、これを絶好のゴルフ日和と言うのだろう。

しかし、南房総とはいえ、空気は冷たい。年間でプレー代金が一番安くなるのは2月である。連中が閑散期のゴルフ場を密会の場に選んだのも、こうした事情がありそうだ。

ゴルフには常にカネの臭いが付きまとう。バブル時代には会員権をめぐる詐欺事件が多発した。裏社会もそこに関わっている。

映画オタクの小暮君が同意する。

「映画『007』で、主人公のジェームズ・ボンドが、金の密輸に関する調査を依頼されるシーンがあります。それでボンドと情報を持つ人間が接触するのがゴルフ場なんですね。高級ゴルフ場の会員審査を通った人間ということで、階層や社会的地位がわかる。初対面の人物でも気を許してしまう。その油断を突くわけです。『００７』では初期の作品からゴルフにまつわるシーンがあり、敵との腹の探り合いをゴルフに絡めて描いている。この映画はゴルフブームのきっかけになったと思います」

私は『００７』の小説版を読んだが、そこではコースについて詳細な描写があり、ゴルフの手引書としても読めるほどだ。

目当てのゴルフ場が近づいてきた。

１キロほど手前で車を停め、カメラと録音機材の準備をした。

今の時間、連中はロビーにいるはずだ。いつでも車を動かせるように小暮君は玄関付近で待機。非常口にはフランス人記者を立たせた。計画通りである。私は合図と共にアメリカ人記者と一緒に玄関から突入した。

しかしそこには誰一人いなかった。支配人を問い詰めると、中国人実業家から急遽キャンセルの連絡が入ったという。

フランス人記者が舌打ちをする。

「芝目と風向きを読み間違えたな。どうやら察知されたようだ」

アメリカ人記者が首を振る。

「これではキツネとタヌキの化かし合いね」

天才は不意に現れる

卓球の張本智和や平野美宇、連勝記録を更新し続ける将棋の藤井聡太など、若い才能の活躍が目立ってきた。いつの時代も天才は不意に現れ、圧倒的な力を見せ付ける。それまで一線で活躍していた人たちは、脅威に晒され、自らの衰えを知る。こうした世代交代劇は、外野で見物している分には面白い。

某社会長のR氏が言う。

「藤井君もいつか必ず誰かに負ける日が来るんだ。かつて将棋で大山康晴に勝てる人間はいなかった。しかし、中原誠は攻略術を編み出して大山に勝つ。その後も大山は中原に負け続け、最後は無冠になる。一方、中原はそのタイトルで五冠王になった。一人の天才が新しい天才の出現により、引きずり降ろされたんだ」

美空ひばりと笠置シヅ子

日本オタクのベルギー人記者が言う。

「戦後日本の世代交代を象徴するのは美空ひばりの登場でしょう。1937年生まれでデビューは1946年なので、当時9歳です。天才少女として世間の注目を浴びたときは、藤井聡太より若かったのですね」

ひばりの母親はプロモーションに熱心で、自前の劇団（青空楽団）やNHK『素人のど自慢』に出場させていた。だから、デビュー前から才能は知られていた。そして、デビューしてそのまま、日本を代表する歌手になった。

R氏がベルギー人記者に感心する。

「若いのによく知っているな。だが、わしは子供の頃のひばりをこの目で見ておる。ひばりが登場するまで、あれだけ若くて、見た目も可愛らしい歌手はいなかった。ひばり、江利チエミ、雪村いづみは3人とも1937年生まれで、『三人娘』と呼ばれていたな。ティーンエージャーの女の子を三人組で売り出すようになったのは、あれが最初だ。まさに、時代の転換期だ」

笠置シヅ子の歌声は、戦後の暗い日本を明るく照らした。「東京ブギウギ」「買い物ブギー」を歌い、「ブギの女王」と呼ばれた。まさに笠置はトップに君臨していた。

しかし、そこにひばりが現れる。運命は不思議なもので、当時の笠置のマネージャーが、新人のひばりも担当することになった。彼はひばりを大々的に売り出すため、海外コンサートで箔をつけようとした。しかし、デビュー間もないひばりには持ち歌がない。そこで彼は笠置の曲を歌わせることにした。

ベルギー人記者が横から口を挟む。

「僕もその話、知っています。ひばりが13歳のときのアメリカツアーですね。たしか、1950年の5月から7月にかけて50公演以上やっているはずです。ひばりの歌声は観客に大うけでした。それで、笠置もアメリカで公演したのですが、観客はひばりが笠置の曲を歌っていることを知らないので、『天才少女の真似をするおばさん歌手が来た』と、冷たい反応だったそうです」

R氏が笑う。

「笠置も不本意だったのだろう。笠置の曲は声帯に負担をかけるものが多く、歌唱法も喉を酷使するものだった。若いひばりが自分の曲を歌うのを聞いて、笠置は自分に限界が来ていたことを悟ったんだな。その後、ブギの人気が衰えだすと、『私は時代とともにあった歌手なのでもう歌いません』と言い切った。一方、ひばりは勢いを増していく。そして、亡くなって30年近く経つ今でも、彼女の名を知らない人はいない『歌謡界の女王』となった。今思えば、ひばりが笠置の歌を借りて歌ったときに、世代交代が行われたのかもしれないな」

三遊亭圓朝の場合

イギリスの社会人類学者ジェームズ・フレイザーは、著書『金枝篇』で、古い王が弱体化すると、それを殺して新しい王が玉座に座る「王殺し」の風習について記している。世代交代は「殺人」でもある。笠置の人気が落ちていたわけでもないのに、ひばりが出現した途端、玉座に誰が座るのか明白になってしまったのだ。

R氏が目を瞑(つむ)る。

「わしは野球少年だったが、大下弘が登場したときは興奮したな。川上哲治は戦前から巨人でプレーしていたスター選手で、『打撃の神様』と呼ばれ、ダントツの人気があった。終戦直後の秋、そこに大下が登場する。特攻隊に志願したこともある男で、セネタースという新設の球団に入った。デビュー戦で、戦後初の柵越えホームランを打ち、観客に衝撃を与えた。翌年はホームランを20本打ったな。当時の記録は年間10本だったから、いきなり倍の記録を打ち立てている。大下の豪快なホームランは、敗戦直後の沈んだ日本の空気を吹き飛ばしたんだ。大下ブーム、ホームランブームが発生し、『神様』の川上でさえ、ホームラン狙いの打撃フォームに変更したくらいだった」

山本嘉次郎と黒澤明の関係も少し似ている。山本は戦前映画界の第一人者で、黒澤は助監督として携わっていた。黒澤は山本を慕い、山本は黒澤を可愛がった。『馬』という作品で黒澤は助監督を務めたが、主演の高峰秀子と恋仲になってしまう。山本はこの二人を半ば強制的に別れさせたが、山本の嫉妬と捉えるのは間違いだ。山本は黒澤が「主演女優に手を出す監督」として知られたら、将来の作品作りに悪影響を及ぼすと考えたのだ。

ここはベルギー人記者の得意分野だ。

「黒澤は1943年の監督作品『姿三四郎』で大ヒットを飛ばします。一方、その頃から山本は映画を撮らなくなりました。山本自身が語ったわけではありませんが、黒澤作品を見て、若い人に席を譲るべきだと思ったのかもしれません」

R氏の思い出話は続く。

「二代目三遊亭圓生には圓朝という弟子がいた。圓朝は噺がうまくて男前だったので、あっという間に師匠より人気者になってしまった。寄席では大御所がトリを務めるが、圓朝の人気がすごいので、若いのにトリを任されるようになる。これに嫉妬した圓生は、圓朝がやる噺を事前に確認し、先にやってしまう。困った圓朝は、師匠に真似されないように、オリジナルの新作落語を作るようになった。これが今では古典になっているんだ」

とんでもない天才が現れると、大御所は混乱する。石ノ森章太郎が現れたとき、手塚治虫は「読めたもんじゃない」と猛反発した。妬(ねた)みや恨み、嫉妬の対象になるくらいでなければ、トップの座は務まらないのだ。

庶民のための将棋

御堂筋線動物園前駅で下車し、ジャンジャン横丁の将棋クラブを見学。その後、案内してくれたD棋士とすぐ近くの串カツ屋に入った。とりあえず、生ビールとドテ焼きを注文する。

D棋士がキャベツでウスターソースを掬（すく）いながら言う。

「将棋と囲碁という2種類のボードゲームが広く浸透している国は、日本ぐらいではないでしょうか。将棋は、対戦相手から奪った駒を持ち駒にできたり、敵の陣地に入ると『成る』ことができるなど複雑なルールがあります。だから、欧米ではあまり浸透しないのでしょう。一方、欧米でも囲碁は競技人口が多い。ヨーロッパには『囲碁連盟』という組織があり、アインシュタインも愛好家として知られていた。1881年には、囲碁を扱った書籍が出版されていたそうです」

藤井聡太と同じような天才少年はチェスの世界にもいた。アメリカのボビー・フィッシャーは15歳でグランドマスターになっている。だが、欧米におけるチェスは、日本における将棋ほどの人気はない。藤井の歴代単独1位となる29連勝の記録樹立は、棋界だけでなく、日本国民にとって久々の明るいニュースだったのだろう。

菊池寛の将棋好き

D棋士が頷く。

「ここ新世界といえば、明治から昭和初期にかけての名棋士・阪田三吉の出身地です。村田英雄の『王将』は、東京の名人と対戦するときの阪田三吉の心情を歌ったものです。

〽明日は東京に出て行くからは
なにがなんでも勝たねばならぬ
空に灯がつく通天閣に
おれの闘志が　また燃える

この阪田を映画で演じたのが阪東妻三郎です。彼は型破りな演技で知られていますが、アドリブで対戦相手の役者の顔の前に駒を突き出し、面食らった表情を引き出した。それが阪田の指した手にとまどう棋士の心の内をよく表していて、大変な名シーンだと感じましたね」

東大で日本文学を専攻しているアルバイトの小暮君が言う。

「将棋好きの文豪といえば、菊池寛が有名です。菊池は高松藩の儒学者の家柄に生まれ、学費免除で東京高等師範学校に進んだものの、授業をサボったのが原因で除籍処分になります。その後、明治大学の法科などを経て、京都帝国大学文学部英文学科に進みます。その頃、叡山電鉄の始発駅である出町柳（でまちやなぎ）の床屋で、主人に将棋を教えてもらい、熱中するようになったそうです」

D棋士が串カツにかぶりつく。

「私の先輩が京大にいた頃、図書館に行くと、巻末のカードに菊池寛の名前がよくあったそうです。特にアイルランド文学の本には軒並みサインがあった。その頃の蓄積が、菊池の執筆活動に大きな影響を与えたのでしょう」

菊池寛はわれわれジャーナリストの先輩でもある。大学卒業後は時事新報社に入り、社会部記者となった。夏目漱石が死んだとき、近親者しか列席は許されなかったが、仲のよかった芥川龍之介が菊池をこっそり葬儀会場に入れてしまう。そして、翌日、葬儀の模様が『時事新報』に掲載された。葬儀を取り仕切っていた岩波茂雄はその優れた記事を読み、だったら最初から菊池を招けばよかったと思ったそうだ。

D棋士がビールを飲み干す。

「菊池は後に文藝春秋社を立ち上げますが、社長室に社員を呼び出しては将棋の相手をさせていた。うっかり菊池に勝てば、帰してもらえなくなり大変だったそうです。ある日、自殺を決意した芥川が菊池を訪ねるのですが、菊池は社員相手の将棋に夢中になっていて、芥川の来訪に気づかなかった。時を経ず、芥川は服毒自殺したのです」

「洒落将棋」

店を出て、D棋士に誘われるまま、近くのバーに行く。D棋士の友人でもあるマスターは囲碁愛好家だ。

「将棋と文学といえば、幸田露伴の『太郎坊』を思い出しますな。同じ長屋に住む熊さん、八っつぁんが、縁側に将棋盤を置いて、女房に蚊取り線香を焚かせ、酒をちびちび飲みながら指す。ただ、ワシとしては、将棋は囲碁より位が低いという感じがするな。川端康成の名作『名人』は、家元本因坊家の二十一世で、終身名人制の最後の名人である本因坊秀哉（しゅうさい）の引退戦を観戦し、それを膨らませて書いた作品や。これが実にいい。だが、将棋文学の金字塔なんてひとつも思いつかんやろ。将棋は庶民の娯楽やけれど、碁は神秘的な感じがする」

D棋士が苦笑いする。

「こいつはいつも将棋の悪口ばかり言う。でも、将棋の歴史は古いですよ。その起源は、古代インドのチャトランガと言われている。中国、朝鮮半島を経て平安時代の日本に伝わり、独自の発展を遂げた。徳川家康は将棋好きで、将棋が強い者たちを『名人』と呼んで保護しました。その後、庶民の間にも広く浸透し、銭湯で湯上がりの客同士が将棋を指すようになります」

小暮君がバーボンの水割りをする。

「今回の取材で知ったのですが、ただ将棋を指すだけではつまらないと、一手ごとにその手にちなんだ駄洒落を言う『洒落将棋』なるものもあるそうです。たとえば王手の際には、『会うて知らせり別れの辛さ』と言ったり、金と桂馬と香車を持っていたら、『金鶏鳥は唐のニワトリ』と言ったりする。金鶏鳥とは当時、庶民の間で飼うのが流行った鶏です。庶民の将棋では『待った』があるのも独特です。そのときには、『待っておくれと目に涙』なんて言ったそうですね」

　D棋士が勘定を頼む。

「江戸幕府が瓦解すると、保護されてきた棋士の食い扶持がなくなり、将棋は衰退の道を辿ります。また、日清戦争を機に麻雀が日本に持ち込まれ、大きなブームとなったことも影響します。しかし、その後、黒岩涙香が新聞『萬朝報』で詰将棋のコーナーを設けたのがきっかけで、庶民の間で将棋ブームが発生。それを見た棋士たちが、将棋で食っていくことに望みを託して作ったのが、今の『将棋連盟』です」

　マスターが最後に言った。

「今日はワシのおごりや。でも、ひとつ条件がある。次はワシが経営する囲碁クラブを取材してくれ。最近、客の入りが悪いんや」

　やはり、ここは大阪だった。

豊饒なる文庫文化

２０１７年、文藝春秋の社長が全国図書館大会で「図書館で文庫を貸し出すのはやめてください」と発言した。それが文庫市場の低迷に影響している可能性があるとし、読者に対しては「文庫は借りずに買ってください」と訴えた。

アルバイトの小暮君が資料を配る。

「文庫市場は２０１４年以降、年率約６％減と大幅な縮小が続いています。文庫は文藝春秋社の収益の30％強を占める最大の収益事業で、『週刊文春』などの雑誌事業を上回っているそうです。だから、文庫本の売り上げ低迷は死活問題なんですね」

もっとも、図書館の本の貸し出しは、出版物販売に負の影響を与えてはいないという研究結果もある。

フランス人記者が顎鬚を撫でた。

「オレは文藝春秋の社長の意見に賛成だ。そもそも文庫は、単行本として刊行された作品を、より広範な読者に対し、手に取りやすい価格で提供するものだろう。出版社からすれば、同じ作品を半分以下の値で売るわけで、たくさん売れなければ採算が取れない」

貧乏学生でもカントを買える

たしかにそうだ。図書館は、個人で入手するのが困難な本を、知識へのアクセスが社会にとって重要であるという理由で無料で貸し出している。高価な学術書や専門書の出版も、図書館の買い上げが生命線になっている。

しかし文庫は、そもそも誰もが容易に知にアクセスできるようにつくられたものだ。今の図書館は、誰もがいつでも買えるものを無料で貸し出し「市民のニーズに応えている」と勘違いしているのではないか。

イギリス人記者が同意する。

「民間がやるべきことと公の機関がやるべきことの区別がついてないんだな。貸し出し数が多ければ市民サービスの要求に応えたと思い、貸し出し数が少ないと税金の無駄だと勘違いする。だが、税金の正しい使い道は、民間の論理では成り立たないサービスを公の論理で提供することなんだ。公務員が民間と同じ論理で動くのは、民業圧迫以外の何物でもない」

先輩ジャーナリストのY氏が頷く。

「誰も借りないような難しい本を所蔵するから図書館は価値があるんです。文庫を無制限に貸し出すのは、文化の破壊につながると思いますよ。文庫は日本の読書文化の中核です。貧乏学生でもカントの『純粋理性批判』を買うことができる。図書館は無料だから、一見、貧乏学生に優しいようですが、肝心の版元がダメージを受けるなら、良書の出版が妨げられることになりかねません」

文庫の最大の魅力は、気軽に古典に触れられることだろう。文庫がなくなり新刊本ばかりになったら、薄っぺらい世の中になる。世界を見ても、古典を持たない国はバカにされている。一方、イタリアのように豊饒な文化、古典を持つ国は、経済的に停滞していようが一目置かれる。

日本には古事記、万葉集、源氏物語、平家物語などの古典があるが、われわれ西欧人が日本を重視する理由はまさにここにある。

小暮君が鞄から岩波文庫の『存在と時間』を取り出した。

「僕は今、ハイデガーを読んでいるんです。岩波文庫は日本で最初の文庫ですよね」

Y氏が首を振る。

「いや、新潮文庫のほうが先です。でも、休刊して、岩波文庫ができた後に復活している。岩波文庫の巻末に有名な『読書子に寄す』という創刊の辞があります。その中に、『吾人は範をかのレクラム文庫にとり』という一節がある。岩波はドイツのレクラム文庫を真似したのですね」

資料によると、レクラム文庫の創刊は1867年なので、明治維新の頃だ。岩波文庫の創刊は1927年、第一次新潮文庫は1914年である。

小暮君が身を乗り出す。

「なるほど、文庫という形態は日本独自のものではないんですね」

似て非なるペーパーバック

フランス人記者が唸る。

「だが、レクラム文庫の位置づけは、日本の文庫とは少し違う。ドイツは職人文化が根強いので、18歳で中等教育を終えてそのまま大学に進むのは一部のエリートだけだ。日本人はドイツと聞くとカントやヘーゲル、マルクスを思い出すのかもしれないが、レクラム文庫でそんなものを読むドイツ人はごく少数だ」

イギリス人記者はベトナム戦争を取材している。

「アメリカのペーパーバックも文庫に似ているが、やはり位置づけが違う。通俗小説が中心だし、読み捨てを前提にしているので、非常に安い紙を使っている。日本の文庫は非常にいい紙を使っているだろう。ベトナムでは基地間の移動のため軍用ヘリに乗ったことがある。その待合所に、大量のペーパーバックが並んでおり、何気なく1冊を手に取ったら、面白くて移動中に大方読み終えた。移動先の待合所に置いてきたが、兵隊たちもそうしていたようだ。日本の文庫より、あらゆる意味において〝軽い〟のがペーパーバックの魅力だろう」

それで思い出したが、「兵隊文庫」というものがあった。第2次世界大戦中にアメリカの戦時図書審議会が兵隊の娯楽、教育のために発行した小型のペーパーバックで、発行点数は1322点、発行部数は1億2300万部に上ったという。古典をはじめ、通俗的な恋愛小説やSFなども含まれており、軍隊に入るまで読み書きがほとんどできなかった若者が、これで国語力をつけたという。

Y氏がほほ笑む。

「若者はこうして知に触れるんだ。一昔前まで、男子大学生はズボンの後ろポケットに文庫を突っ込んでいた。文庫を持ち歩かない学生なんていなかった。岩波文庫以外にはアテネ文庫をよく読みましたな。教養主義的なラインナップが多かったが、大半が日本の作品だった。平均して100ページほどなので、薄くて持ち歩きに便利だったな」

『ビルマの竪琴』を書いたドイツ文学者の竹山道雄は、一高の授業で「昔の一高生はレクラム文庫を一晩に一冊読んだと言われるが、君たち、あんな話を信用しなさんな」と言っていたそうだ。一高出身者がそんなに優秀なら、官僚として国を動かすようになったときに、軍国主義にはならなかっただろうと。当時の若者もハッタリをきかせていたところがあるのだろう。

小暮君が気まずそうな顔になった。

「すいません。白状します。『存在と時間』は最初の10ページで挫折しました。半年以上、鞄に入ったままです」

第5章

日本のジャーナリズムの弱点

新聞社説の劣化

昔の特派員仲間でミネソタ州出身の男が、某大学で教鞭をとっている。今回は彼のゼミにゲストとして呼ばれ、日本の新聞の現状について話すことになった。

教室に入るなり、ゼミ生からいきなりキツイ質問が飛んできた。

「『東京情報』いつも読んでます。デンマンさんって、実在の人物だったんですね。イザヤ・ベンダサンみたいに日本人が原稿を書いていると思っていたのですが」

いや、御覧の通りここにいる。しかし、山本七平を知っている若者も最近は少なくなったのだろう。

教授のロバート（仮名）の注文どおり、社説の劣化について話した。

例えば、2013年10月22日の毎日新聞の社説「貿易赤字の拡大」は、原発停止で火力発電の燃料の輸入額が膨らんだことなどが要因となり、2013年度上半期の貿易収支が過去最大の赤字となったことを「問題」だと指摘している。不可解なのは、続けて「貿易赤字の縮小に向け、火力発電の燃料の輸入を減らすため原発の再稼働を急げという議論があるとすれば短絡的だ」と論じていること。では一体どうすればいいのか。結論は「長い目で影響見極めよ」とのこと。何が言いたいのかサッパリ分からない。

部数が圧倒的に多いから…

メディア論を教えるロバートが頷きながら言う。

「同じ日の朝日新聞の社説『医学部新設　医師偏在をなくすには』もひどい。日本の医療は徹底的に治療する『とことん型』が中心だったが、これからは複数の病気を抱えた高齢者を対象とした『まあまあ型』の医療の需要が増える、との某大学教授の言葉を引き、医師が不足している地方で医療を拡充すべきと言う。しかし最後には『医療界では「偏在是正に国が医師を強制的に配置するのはおかしい」といった意見が根強く、効果は不透明だ』とし、医師の仕事は公共性が高いのでこの二つにどう折り合いをつけるかが大事だとまとめている。これでは何も言っていないのと同じだ」

こういう中途半端な社説は本当に多い。エラそうなことを言っておきながら、最後は「今後とも注視していくべきだ」「波紋を呼びそうだ」などと主語のわからない形にまとめる。

日本の新聞の社説がこうなる理由は、部数が圧倒的に多いからだ。朝日新聞は公称約800万部だが、欧米の新聞はせいぜい数十万部である。800万も読者がいれば、様々な意見を持った人間がいる。社説で明確な意見を述べると読者が減る可能性があるので、当たり障りのないことしか書けないのだ。

　ロバートがマイクを握った。

「欧米の新聞の社説は『オピニオン』、つまり『意見』なんだ。ドイツやイギリスの新聞の社説は、明確に意見を述べている。スイスの『新チューリッヒ新聞』には社説はないが、報道自体が意見になっている」

　欧米の新聞の社説は基本的に署名入りだ。また、ゲストオピニオン、つまり外部の人間が社説を書くこともある。そこでは執筆者個人の意見がはっきりと示される。日本の新聞が社説に反する意見を投書欄に載せることはほとんどないが、ドイツでは社説の反響を読者に公表し、執筆者を名指しで批判する投稿も掲載する。そこから読者と執筆者の議論が発生するのだ。

　ロバートが頷く。

「読者の質も欧米と日本では異なる。欧米では、社説に対し理路整然と反論する読者がいて、新聞側が負けることもある。だから、社説を書くほうも必死なんだ。投書欄には、各界の専門家や大学教授などが投稿しており、朝日新聞のように主婦、無職、学生、高齢者ばかりといったことはない。オスプレイの配備に対し、『うちの子供が音が大きくて怖がっている』といったくだらない投書は間違っても載ることはない」

ぬるま湯

講義の後は質疑応答の時間だ。最前列に座っている女の子が挙手した。

「私たちメディア関係に就職しようと考えている学生のために、デンマンさんの修業時代の話を教えてもらえませんか?」

相当昔の話だが、いいかい。1960年代、私が若かった頃、『ニューヨーク・タイムズ』の編集部に見学に行ったことがある。大部屋に机が並べられ、まるで夕立のようにタイプライターの音が鳴り響いていた。大部屋には効能がある。例えば、ある作家が文学賞をとったとする。それが何年ぶりの受賞なのかわからないときは、「彼の受賞は何年ぶりだー?」と叫ぶんだ。すると遠くから「10年ぶりだ!」と答えが返ってくる。情報が完全に共有財産になっているわけだ。

ロバートもアメリカの新聞社でアルバイトの経験がある。

「社内の空気が違うんだ。日本の新聞社は非常に近視眼的だよ。中国で文化大革命が発生したとき、朝日新聞は暴力はなかったと書いていた。彼らは恥ずかしくないのか?」

同じく最前列に座っている男子学生が手を挙げた。

「先輩から聞いた話ですが、新聞社は優秀な人材を官庁に配属するそうです。そして彼らは官庁から情報をもらって楽をするようになる。結果、差し障りのない記事しか書けなくなるとのこと。

出世して論説委員になれば、退職後は大学教授にでもなって悠々自適に暮らしていける。これが劣化の原因ではないですか？」

先ほど言い忘れたことがある。日本の新聞は宅配制度に依存しているが、欧米の新聞は駅のキオスクや街角で販売される割合が大きい。だから人目を惹くためにはっきりした見出しを付ける。それに、日本の新聞の社説は論説委員が話し合って内容を決めるため、どうしても主語が曖昧になる。せめて「我が社はこう考える」と書くべきだ。

先ほど質問した女の子が言う。

「毎年8月15日には『戦争を忘れてはいけない』という社説が掲げられます。先日の朝日新聞には『野党は論戦力を磨け』との社説がありました。これは論説委員が改めて説教しなければならない話なのでしょうか？」

現在の新聞の立場は苦しい。第一報がすぐにネットに流れ、首相自らがフェイスブックで発信するような時代だ。こうした中、十年一日の社説を垂れ流していても意味がない。論説委員は給料ではなく原稿料で暮らしてみてはいかがか。切迫感がなければいい原稿も生れない。論説委員がぬるま湯に浸かっていれば、社説がぬるくなるのも当然だ。

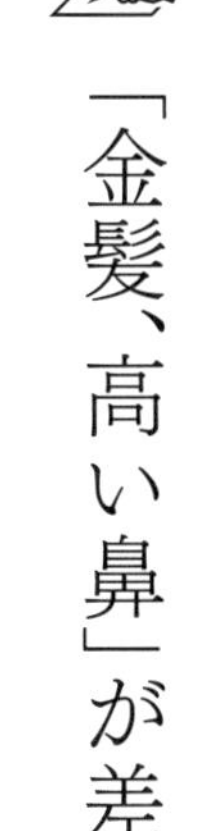

「金髪、高い鼻」が差別だって？

全日空が始めたテレビＣＭに苦情が寄せられ、放送が中止されたという。羽田空港の国際線増便をアピールする内容で、日本人タレントが金髪のかつらをかぶり、鼻を高くした変装で会話するシーンがあったそうだ。これに対し、主に外国人から「人種差別的だ」とのメールが寄せられたとのこと。

さっぱり意味がわからない。これが人種差別になるなら、お笑い芸人はコントもできなくなる。欧米のドラマや映画には「出っ歯、眼鏡、七三分け」といったステレオタイプの東洋人が登場するが、あれもすべてＮＧになるのか？

フランス人記者が吐き捨てる。

「それこそコントだな。まさに今の時代の余裕のなさを示している。一体誰がこの件で怒っていると言うのか。人種差別という強い言葉を使って文句を言うなら身元を明かすべきだ。全日空は批判を『真摯に受け止める』と言っていたが、こんな与太を相手にすれば、非を認めてしまうことになるぞ」

所変われば品変わる

特派員仲間の会合に遅れてきた日本オタクのベルギー人記者が話に加わった。

「日本人は、欧米人に憧れることはあっても蔑視したことはないと思う。むしろ必要以上に欧米の文化や制度を取り込んできた。金髪や高い鼻を魅力的なものだと感じるからこそ、アニメに登場する美形キャラは金髪が多いし、かつては金髪キャバクラも流行した。髪の毛を金色に染めたり、鼻を高くする整形手術を受ける人もいる」

部下のラッセル君が反論する。

「でも、欧米の女性は金髪で高い鼻を必ずしも肯定的に捉えていない。それに日本人の漆黒の髪に憧れている人も多い。僕が一時期ベルリンにいた頃、日本人女性の髪が注目されていて、金髪を黒く染める広告もたくさん出ていた。逆に、サッカー選手の本田圭佑のように、黒髪を金色に染めている日本人を見ると、『どうしてそんなにもったいないことをするのか』と疑問に思われるかもしれない」

日本には〝所変われば品変わる〟という言葉がある。ドイツにも〝国が違えばしきたりが違う〟という言葉がある。イタリアはラテン文化、ドイツはゲルマン文化なので、価値観も考え方も違う。同じドイツでも、南のミュンヘンでは2リットルのジョッキでビールを飲むが、北のハンブルクではシュナップと呼ばれるジンをよく飲む。環境が異なれば、好みの酒も、なにを不快に感じるかも異なる。

つまり、他者と自分の間には絶対に埋まらない溝がある。それを前提とした上で、お互いに意見を主張し歩み寄ることが必要なのであって、齟齬（そご）が発生した途端に「人種差別だ！」と一方的に非難すれば、どんどんギスギスした社会になっていく。今回の件を笑い話として捨て置くべきではないだろう。

フランス人記者が2本目の缶ビールを開けた。

「だから今回の全日空の対応は論外。日本企業は変なクレームでも受け入れるという悪しき前例になりかねない。人種差別という言葉に怖気づいてCMを引き揚げるほうも情けないが、おかしなクレームをつける人間も品がないよな」

白人が日本人に劣等感？

出前の鮨桶が運ばれてきた。缶ビールが足りなくなったので、ラッセル君が近所の酒屋に買いに出かけた。

ベルギー人記者が言う。

「僕が今はまっているのはＮＨＫラジオの『カルチャーラジオ』という番組。文学作品の朗読コーナーがあって、芥川龍之介の作品が読まれたりする。中国を指す『支那』という言葉も普通に出てきて、番組の最後に『今日では使われなくなった言葉もありますが、原文のまま読みました』というアナウンスが入る。こうした作品を聴くと、日本にも昔は言葉狩りのない自由な時代があったのだなと思います。中国人は『支那』と呼ばれると怒りますが、それは彼らの無知に起因する問題。しかし、本当のことを言うことが許されないような空気が今の日本を覆っています」

フランス人記者が髭を撫でる。

「まあ、その通りだな。狂言に〝三人片輪〟という作品がある。登場人物が酒盛りをする話で、面白いのだが雑誌メディアでは使うことができない言葉が頻繁に登場する。『目が見えない人、口がきけない人、足が不自由な人』といった遠まわしな表現になってしまうからな。こうして文化が一つ失われるのだ」

ベルギー人記者がオタクの本領を炸裂させた。

「日本は戦時中、巨人のヴィクトル・スタルヒンを須田博と改名させた。ストライクは『よし』、ボールは『ダメ』と表記。今の人はバカバカしい話だと思うかもしれませんが、まったく同じことが今の日本で発生しているわけです。戦時中の言論統制を批判し、言論の自由を叫んでいる左翼の連中が、率先して言葉狩りをやっている。バカとしか言いようがありません」

ここで私は仮説を述べておこう。

今回の一件は、白人が日本人に対し劣等感を感じ始めた兆候なのではないか？

今は世界中どこに行っても日本製品があふれている。ヘルシーな日本食に注目が集まり、日本の漫画は世界標準になった。日本の景気が好調な一方で、ユーロやドルは依然として不安材料をかかえている。

これまでは自分たちが歴史の先端を走っていると信じることができたが、新自由主義路線も隘路にはまり、欧米人は自信を失いつつある。だから、精神に余裕がなくなり、瑣末なことでも差別だと感じてしまうのだ。

フランス人記者が頷く。

「日本人はこれを教訓にしてより大きな問題が発生したときに備えるべきだな。難癖をつけることを正義だと信じている連中が世界には大勢いる。いつまでも性善説を唱えていると、落ち目になった奴らの道連れになる」

ラッセル君が缶ビールの入ったビニール袋を持ち、憤慨しながら戻ってきた。

どうしたの？

「酒屋のおじいさんが身分証明書を見せろと言うんです。金髪に染めた不良少年がビールを買いにきたと。ひどいよ」

異文化理解はなかなか難しい。

女の涙、男の涙

理化学研究所の小保方晴子ユニットリーダーのSTAP細胞の論文をめぐる会見で、気になったことがあるので指摘しておこう。

今回、メディアで散見されたのは、「彼女は女の涙を利用した」という論調だ。それにより、彼女に対する同情論が一気に広がったというわけだ。

同時に語られたのは、「リーダー、あるいは責任者たるもの、人前では泣くべきではない」という意見だ。

先日失脚した「みんなの党」の渡辺喜美は、大臣時代に法案が通ると安堵したのかポロポロと涙をこぼした。自民党の加藤紘一は党内で反乱を起こし失敗して泣いた。橋下徹は市町村長との意見交換会で泣いている。民主党代表の海江田万里も大臣時代に泣いた。「こうした政治家に国を任せて大丈夫なのか？」という声が広がったのも無理はない。

世界中のトップが泣いている

しかし、意外かもしれないが、外国の政治家も泣いているのだ。「アメリカでは、わずかでも涙を見せようものなら、政治家としての資質を疑われる」というのは俗説だ。

たとえばオバマは、「emotional meister（感情の巨匠）」と揶揄されるほど、よく涙を流している。大統領選の投票日前日のスピーチで泣き、ニュータウンという街の小学校で銃乱射事件が発生すれば泣き、涙が止まらなくなって演説を中断したこともあった。

ビル・クリントンも任期中に泣いた。女房のヒラリーは、女性有権者から「どうして、いつもそんなに綺麗なんですか？」と聞かれて、「保つのは簡単なことではない」と言いながら泣いた。さすがに、「ハリケーンでもイラクでも泣かなかった政治家が美容に関することで泣くなんて」と皮肉を飛ばされていたが……。

アメリカの政治家は、ウッドロウ・ウィルソンのように、理念先行型で感情的な政治家が多いのだ。「核なき世界」などと女子高生のような夢を語るオバマはその代表格だ。

一方、ヨーロッパの政治家はリアリストが多いので、現役中に泣くことは少ない。

ヨーロッパでは涙は常に平民の人生と共にあるものだった。すなわち、貧困と酒である。18 30年代のロンドンではトウモロコシから蒸留酒を製造する技術が完成し、安酒が大量に手に入るようになった。亡命中のマルクスが、大英図書館に毎日通い片っ端から本を読み、『資本論』を書いていた時代、「切り裂きジャック」が売春婦の喉を掻っ切って殺していた時代に、人々は泥酔して涙を流したそうだ。ヨーロッパの上流階級が涙を嫌う一因はここにあるのかもしれない。

それでも、意外な政治家が泣いていたりする。文字通り、血も涙もないと思われているロシアのウラジーミル・プーチンは、大統領選で再選された際に泣いた。これには、世界中の人が「プーチンの目にも涙」と驚いたものだ。

戦後ドイツで16年にわたり首相の座に就いたヘルムート・コールも泣いている。「鉄の女」と呼ばれたマーガレット・サッチャーも、引退声明を出したときに泣いた。世界中のトップが泣いているのだ。

七面鳥と孔雀

日本人と涙の関係は、単純なものではない。時代によっても、その意味合いは変わってくる。たとえば、日本は昔から女の涙に寛容だったわけではない。そして、女の側も涙の安売りなどしなかった。

公の前で涙を流したのは大衆だけだ。大衆演劇の浄瑠璃では涙が鍵になる。『忠臣蔵』は、仇討ちの芝居だと思われているが、あれは、再三の別れの芝居である。四段目には君臣の別れがあり、六段目には夫婦の別れがある。自分の妻が女郎になり、「金は女房を売った金」と泣きながら夫の勘平は腹を切る。さらに九段目には親子の別れがある。これだけ〝お涙頂戴〟のシーンをつくったからこそ、『忠臣蔵』は大衆に受けたのだ。

女性の涙が一般に持て囃されるようになったのは、明治時代になってから。小説家の斎藤緑雨は、「涙ばかり貴きは無しとかや。されど欠(あく)びしたる時にも出づるものなり」と、涙ブームを揶揄したほどだ。

「日本人は男の涙に厳しい」という説も怪しい。

高校野球では、試合で負ければ、応援団と保護者がワンワン泣き、グラウンドでは球児が砂を掻き集めながら泣いている。公衆の面前で泣くことを恥だと思っていないわけだ。

一方、〝戦略的な涙〟も存在する。

『卒業』(松本隆・作詞)は、1985年に発売された斉藤由貴のデビューシングルだ。

〽ああ卒業式で泣かないと
冷たい人と言われそう
でももっと哀しい瞬間に
涙はとっておきたいの

小保方さんは、自分の涙の意味を理解していた。女はうまく泣くことができるのである。すべての生物には攻撃抑制システムが備わっている。このシステムを発動すると、相手はそれ以上攻撃できなくなる。猫なら、しっぽをお腹側に丸め込んだり、股に挟んだりする。犬ならべタっと床にへばりつく。小保方さんが使った「女の涙」は、攻撃抑制のためのシグナルなのだ。

イスラエルのワイツマン基礎科学研究所のゲルシュタイン博士が、女性の涙を24人の男性に嗅がせ、脳の働きに変化があるか実験を行ったところ、実に7割以上の人が、心拍数や呼吸が落ち着き、男性ホルモンの一種である「テストステロン」の濃度が低下したという。

だから、小保方さんの涙を見て、男性記者の勢いが萎えたのは科学的根拠があるのかもしれない。もっとも、攻撃抑制シグナルが通用しないケースもある。オーストリアの動物行動学者コンラート・ローレンツは、『ソロモンの指環』で七面鳥の喧嘩について書いている。

七面鳥は負けそうになると、腹ばいになり首を長く伸ばす。悲惨なのは孔雀と闘ったときだ。攻撃抑制シグナルを出しても、異種である孔雀はそれを理解できない。そして無防備になっている七面鳥を、ここぞとばかりに突いてくる。七面鳥はさらに攻撃抑制シグナルを出そうとして無防備な姿勢を続け、しまいには命を落としてしまう。

記者会見に集まるのは七面鳥ばかりではない。そこに1羽の孔雀が紛れ込んでいれば、小保方さんにとっては命取りになるかもしれない。

取調室の「浪花節」

警察行政に対し厳しい意見を突きつけてきた先輩ジャーナリストのＹ氏が、私の事務所に顔を出してくれた。

「ミスター・デンマン。今、取調室から〝浪花節〟が消える可能性があるんだ」

どうもこういうことらしい。

新しい捜査・公判のあり方を検討している法制審議会が、警察と検察に取り調べの全過程の録音・録画を義務付ける答申案を決定。裁判員裁判対象事件と検察の独自捜査事件が対象になるとのこと。また、司法取引の導入も答申するそうだ。

今年85歳になるＹ氏は、足が不自由だが、矍鑠(かくしゃく)としている。

「可視化の目的は、容疑者の人権を保護し、冤罪を出さないことだという。しかし、それを最優先すると、警察の士気を落とすことになる。それに、刑事も容疑者も演技をするようになるだろう。でも大事なことは、人情や本音でぶつかりあうことなんだ。二・二六事件もあさま山荘事件も、投降させるときの文句は『親が泣いているぞ』だった。たとえ法治国家でも、人情で容疑者を落とすというダブルスタンダードは必要なんだ」

テレビが現実を映さないのと同様、取り調べの状況を録画しても、真実が映し出されるとは限らない。

司法取引は卑劣な行為

それに、司法取引も日本の文化にそぐわないと思う。日本人には「潔さの精神」が根付いている。悪しき者は捕まった以上、自らの罪を反省し、それ相応の罰を受ける覚悟を持つ。江戸時代、法廷が置かれた場所を「お白州」と呼ぶのも、潔白な場として捉えられていたからだ。司法取引は日本人の感覚からしたら裏切りであり、卑劣な、もっとも慎むべき行為なのだ。

Y氏がニヤリと笑う。

「ミスター・デンマン。あなたは日本人以上に日本人に詳しいようだな。取り調べの浪花節の源は、江戸時代の岡っ引きだとワシは思う。要するに、町奉行所の末端を担った非公認の協力者だ。彼らはヤクザや的屋(てきや)のような者だが、こうした地元の顔役が街の治安を守るのに、役に立っていたという側面はあるな。こういったグレーゾーンの部分を排除すると危ない」

たしかに警察とグレーゾーンの人間には複雑な関係がある。マル暴担当の刑事はヤクザと見分けがつかない。しかし、ああいった態度まで人権派の槍玉に挙げられたら、日本の治安は余計に悪化することになる。

Y氏は事務所のソファーにもたれかかり目を瞑った。

「1945年の敗戦により、アメリカの政策が日本に押し寄せたわけだが、真似てはいけなかったのが警察行政だ。アメリカの州警察を真似て作った国家地方警察も、保安官のような自治体警察も、日本ではまったく機能しなかった。各市町村長が自治体警察の署長を任命するので、賄賂の受け渡しが横行し、ヤクザに近い地元の顔役が選ばれる。それで、国家地方警察が自治体警察の署長を取り締まるという滑稽な状況になってしまった」

街と街の間に荒野が広がるアメリカの警察制度を、そのまま日本に導入しても意味がない。50年代には自治体警察は道府県警察に吸収され消滅したそうだが、そうなるのも当然だ。

カツ丼一杯で自供

Y氏の追憶は続く。

「ワシが新聞記者になったばかりの頃、警察回りをやっていた。戦後間もない僅かの期間、大阪市警視庁というのがあってな。そこがエロ映画の一斉摘発をやったのだが、その後、記者クラブのメンバーが警視総監室に呼ばれて、上映会をやったんだ。いい加減な時代で楽しかったな」

しかし、戦時中の特別高等警察には怖いイメージがあるが……。

Y氏が頷く。

「特高は殴るときは思いっきり殴る。『改造』や『中央公論』の編集者らが約60人も不当に逮捕された言論弾圧事件があった。横浜事件だ。容疑者を裸にして縛り上げ、革の靴や竹刀で殴って失神させたりな」

押してダメなら引くこともある。聞いた話によると、昔の日本の取調室には机も椅子もなかったという。容疑者を畳の上で正座させ、ひたすら紙縒(こより)(紙を細く裂き縒(よ)り合わせた紐)を作らせる。しっかりやらないと怒鳴りつける。単純作業をさせながら問い詰めると、やがて話すようになるそうな。そして自分の人生を全部語らせて最後にハンコを押させる。

Y氏が軽く咳をした。

「犯行事実以外の部分を追及するのが大事なんだ。ジャーナリストもそうだろう。なぜ、犯罪者の生い立ちや親族関係を追いかけるのか。人格形成の源流を辿るためだ。親の素性や学歴や育ち、生れた土地や血統まで追う必要がある。しかし、取り調べを可視化して、『お前は在日だろう』とやれば、今度は刑事が糾弾される。そしたら、世の中は真っ暗だ」

そもそも容疑者であるという時点で、怪しい人間なのだ。「疑わしきは罰せず」とはいうものの、疑わしき人間を尊重するのはおかしい。常軌を逸した人間に対して、常識的な対応をとってはいけない。容疑者の人権を守ることが、被害者の人権を踏みにじることにつながる危険もある。

取り調べの可視化こそが「善」だと騒いでいる新聞社の編集過程こそ可視化したほうがいい。

Y氏が笑う。

「刑事ドラマの取り調べにはカツ丼がつきものだろう。黙秘を続ける容疑者の腹がグーッと鳴る。すると、厳しかった刑事が一転、『カツ丼でも食うか？』と。すさんだ生活を送り愛に飢えていた容疑者は、刑事がポケットマネーで注文したカツ丼を涙を流しながら食べる。そして自供を始める。あなたは別だが、普通の外国人があれを観たら、カツ丼一杯で自供するのかと鼻で笑うだろうな」

もちろん、実際に刑事がカツ丼をおごることはないだろう。容疑者に対する利益供与になるからだ。しかし、相変わらずドラマでこうしたシーンが繰り返されるのは、国民が〝浪花節〟を求めているからではないか。

Y氏が腕時計を眺めた。

「しかし、ポケットマネーでカツ丼をおごるくらいいいじゃないか。黒澤明の『野良犬』では、志村喬演じる老刑事がアイスキャンデーを渡して聞き込み調査する。あれを〝物で釣る〟といって非難するなら刑事も身動きができない。ところでミスター・デンマン。向かいの蕎麦屋からカツ丼の出前でもとらないかね」

もちろん、私が支払うのだろう。これも浪花節である。

きれいごとばかりの新聞

2014年、長崎県佐世保市で猟奇殺人事件が発生した。

犯人の少女は、同級生の女子高校生を殺害後、頭部などを切断。極めて異常な事件であり、かなり早い段階から精神を患っていた可能性が高い。

いまや貧困や片親などの社会的因子で発生する犯罪は少なくなっている。青少年の凶悪犯罪数は戦後最低水準であり、比較的安全な時代と言っていい。

にもかかわらず発生するのが、サイコパスの犯罪だ。サイコパスとは、反社会的人格の持ち主を表す言葉で、冷酷・無慈悲・尊大・良心の欠如・罪悪感の薄さなどが特徴だ。確立された治療法はない。

残念なことだが、一定の確率で今回の少女のような人物は生まれてくる。

しかし、新聞を始めとするメディアは、相変わらず頓珍漢な報道を繰り返していた。各紙に並んだのは「実らなかったいのちの教育」といった見出しばかり。2004年に小学6年の女児が同級生に殺害された事件を受け、佐世保市教育委員会は6月を「いのちを見つめる強化月間」として市立小中学校で道徳の公開授業を行ってきたという。

長崎県知事は「二度と痛ましい事件を繰り返さないという思いで取り組んできたが、結果的に取り組みに足りないことがあったのではないか」と述べたそうな。

結局、彼らは「きれいごと」で済ますつもりなのだろう。

人間の世界は悪を含む

冗談ではない。人を殺す可能性がない健全な青少年に対し、「いのちの教育」をする意味がどこにあるのか。必要なのは、サイコパスの早期発見と隔離収容である。

今回の一件は事件の前兆が十分にあったわけだ。

犯人の少女はネコの解剖を行い、父親をバットで殴ったこともあった。小学6年生のときには、ベンジンや漂白剤、洗剤を水で薄めてクラスメートの給食に混入させている。これは完全にテロである。

2014年6月には、少女を知る精神科医が、長崎県佐世保こども・女性・障害者支援センター(児童相談所)に「このままでは人を殺しかねない」という趣旨の相談をしている。

結局、今回の件は、頭がおかしいガキを野放しにしてきた報いなのだ。「子供を被害者にも加害者にもさせない」などといった人畜無害なスローガンを掲げ、思考停止に落ち込んでいた人々の怠慢が、悲惨な事件を招いたのだ。

新聞がやらなければいけないのは、具体的に少女のエピソードを積み上げ、犯罪者の特徴を浮かび上がらせるのと同時に、教育関係者や児童相談所の対応の甘さを追及することだろう。

もう一つ、大事なことがある。

世の中には常人が理解できない犯罪が存在するということだ。人間の世界は悪を含むものである。東京都三鷹市でタレントの卵の女子高生を刺殺した池永チャールストーマスは裁判で笑みを浮かべていた。要するに、「こころの教育」では、犯罪は防げないのだ。

それを正面から教えるのが教育ではないか。

しかし、社会は理由付けをしないと納得しない。メディアも読者を不安に陥れるのを嫌う。だから事件の原因を無理矢理作る。そこで、社会や環境の問題に摩り替えたり、アニメの影響などを喧伝する。しかし、そうした理由で殺人を犯す人間は例外中の例外だ。

平和を叫べば平和が実現する?

もっとも新聞記者もバカではないので、その程度のことはわかっている。内心では、「世の中には悪いやつがいて当然だ」と思っている。

しかし、本当のことは書かず「きれいごと」を並べる。

「命」を「いのち」とひらがなに直したり、関係者の毒にも薬にもならない発言を拾う。

欧米のメディアは殺人犯を徹底的に批判する。

それが命の大切さを訴えることにつながる。しかし、日本では被害者と加害者をひとまとめにして、「命を大切に」などと問題を抽象化してしまう。

なぜこうなるのか?

毎年8月になると、新聞の紙面は「きれいごと」で埋め尽くされる。夏の甲子園がはじまるからだ。「光る汗」「こぼれる涙」「男らしく」「切磋琢磨」「気迫の投球」「最後の夏」といった大きな見出しが並ぶ。高校球児が列を組んで入場すれば、テレビのアナウンサーは必ず「堂々と」と付け加える。毎年毎年、ほめてほめてほめてほめちぎる。

報道機関として異常としか言いようがないが、こうしたことをやっていると、変な癖がついてくる。物事の本質が見えなくなり、思考が完全に停止する。

山本七平は「日本人は全員日本教の信者である」と言った。

日本人は潔く死ぬサムライを好む。だから、熱中症患者が出ようが、炎天下の高校野球を応援する。これは大東亜戦争で玉砕した若い兵士に対する称讃と、なにも変わらない。「美談」に異論を挟むことは許されないのだ。

記者クラブ制度の弊害も大きい。特オチ(他の報道機関で報道されている大きなニュースを落としてしまうこと)の危険が減るかわりに、上からの発表を記事にするだけなので役所の広報誌に近づいていく。役人が予算の発表の時期について告知すれば、各社は取材を取りやめる。変な記事を書いたら、自社だけ予算の詳細について教えてもらえなくなるかもしれないからだ。

新人記者は最初に地方支局にまわされる。そこで記事を書くと、上司が修正する。記者に求められるのは独自の視点ではなく、万人が納得する「きれいごと」を恥じらいもなく書く能力だ。そして、先輩のやり方を忠実に模倣しているうちに、ある日、「お前は一人前になった」といわれて本社に戻り昇進する。この悪循環が緩い記事を生む。

また、日本には言霊信仰がある。

悪いことを口に出すと悪いことが発生すると考える。そこに、平和を叫べば平和が実現するという妄想が発生する。

それと同様、命の大切さを訴えれば、命が粗末にされない社会がやってくると考えるのも妄想だ。

新聞はこうした連中に寄り添い、世の中を余計に悪くするための「きれいごと」を日々垂れ流しているというわけだ。

新聞と国益

朝日新聞が過去の「従軍」慰安婦報道の過ちをやっと認めた。彼らは、慰安婦にするため済州島で女性を強制連行したとする吉田清治のデマを30年以上にわたり垂れ流してきたわけだ。

また、慰安婦と女子挺身隊を混同して報道し、「何も知らないかよわい韓国の少女たちを日本軍の餌食にした」という物語をでっちあげた。しかも、検証が進み、強制連行説の根拠が破綻してもなお、誤報を放置してきたのである。

朝日新聞といえば、自国を貶める報道で国際的にも知られているが、その歴史を調べてみると面白い。

昭和16年、日本は対米戦争に踏み切った。すでに日本は、ヒトラー率いるドイツ、ムッソリーニ率いるイタリアと日独伊三国同盟を結んでいた。ヒトラーは国民を掌握するために、青少年を対象とした「ヒトラーユーゲント」を組織したが、これを一番持ち上げたのが朝日新聞だった。

また、日本でもヒトラーユーゲントを模した「大日本青少年団」という組織がつくられたが、そこにナチスはヒトラーユーゲントの人材を派遣してきた。そのときの朝日新聞の喜びようは尋常ではなかった。他の新聞社と比べても、朝日新聞のナチス讃美は突出していたのだ。朝日新聞は戦前・戦中は「右向け、右」だったが、戦後はころっと「左向け、左」に変わったわけだ。

言論テロ

朝日新聞の発行部数は約730万部だが年々落ち続けている。今回の誤報事件で、一段と部数は減るはずだ。朝日新聞には、「声」という投書欄があるが、そこに今回の件についての投書が掲載されているのを見たことがない。批判の投書が殺到しているのは間違いないと思うが、掲載する余裕もないのだろう。

西欧のクオリティペーパーには、朝日新聞のような巨大な発行部数を誇るものはない。イギリスの「タイムズ」、フランスの「ル・モンド」、ドイツの「フランクフルター・アルゲマイネ・ツァイトゥング」も、何十万という単位だ。これは宅配制度がないからだ。そこに安住してきたのが、朝日新聞である。

彼らは戦前、戦後を通じて、高学歴者を対象にする高級紙を自称してきた。しかし、その実態は歴史的事実でさえ捏造、脚色し、アジテーション、煽動を行う大衆紙そのものだった。フランス語では「大通り」を「ブールバール」という。「ブールバールニュースペーパー」なら、大通りのキオスクに置いてあるような新聞のことだ。

日本でいえば「東京スポーツ」「日刊ゲンダイ」「夕刊フジ」のようなもの。これらの新聞の内容は、お涙頂戴の物語だったり、根拠のないゴシップ記事だったり、読者の憤りを過剰に煽るものが多い。朝日新聞にしたところで、それらと大差はない。

戦後、朝日新聞は一貫して反米容共のスタンスをとってきた。しかし、共産主義国自体が消滅したり、その犯罪性が明らかになると、彼らは自らの存在意義を見失ってしまう。

それで朝日新聞は反日に特化して、生き延びようとしたのではないか。

西欧の新聞でも、メディア間の見解の違いは当然ある。イギリスなら保守的な「タイムズ」と左翼的な「ガーディアン」の論調は違う。しかし、国益を守るのが前提であり、近隣の対立国に有利になるような報道は控える。これはどこの国でも同じだ。

ところが、朝日新聞には先進国のジャーナリズムが持つ成熟した国益観念がない。朝日新聞の報道は、対立国に自国の弱点を伝える「ご注進ジャーナリズム」であり、火のないところに火をつけて歩く炎上商法である。今回の慰安婦に関する過去の報道の撤回も、全面的に間違いを認めて謝罪したわけではない。単に嘘にまみれた自虐報道を続けても儲からなくなってきたので、方針転換しただけだろう。これは、ジャーナリズムの劣化としか言いようがない。

慰安婦報道に限らず、朝日新聞の過去の報道はすべて検証したほうがいい。南京事件に関する朝日新聞の報道も明らかに歴史的事実と異なるものが多い。

私は別に旧日本軍の肩を持つつもりはない。強制連行や虐殺が事実であるなら、証拠を提示し、徹底的に責任を追及するのがジャーナリズムの役割である。しかし、当のメディアが、事実そのものをねじ曲げ、金儲けを目論むのなら、反社会的組織による言論テロだと看做されても仕方あるまい。

奇妙な自虐性

朝日新聞はデマを根拠に「日本の兵隊は残虐なことをした。謝れ」と言い続けてきた。しかし、報道が事実無根であることが明らかになっても、自分たちは決して謝らない。

朝日新聞の嘘を見抜き批判してきた人々は、逆に「歴史を歪曲するのか！」と罵倒されてきたのである。また、「朝日新聞に書いてあるから」という理由で、慰安婦の強制連行説を信じ込み、心の傷を負った人が大勢いるのだ。

朝日新聞が正式に謝罪しない限り、検証にはなんの意味もない。ジャーナリズムが第4の権力であることを忘れてはならない。

日本軍には慰安婦を調達する部署は存在しなかった。山本七平は「日本の軍隊はやれと言われたことは死んでもやるけど、やるなと言われたことは死んでもやらない」と言っていた。そして、1993年の政府調査で二百数十点に及ぶ公式文書を調べた結果、慰安婦の強制連行を示す資料はひとつもなかったのである。

外国人の私から見ると、こうした日本人の自虐的な部分は奇妙に見える。太宰治の「生れて、すみません」ではないが、自分を卑下するメンタリティーが染み付いている。

これは東京裁判に根があるのではないか。東京裁判は、終戦に至るまで日本がすべて悪だったとする歴史観に貫かれている。ドイツ人は戦争責任をすべてナチスに押し付けたが、日本は逆に一億総懺悔したのだ。その結果、自国の悪口を言ったり、自国の軍隊を叩くことが「良心的」ジャーナリズムということになってしまった。そこから「戦後はアメリカ様の指導の下、民主主義国になりました。アメリカ様からいただいた憲法は理屈抜きで守らなければならない」というねじれた発想が生まれる。朝日新聞はこうした層を対象にビジネスを始めたのだろう。

しかし、思考停止は欺瞞しか招かない。嘘はいつか破綻する。根本的な反省をしない限り、朝日新聞の再生はないだろう。

世論調査の麻薬性

2014年師走の総選挙が近づいてきた。新聞をめくると、連日のように世論調査の数字が躍っている。「政党支持率」「消費増税賛成・反対」「解散賛成・反対」……。

私はかねてから世論調査の在り方に疑問を呈してきたが、アルバイトの大学生・小暮君が、まさにそのテーマについて質問してきた。

「世論調査の結果に、国民も政治家も一喜一憂しているように見えます。判断に迷ったときに、世論調査の結果を見て、自分の意見が多数派だと確認し、安心してしまう。これは危険だと思います。選挙前に世論調査を行なうことの是非が議論されていますよね。日本人は世論調査の結果に流されてしまうからです」

それはそうだが、世論調査が好きなのは日本人だけではない。欧米でも頻繁に行なわれている。アメリカではギャラップ、ドイツではアレンスバッハなどの調査機関が数字を出している。日本では主に全国紙が世論調査をしているが、これは新聞の形態に起因する。

欧米でクオリティペーパーを読むのは一部のエリートだけだ。一般人は、街角新聞（日本でいえば、「夕刊フジ」や「日刊ゲンダイ」のようなもの）を読んでいる。クオリティペーパーは少数精鋭が記事を書いており、大規模な世論調査を行なう財力はない。だから、外部の調査機関を利用するわけだ。

質問に小細工

一方、日本の新聞社は巨大で財力も豊富なので、頻繁に世論調査を行なうことができる。

小暮君が質問を続ける。

「もうひとつ気になることがあります。新聞社はRDD方式で調査対象を決めますよね。つまり、『ランダム・デジット・ダイヤリング』。機械がランダムに選んだ番号に電話をかけている。対象者のうち、回答するのは約6割だそうです。でも、今は固定電話がない家も多い。僕もそうですけど、携帯電話しか持っていない人間は、世論から外される。それに、昼間に電話をしても出るのは主婦や老人ばかりでしょう。汗水たらして働いているサラリーマンの意見が反映されているとは思えません」

もっと本質的な問題がある。新聞社により調査結果にばらつきが出ることだ。朝日新聞には朝日新聞に都合がいい、産経新聞には産経新聞に都合がいい調査結果が出る。

その理由がわかるかね？

小暮君が首を傾げる。

「うーん。データや数値を改竄（かいざん）しているからですか」

違うな。データ自体は嘘ではない。調査方法も真っ当だ。しかし、質問の文章を微妙に変えることで、回答を誘導できてしまうのだ。

たとえば、読売新聞は集団的自衛権の限定的行使に賛成している。一方、朝日新聞は反対だ。世論調査では、どちらもほぼ同じ質問をしているが、読売新聞では行使反対派が43％、朝日新聞では63％となっている。そこで、質問を詳しく見ると、読売新聞は集団的自衛権を「（密接な関係にある国を）攻撃した相手に反撃する権利」と説明。朝日新聞は「同盟国やその軍隊が攻撃されたときに、日本が攻撃されていなくても、日本に対する攻撃とみなして一緒に戦う権利のこと」としている。

つまり新聞社は、自社の論説に沿った結果が出るように質問に小細工を仕掛けているわけだ。

小暮君が、ため息をつく。

「世論調査は客観的だと思われている分、危険ですね。もちろん判断材料にはなりますが、その結果をすべてと考えると大きく間違うことになります。世論の多数派が正解だという保証もありませんし」

大衆は群れたがる

そのとおりだ。君はまだ若いのにしっかりしているな。多数派が正しい証拠はどこにもない。大衆は群れたがるものだ。

スペインの哲学者オルテガ・イ・ガセットは、大衆を「善い意味でも悪い意味でも、自分自身に特殊な価値を認めようとはせず、自分は『すべての人』と同じであると感じ、そのことに苦痛を覚えるどころか、他の人々と同一であると感ずることに喜びを見出しているすべての人のこと」と定義した。

要するに、隣にいる人間の価値観に従い、世論に付和雷同するのが大衆なんだ。

小暮君が頷く。

「日本人だけでなく、どこの国でも大衆は群れたがるのですね。今度、オルテガを読んでみます」

相場の世界の言葉で「大衆は常に間違える」というのがある。歴史的に見ても、大衆は常に判断を間違えてきた。安保闘争のときは、反対派が世論の主流だった。しかし今では、安保反対は間違っていたと考える人のほうが多いだろう。結局、世論は政治に利用されるものなのだ。

たしかに、世論調査を行なえば、民主主義の体裁は整う。しかし、本当の民主主義にするなら、国民一人一人の意見を政治に反映させなければならない。その場合、すべての案件について機械のボタンを押し、国の行方を決定するようなシステムをつくる必要がある。それこそが真の民主主義だろう。技術的には不可能ではないが、もちろん、現実にそんなことは起こりえない。いかにお気楽な連中でも、それで正しい方向に進むとは思っていないからだ。

にもかかわらず、世論調査の結果を重視してしまう。どちらもほとんど同じようなものだと思うのだが。

小暮君が笑う。

「みんな安心したいんですね。『赤信号みんなで渡れば怖くない』と同じで、多勢に流れ、世論に迎合する。でも、そんなことをしていると、いつの間にか国全体が間違った方向に進むことになります。これは友達に聞いた話ですが、ある人がツイッターで『原発は危険という人は少なくなった』と呟いた。それに対し、別の人が『それはアンタが反対意見をブロックしているからだろう』と反論していた。フェイスブックもそうですが、同じような意見の人たちばかりが集まると、そのうち偏った意見でも世論のように見えてくる。これも危ない話ですね」

世論は世論、自分の意見は自分の意見である。自分で判断できない、決断できない、流されやすい人間にとって、世論調査は麻薬のようなものだ。

一時的には役に立つのかもしれないが、長期的には精神に害しか及ぼさない。西部邁は「『世論』の逆がおおむね正しい」と言った。世論の危険性について、もう少し自覚する必要があるだろう。

イギリス人とサル

しばらく京都で取材を続けていたが、今日が最終日である。カメラマンの菊池君も相当疲れが出ているようだ。そこで慰労会をかねて、祇園で豪勢な食事をとることにした。

鴨川を渡り、細い路地を入ったところにカウンター6席、小部屋が1つの小さな店がある。

最初は緊張していた菊池君だったが、酒が入り饒舌になってきた。

「大分市の高崎山自然動物園が赤ちゃんザルをシャーロットと名付けて問題になりましたよね。英国王女と同じ名前をつけるのは失礼と。でも、批判が相次いだのは日本だけで、当のイギリスでは『何が問題なのか』という反応が主だった。結局、英王室の広報は『命名は動物園の自由』と語り、園を管理する市は名前を変更しないことに決めました。彼らのほうが一枚上手でしたね」

日本人は〝極東のサル〟

今回は、批判の多さに動物園側が萎縮してしまった面もある。サルではなく、キリンやゾウだったらここまで騒ぎにはならなかったのではないか。サルは直立して歩くし、手も器用に使う。だから、どうしても人間を戯画化したように見えてしまうのだ。

菊池君が頷く。

「それでも僕は抗議の声が上がったのは悪いことではないと思います。日本人は高貴なものを尊重する気持ちが、まだしっかり残っているんですよ」

立憲君主国として日本とイギリスは双璧だ。日本の皇室は堅苦しく、静かだ。国民が皇室を笑いものにするなど考えられない。1960年、作家の深沢七郎が『中央公論』に『風流夢譚』を書いたときは大騒ぎになった。皇太子妃が殺されるシーンなどを描いたことにより、中央公論社社長宅が襲撃され、深沢は3年ほど筆を折った。一方、イギリス人は王室をお笑いの対象にしてしまう。モンティ・パイソンの王室ネタはBBCで放映されてきたのである。

カウンターの横に座っていた老人が、私がイギリス人でないことを確認した上で、話しかけてきた。

「たしかにイギリス人にはユーモアがありますな。それは余裕からきているんです。彼らはかつて7つの海を支配した。そして搾取の限りをつくした。サルの命名の件でイギリス人が鷹揚だったのは、WEとTHEYの問題が絡んでいると思います。WEは自分たち、すなわち紳士・淑女であり、THEYはそれ以外、つまり召使や女中、外国人ですな。イギリス人は徹底した差別意識を持っているから、『サルがサルにどんな名前をつけようが勝手だ』と思ったのではないでしょうか。いや、余計なことを言いました」

興味深い話だ。続けてほしい。

老人が頷く。

「イギリスは中国にアヘンを売り、インドや南アフリカを支配した。歴史学者で京都大学名誉教授の会田雄次が『アーロン収容所』という本を書いています。会田さんはビルマで終戦を迎え、イギリス軍の捕虜になった。彼は軍の宿舎の清掃係になったが、女性兵たちはシャワーを浴びたあとも素っ裸で過ごしていたという。つまり、日本人はサルと同じであり、人間として見ていなかったわけです」

私がイギリスで仕事をしていたときの話である。友人の大学教授夫妻と車でウェールズに向かう途中、休憩所でコーヒーを飲んだ。私が「ずいぶん薄いコーヒーだな」と言うと、教授は「ウェールズ人が作ったコーヒーだから仕方がない」と答えた。

バーに入ってギネスをハーフアンドハーフで注文したら、教授は「そんなものを混ぜてはいけない。それはアイルランド人が皿を洗ったあとの水だ」と言う。そのときは冗談だろうと思ったが、今考えると、悪意のようなものを感じる。

老人が酒をあおる。

「サルの命名に抗議した日本人は、自分はＷＥに含まれていると思っているのでしょう。しかし、イギリス人から見れば、日本人はＴＨＥＹかもしれませんよ。イギリス人はかつて日本人を〝極東のサル〟と呼んできた。もっとも彼らは他国民をトコトン見下す傾向がある。フランス人はフロッグ（カエル）、ドイツ人はキャベツだ」
神に愛されなかった人間
蛤（はまぐり）の椀が出た。一口飲んで唸るしかない。本当に素晴らしいものは言葉では説明できない。イギリスに滞在中一番困ったのが、どこで食事をするかだ。フランス料理もイタリア料理も有名だが、イギリス料理というのは聞いたことがない。

老人も椀に満足しているようだ。

「イギリスの食文化が貧困なのは、異質な文化をうまく取り入れなかったからではないでしょうか。そもそも、キリスト教は異教徒を人間と認めない。『聖書』には人間は神の姿に似せて作ったと書いてあります。サルは神に愛されなかった人間の姿なのです。だから、チャールズ・ダーウィンが『種の起原』で人間はサルから進化したと唱えたときに猛烈な批判を浴びたのです」

私は以前聞いた、明治時代に発生したイギリス王室と日本政府のトラブルを思い出した。横浜駐在イギリス領事に宛てた日本側の書簡に「ヴィクトリア女王」と書いてあったのが、当時のイギリス公使ハリー・パークスの目にとまる。パークスは激怒。「日本の天皇には〝皇〟の字を使い、イギリスには〝王〟という字を使うのか」「イギリスは日本よりも格下ということか」「ヴィクトリア女皇と書け」というわけだ。

これに対し、当時、横浜税関長だった星亨(とおる)が反論した。

「今のイギリスは帝国ではなく王国を名乗っている。だから、〞女王〞と書くのが正しい」。もっともな指摘である。すると、パークスは「カタカナでクイーンと書くのはどうか」と言い出した。星は「日本語では〞食い犬〞に聞こえるが、いいか」と尋ねた。それで、結局、女王という表記に落ち着いたそうだ。

菊池君が笑う。

「サルにシャーロットと命名するのが問題なら、〞エリザベス神輿〞はＯＫなんですかね。神奈川県川崎市の金山(かなやま)神社で4月に行われる〞かなまら祭〞で使う神輿ですが、巨大なピンク色の男根の形をしている。これは僕が通っている浅草橋の女装クラブ『エリザベス会館』から寄贈されたものです」

話が変な方向にずれてきた。余計な話には見ザル、聞かザルを決め込もう。

イルカをめぐる雑音

世界動物園水族館協会（WAZA）がイルカの追い込み漁を残酷だと問題視し、それを受けて日本動物園水族館協会（JAZA）が、和歌山県太地町産のイルカの入手を禁止したという。先日S・P・I本社に送った記事をもとに、一人の外国人特派員の立場からこの問題を考えてみたい。

食文化は、宗教と密接にかかわるものだ。ご存じのように、イスラム諸国では豚を食べることはない。彼らからすれば、日本のトンカツは論外である。日本でも仏教の影響で、明治までは四つ足のものは口にせず、たんぱく質は豆腐や納豆などで摂っていた。

中国は儒教の影響が強く、タブーがないので、なんでも食べる。「四つ足で食べないものは机だけ」と言われるように、犬や猫も食べる。

それではキリスト教諸国はどうか。

日本の捕鯨に一部の欧米人は文句を言うが、これも完全に宗教問題である。聖書の「ヨブ記」には、神がヨブに様々な試練を与える様子が描かれている。そこにクジラが登場するが、「神はクジラを遣わした」との記述がある。つまり、「神の遣いを獲ってはならない」というわけだ。

もっとも、欧米人は長年にわたり捕鯨を続けていた。その言い訳はすでに用意されている。メルヴィルの小説『白鯨』にはこうある。

「我々はクジラを殺して、その油を搾る。その油はランプの灯となり、各家庭の中で、その光で神の言葉を読むのだ」と。

「恵比寿信仰」

日本の捕鯨やイルカ漁も宗教と深い関係がある。

イルカ漁は和歌山だけでなく、熱海や能登、千葉でも行なわれてきた。ただし、必要最低限の量を捕獲し、その場で消費する。

私は取材した漁師から「恵比寿信仰」を教えてもらった。

釣竿を持ち鯛を掲げる恵比寿様は、漁業の神様でもある。その信仰においては、自分たちの浦に流れ着いたものは、神からの恵みであり、ありがたく頂かなければならない。

日本ではイルカもクジラも神の贈り物とされてきたのである。伊勢神宮の遷宮の際に使われる御物のひとつにクジラのひげがある。欧米が日本の捕鯨にケチをつけるのは、伝統文化への侵略に他ならない。

若い頃からクロード・レヴィ＝ストロースの思考に馴染んでいた私は、自分たちと異なる風習を「野蛮だ」と斬り捨てる態度がいかに野蛮なものであるか、身にしみて感じていた。

宗教により食文化が異なるのは当然であり、他国に口を出すのは慎むべきである。

私は日本でイルカやクジラを食べることに、それほど抵抗はなかった。千葉の九十九里に住む友人は、子供の頃、「イルカのタレ」というおやつがあったという。イルカの肉をしょうが汁に漬けて臭みをとり、しょうゆに漬けて天日干ししたものだ。これを炙（あぶ）れば酒の肴にもなる。

クジラも旨い。日本人は肉、骨、ひげ、皮にいたるまで、目玉以外はすべてを活用してきた。先述の友人によれば、戦後の給食でクジラは定番のメニューだったという。クジラのベーコンは今では高級食材だが、当時は安い弁当に入っていた。日本人にとって、クジラは思い出の味なのだ。

実はわれわれ欧米人にもクジラ好きは多い。渋谷のクジラ料理屋に行けば、欧米人も舌鼓を打っている。一部の反捕鯨カルトに、むやみに譲歩するのはナンセンスである。

エコ・テロリスト

反捕鯨、反イルカ漁の背後には、グリーンピースやシーシェパードなどの環境保護を唱えるテロ集団が存在する。いわゆるエコ・テロリストだ。彼らがクジラやイルカに執拗にこだわるのは、ニューエイジ思想の影響である。

60年代のアメリカでは反ベトナム戦争のヒッピー文化が発生した。彼らはやがて「ガイア思想」、つまり地球は一つの生命体であるという思想に取り憑かれるようになる。瞑想により意識のレベルを高めることで地球と一体化するというオカルトだが、その教祖が脳科学者のジョン・カニンガム・リリーだ。彼は脳神経に電極を通す研究を行ない、FBIなどの政府情報機関の洗脳に悪用されたこともあった。また、法律で規制される前には、LSDを使って人体実験を行なっていた。LSDを使ってトリップすれば、動物、地球と一体化し、神に近づくことができるという荒唐無稽な発想である。

リリーはイルカは最も人間に近い動物だと決め付けた。そこで、イルカとコミュニケーションをとることで、人間精神を解明できると考えた。なお、リリーはイルカに言葉を覚えさせる訓練を行なうときにも麻薬を摂取していたそうな。

『ザ・コーヴ』という映画がある。太地町のイルカ漁を隠し撮りした映画だが、監督のルイ・シホヨスは、インタビューで「ジョン・カニンガム・リリーとは友達だ」と言っていた。

結局、カルトは連鎖する。

テレビドラマの『わんぱくフリッパー』や映画『イルカの日』により、イルカは知能が高く、アシカやオットセイを食べるシャチのような獰猛な生物ではないというイメージが振りまかれた。しかし、イルカは別に平和的な動物ではない。弱い仲間をいじめて殺すこともあるし、気晴らしのためにアザラシを食べる前にいたぶることもある。

大体、人間に近いということは、残虐であるということではないか。

欧米人はガチョウやアヒルの口を無理やり開き、エサを流し込み、病気になって肥大した肝臓を食べる。動物愛護というなら、こちらのほうが問題だ。

過去、誰よりも捕鯨に力を入れていたのはアメリカ人だった。ペリーが日本に来航したのも、捕鯨船の寄港地を探すためだったとの説もある。

日本の捕鯨を残酷だというアメリカ人は、まずは自国の歴史を知るべきだろう。

彼らは、イルカは捕獲される際に鳴き声を上げると主張する。それを人間の泣き声と同一視するのは科学的に言って間違いだ。動物の行動を擬人化してはならない。

イルカやクジラは知能が高いから殺すなというのも優生学につながる危険思想だ。今回、日本はイルカ漁を標的にされたが、批判を軽々しく受け入れれば、次はクジラ、次はマグロ、鰻と続きかねない。卑劣な圧力に屈してはならない。

性差なき「they」

「he」とも「she」とも呼ばれたくない性的少数者（LGBT）に配慮して、「they」を三人称単数として使用することをアメリカのAP通信が認めたという。このまま行くと、「性差」そのものがタブーとなりかねない。

新宿2丁目の某バーのママが言う。

「ワタシだって生物学的には男ですからね。でも、源氏名はひとみだから『he』でいいわよ。ヒーちゃんって呼んで！」

話がややこしくなってきた。ともかく、日本語は世界でも類を見ないほど多様な人称代名詞を持っている。一人称だったら「わたし」「わたくし」「僕」「おれ」「おら」「わし」「わて」「わい」「おいどん」「自分」「我輩」「小生」「それがし」「拙者」などと山ほどあるし、二人称も「きみ」「お前」「あなた」「あんた」「おたく」「貴様」「汝」など多種多彩だ。これが英語になれば、一人称は「I」だけだし、二人称は「you」のみだ。ドイツ語でも一人称は「ich」、二人称は「du」しかない。日本語が優れているのは、多様な人称代名詞により、話者の性格や出身地、相手との関係性、感情などを読み取ることができることだ。

言語の破壊

ベルギー人記者が水割りのお代わりを注文する。

「三人称単数を複数形にしか使わない『they』で表現するのは、言語の破壊です。いくら言語が日進月歩で変化する性質を持つとはいえ、人称は文法の根幹ですから、そこを変えてしまうのは愚の骨頂です。新しい言葉を作るほうがまだマシですよ」

フランス人記者が頷く。

「実際に新しい言葉ができた例が『Ms.』だ。かつては女性の敬称は『Mrs.』(既婚者)か『Miss』(未婚者)しかなかったが、『Ms.』はどちらにも使える表現として登場した。これは1970年代に女性解放運動が盛んになったことと関係がある。『they』がどうこうというのも、オカマが権利を認めろと大騒ぎした結果だろう」

ひとみママが憤慨する。

「まあ。ワタシたちにも口を出す権利はあるのよ。でも、『they』を日本語にどう訳すのかしら。『その人』とか『その人物』と訳したとしても、回りくどい表現だし、なんだか分かりにくいわ」

日本語でも、「看護婦」はNGで、「看護師」と呼ばなければならなくなっている。世の流れといえばそれまでだが、少し行き過ぎではないか。

第二次世界大戦中、戦地で死ぬときに、「看護婦さーん」と叫んだ兵士がいたという。最後に彼は女性の愛情を強く求めたのだろう。しかし、これが「看護師さーん」だったらどうか。兵士の切実な思いは表現できないのではないか。「看護婦」という対象を明確にした言葉だからこそ滲み出る想いもある。男女同権と小賢しいイデオロギーを振りかざして、一様に無性的な表現にする必要はあるのか？

ひとみママがスナック菓子を配る。

「ワタシは『看護師さーん』のほうが萌えるわ」

ベルギー人記者が牽制する。

「ヒーちゃん、それは別の話だろ。問題は、『they』という表現が報道の正確性を損なうことです。男か女か分からない人物が文章に登場するのは致命的ですよ。結局、その人物が男なのか女なのかを他の文章で補わなければならない場面も出てくる。簡潔な表現が肝の新聞記事において、説明のために文字数を割くことに意義があるのでしょうか。そうなると、やっぱり、『they（man）』『they（woman）』などとつけ加えなくてはならなくなる。それなら、『they』というぼかした表現を使う必要もありません」

差別と区別は別もの

フランス人記者が唸る。

「オレの友人が記者時代にサツ回りをして、強姦事件の記事を書き、デスクに上げた。すると、デスクは『強姦』という表現がキツイと感じたらしくて、『容疑者は女性に暴行の上、暴行した』と書き直したんだ。一つ目の『暴行』は暴力で、二つ目の『暴行』はレイプを意味すると。そんなこと、一般読者が分かるわけがないだろう。これも、表現に注意しすぎた結果、本来の目的を見失った例だ」

カウンター5席だけの狭い店内にはわれわれしかいない。

ひとみママも途中から缶ビールを飲み始めた。

「でも、人称代名詞にこだわるのって、ワタシたち日本人にはピンと来ないのよ。日本では古来、同性愛はタブーと看做されなかったわけでしょう。戦国時代の武将は、戦場に女性を連れて行くのは難しいから、美男子を伴って行ったの。武士同士の恋愛を示す『衆道(しゅどう)』という言葉もよく知られているわ。僧侶も女性と関係を持つことができないから、同性愛に走ったのね」

差別と区別は別ものである。もちろん本人の性自認は尊重すべきだが、生物学的な性別は明確に存在するのだから、報道ではそちらを重視すべきだ。

ポリティカル・コレクトネス（政治的な観点から見た正しさ）にうるさいアメリカでは、陪審員からハリウッド映画のキャストに至るまで、有色人種を一定の割合で入れなければならないようになった。その結果、歴史を題材にした映画でも、20世紀前半に黒人が要職に就いていたりと、歴史考証もデタラメになってきた。歴史的事実より、政治的な都合を重視するのは異常だ。

ベルギー人記者が同意する。

「僕の知り合いの小説家が言っていましたが、『女性のくせに』という表現を使うと、出版社のチェックが入るそうです。小説の登場人物の発言すら規制される時代になってきた。これは表現行為に対する攻撃であり、許されることではありません。日本でも欧米でも、性別による役割分担は当然あります。妊娠、出産の機能を持つのは女性だけです。人類にとって女性の役割が重要だからこそ、レディーファーストといった文化も生まれたのです」

ひとみママが首を振る。

「なにがレディーファーストよ。日本には日本の文化があるの。光源氏は日本文学が誇るプレイボーイだけど、男とも交わっているわ。同性愛をタブーとするキリスト教圏の価値観とは違うのよ。でも、キリスト教圏の男は嫌いではないけど」

ひとみママがベルギー人記者の頬を撫でた。

特派員仲間の中で断トツに若いベルギー人記者は、入店時からロックオンされていたようだ。

変わるブンヤ稼業

今日は某新聞社のサロンに行った。懇親会のホストは老齢の元新聞記者だ。最初に資料が配られ、元記者は怒気を込めて語りだした。

「新聞社に入ったが最後、記者は早く正確に記事を書くという宿命から逃れることはできない。それが日本のデモクラシーを支えとるんや。ジャーナリズムが成立せえへん国では、ノーベル賞の受賞者が死んでもニュースにさえならん。朝日新聞に記者の長時間労働を問題視する記事が出ていたが、冗談もほどほどにせえ。それでもお前ら、ブンヤの端くれか！」

「ブンヤ」とは懐かしい言葉である。「新聞屋」を略した蔑称であり、私が特派員として日本に来た頃には普通に使われていた。

資料によると、朝日新聞社の約2000人の記者には、原則「裁量労働制」（実際の労働時間とは関係なく、労使であらかじめ定めた時間働いたものとみなす）が適用されているという。社外で取材する時間が長いため、正確な労働時間を把握するのが難しいからだ。特に「夜討ち朝駆け」をする記者は、長時間労働は当たり前になっている。

しかし、電通社員の過労自殺問題をきっかけに、長時間労働が社会問題になり、新聞社の裁量労働制にもケチがついたわけだ。

血の出るような原稿

老記者が声をかけてきた。

「おお、ミスター・デンマン。久しぶりですな。わしは悔しくてたまらんのや。日本のジャーナリズムをつぶす気かと。現場に一番に着いた記者が全部書くのが新聞ジャーナリズムの世界や。捜査一課長の家におしかけ、ベルを押し、奥さんに尋ねたら『風呂に入っている』と言う。わしは風呂場に乗り込んで、『お背中流しまっせ』とやった。こうしたわしの人生に文句でもあるんか」

気持ちはわかる。ただ時代が変化してきたという事実は否めない。災害が発生しても、速報性では新聞はネットにかなわない。号外を出しても、すでに被災者が避難している体育館の映像がネットにあがっている。

かつては他社より早くスクープを抜くのが重要だったが、いまや官邸のリークがネットに流される時代だ。一方で、政治家のスキャンダルが出ても、民衆はその意図を勘繰るようになった。

老記者の勢いは止まらない。

「わしが大阪の社会部にいた頃の話や。当時はテレビがある家庭は少なくて、年の瀬はラジオで紅白歌合戦を聴き、正月の朝には宮城道雄の『六段』を聴いて年が明けたと実感したんや。宮城は全盲の琴の名手だったが、東京から寝台急行列車で大阪の公演に向かう途中に、デッキから転落して死んでしまう。当時は新幹線はなくて、寝台列車のトイレに行くときには一度デッキに出なアカンかったんや」

頭がきれいに禿げ上がった同僚の元記者が言う。

「オレもあの日のことは覚えている。宿直の当番で、あんたは朝刊の原稿を書いていた。朝3時くらいになって、皆で酒を飲み、仮眠室に向かう途中に、大阪鉄道局の担当者から『えらいこっちゃ。宮城道雄が汽車から落ちて死んだ』と連絡が入った。あんたは、ネクタイを締め直して、社を飛び出していったな」

老記者が目を瞑(つむ)る。

「曽根崎警察に行くと、朝日新聞の記者がいて『こんな早い時間から呼び出されたらたまらんわ。宮城さんの物言わぬお琴が大阪駅に届いたようだが』と言う。わしはこっそりデスクに電話を入れた。『物言わぬお琴だけが大阪に戻ってきた』という言葉を見出しにしたかったんや。それで社の車を飛ばして、お琴の写真を撮り、帰りの車の中で原稿を書いて、なんとか紙面に間に合わせた。宿直明けだろうが、切って血の出るような原稿を逃すことができへんのがブンヤなんや」

庶民の俗情を刺激する

山本夏彦がエッセイで、ブンヤの生態を書いていた。昔は「上流階級にも出入りするゴロ」ということで「羽織ゴロ」とも呼ばれていた。新聞記者は職業がバレると部屋が借りられなくなったと山本は書いている。他人のプライバシーを暴き立て、嘘を織り交ぜて下世話な記事にし、庶民の俗情を刺激する連中というイメージが当時は強かったからだ。

スキャンダリズムを新聞の武器にしたのが黒岩涙香（るいこう）だ。著書『弊風一斑 蓄妾（ちくしょう）の実例』は当時の新聞記事をまとめたものだが、著名人の私生活が事細かに記されている。伊藤博文が某という女を、東京のどこの街の何番町の家に囲って、しかもその女が死ねば今度はその妹を可愛がり、その妹が死ねばさらにその妹を妾にしようとして親に談判、断られて非常に腹を立てているのだけれども、その親も伊藤博文からの援助で生活が成り立っているものだから、一番下の娘が伊藤博文の妾になる日も遠くはない、といった具合だ。森鷗外、勝海舟の妾についても暴かれている。今だったら裁判沙汰になるだろう。

老記者が笑う。

「妙にお詳しいですな。当時は『聞き込み屋』というのがおって、芸妓周りや遊郭周りに普段から出入りし、著名人の遊びっぷりを聞き込み、新聞記者に売っていた。だから、記事は必ずしも正確ではなかった。面白ければええというのは、江戸時代の瓦版の伝統やな。瓦版という名前は後からついたもので、当時は『読売』と呼ばれとった」

同僚記者が頷く。

「今の読売新聞も同じようなもんだ。官邸のリークをそのまま垂れ流すくだらない連中だからな」

漫画『スーパーマン』の主人公クラーク・ケントと彼女のロイス・レーンの職業は新聞記者だ。事件が発生すれば、クラークはスーパーマンに変身して現場にかけつける一方、軍艦に爆発物を仕掛けたりと工作員まがいのこともする。この背景には「新聞記者は危なっかしい」という社会的イメージがある。

映画『ヒズ・ガール・フライデー』は、1920年代が舞台だが、ある特ダネを記事にする際、元妻の文筆力を利用したい主人公は、ありもしない愛情を騙(かた)り会社に呼び戻そうとする。別れた女でもなんでも利用するというブンヤの生態を描いたわけだ。

最後に老記者が悲愴な面持ちで叫んだ。

「報道がおかしくなってきた。お高く止まるな。上品になるな。今必要なのは、かつてのブンヤ精神や!」

テロの時代に

9・11同時多発テロの発生から16年経つ（2017年）が、日本では関連のニュースを報じることが少なくなったのではないか。今年の9月11日は新聞の休刊日だったので、翌12日の読売、朝日、産経、毎日、日経に目を通したが、テロ事件に関する記事はほとんどなかった。欧米のメディアは大々的に報道していたので、日本メディアの関心の薄さが気になった。

フランス人記者が目を瞑る。

「あの日、オレはタクシーに乗って新宿を移動していた。遅い時間だったな。新潮社のIさんから携帯に電話がかかってきて『貿易センタービルに飛行機が突っ込んだ』と。オレはとっさに『浜松町か？』と聞き返し、Iさんが『違う。ニューヨークだ』と叫んだことを覚えている。その時点で、大きな戦争が始まることが予想できた」

ホーキングの予言

同時多発テロでは、日本人銀行マンも十数人亡くなっている。あのときまでアルカイダのようなテロリストグループが注目を浴びることはなかった。しかし、いまやわれわれは「テロ」という言葉に慣れ、それと常に隣り合わせの中で暮らしているのだ。

現在も第二第三のアルカイダが生まれ勢力を広げている。シリアではアサド政権がテロとの闘争を続けているが、古い絨毯を叩けば埃が四方八方に飛び散るのと同様、テロリストは世界中に拡散している。9・11は、本格的なテロ時代の始まりだったのだ。

アメリカ人記者は当時中学生だったと言う。

「あのときの衝撃は忘れない。2機目の飛行機がビルに突っ込む瞬間を私はテレビ中継で見たのよ。その数年後、私は父親と一緒にニューヨークのグラウンドゼロに行った。崩壊した世界貿易センタービルは、日系二世の建築家ミノル・ヤマサキがデザインしたんだけど、私の父は仕事の関係で彼に会ったことがあるの。貿易センタービルは温度によって壁が伸び縮みするので熱さ寒さに強いビルなんだと誇らしげに語っていたそうよ。事件が発生したのは、彼が亡くなった後だけど、あんなことになるなんて思ってもみなかったでしょうね」

私は定期的にニューヨークを訪れているが、はじめてグラウンドゼロに行った日は、大雨が降っていた。そして、雨の中モニュメントを見つめ、野蛮な時代の思考に現代の人間は戻りつつあるのだと恐怖を感じた。

ベルリンの壁の崩壊は人類の新たな局面への第一歩だった。冷戦は終結し、やがて世界に楽観論が広がった。ネオコンの理論家だったフランシス・フクヤマは『歴史の終わり』を書いた。彼らはこう主張した。国際社会においては民主主義と自由経済が最終的に勝利した。これは人類普遍の価値である。これからは単に平和と自由を維持する努力にだけ注意を払えばいいと。こうしたグローバリズムという名のアメリカニズムが幻想にすぎなかったことはまさに歴史が証明している。

フランス人記者が唸る。

「それこそがアメリカの傲慢な発想なんだ。9・11同時多発テロはその反発でもあった。イギリスの理論物理学者スティーヴン・ホーキングは、これまで『人類はあと1000年で終焉を迎える』と語っていたが、最近は『人類に残された時間は、せいぜい100年しかない』と軌道修正している。緊迫する北朝鮮情勢も関係あるのだろう。ホーキングは、『人類は急いで別の惑星に移住することを考え、実行しなければならない。地球は生物が生存するにはあまりにも危険が大きくなり過ぎた』と語っている」

人類を滅ぼしかねない大規模なテロがこの先、発生しないとは言い切れない。

事件当時イギリス首相だったトニー・ブレアの元側近ジョナサン・パウエルは、英「ガーディアン」紙で「9・11」で大きく事態が変わったと指摘し、「あれは第二の真珠湾攻撃だった」と述べている。欧米人の多くにとっては、両方ともテロという認識なのだ。

フランス人記者が同意する。

「特攻隊も同じだな。信じるもののために、生きて帰ることはないと知りながら、体当たりする。日本人が最初にテロリストの模範を示したと言ってもいい。神風特攻隊は航空母艦を攻めあぐね、ほとんど戦果を上げていないが、アメリカの軍隊は大きな衝撃を受けた。彼らは日本人が怖かったんだ」

特攻とテロリズムを一緒にするつもりはない。だが、パウエルの発言にも見られるように、彼らは見えない敵に怯えている。

アメリカ人記者が同意する。

「北朝鮮はアメリカにミサイルを撃ち込むと言っているわ。16年経っても、人類は進歩していないのね。冷戦のときは、明日にでも人類が滅びるかもしれないという感覚が共有されていた。ケネディやカストロの回想録を読むと、キューバ危機では本当に核戦争直前までいったのよ。でもなんとか収まった。そのとき人類は妥協することを学んだはずだったのにね」

北朝鮮のミサイル開発には、当然多くの優秀な人員と多額のカネが費やされている。アルカイダは、カネさえ払えば飛行機の操縦を教えてくれる資本主義社会を利用して4機を次々にハイジャックした。要するに、テロリストはわれわれの社会の歪みが生み出したのであり、力だけでは抑えることができない。だから対応に四苦八苦しているわけだ。

フランス人記者が頷く。

「国際社会が現実的な妥協点を探ろうとする中、蚊帳(かや)の外でひたすら『異次元の圧力』などと騒いでいた安倍晋三は痛々しかったな。北朝鮮のミサイル発射を支持率回復に利用しようとしたのかもしれないが」

アメリカ人記者が笑う。

「同時多発テロの数年後に、ニューヨークで大停電が発生したの。でも多くの人々はまったく平気で、『われわれは9・11を経験しているのだから、これくらいでは驚かない』と言っていたそうよ。ピザは窯で焼くことができるので、ろうそくを立ててワインを開けてパーティーをしようと。彼らはこうして9・11のショックから抜け出そうとしていたのかもしれないわ」

人間の愚かさもたくましさも、大昔からそれほど変わらない。その一方でテロの規模は確実に大きくなってきている。

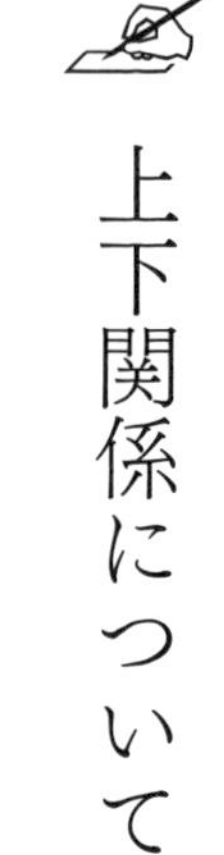

上下関係について

「逆メンター制度」。先日、こんな言葉がニュースで紹介されていた。「メンター」とは「助言者」という意味。一般的なイメージとは逆に、部下が上司に助言し、指導する制度を導入する企業が増えているらしい。年功序列が根付いている日本社会に、このような制度は馴染むのだろうか……。

フランス人記者が顎鬚（あごひげ）を撫でる。

「日本には〝体育会系〟という言葉があるだろう。学生時代の部活から企業の中まで上下関係がはっきりしているのが日本だ。オレの先輩の読売新聞の元記者は、入社するとすぐにデスクから『名刺をつくったら警察回りをするように』とだけ命じられたという。警察に行って何を聞くのか、そもそも誰に会えばいいのか、なにもわからなかったが、デスクに質問できるような雰囲気ではなく、黙って命令に従ったそうだ。最近は〝忖度〟という言葉が悪い意味で取り上げられているが、一昔前の日本においては社会人にとって絶対に必要なスキルだった。上司の意向を忖度して事前にやっておかないと、社会人失格のレッテルを貼られたわけだな」

柔軟性に乏しい

アメリカ人記者は事務所のソファーにもたれかかっている。

「私が出たアメリカの大学にはそういう感覚は一切なかったわ。周囲の仲間は互いを高め合う存在であり、先輩だから敬わなければならないというルールもなかった。教授に対しても、年上だからという理由ではなく、同じ学問の道を進む者として、その研究成果に敬意を示すのね。日本の大学では、上の人間にゴマを擂りながら、助手、助教から講師、准教授、教授とのし上がっていかなければならない。だから、上の人間の機嫌を取るのがうまい人間が出世するのよ」

アメリカ社会は実力主義である。「論文を書けるなら優秀、書けないならアホ」とわかりやすい。これはメディアにも言える。アメリカには日本の大手新聞のような大衆向けの活字媒体が少ない。記者を名乗る者の多くは、部数の少ないローカル新聞や教会の月報などで書いて腕を磨いている。

日本では社の方針のもと記者は画一的な教育を受けるので、年齢で技量を推し量ることができる。しかし、アメリカの記者は経歴がそれぞれ違うので、年齢だけではわからない。若かろうと老いていようと、男であろうと女であろうと、原稿を書く能力によって、すべてが判断されるのだ。

フランス人記者が頷く。

「それに日本では学歴が一生ついて回る。これは日本社会が柔軟性に乏しいためだろう。アメリ力なら、大学を卒業した後でも社会に出るタイミングを自由に選択することができる。だから、年齢と最終学歴だけ聞いても、その人の経験値を知ることはできない。ひとつの絶対的なレールを共有する日本社会だからこそ、学歴至上主義や年功序列制度が成り立つんだ」

アルバイトの小暮君が資料を配る。

「でも、年上の人間を立てるのはいい面もあります。平昌オリンピックのスピードスケートで、小平奈緒選手が金メダルを取りました。そのとき、小平と2位の韓国人選手イ・サンファの行動が世界中で話題になりました。小平さんは金メダルを取ったのにイ選手を気遣って、レース後すぐに駆け寄り言葉をかけ抱擁しました。イさんも年上の小平さんに敬意を表していました。こうした年齢の上下関係を大事にする姿勢が高い評価を受けたのです」

『私は貝になりたい』

アメリカ人記者が同意する。

「先日羽生善治を破った藤井聡太もそうね。15歳の少年が47歳の竜王を倒したことは、文字通り天地をひっくり返すようなこと。でも、藤井さんは驕り高ぶらず、羽生さんに敬意を示していた。そういう意味では、逆メンター制度もいいかもしれないわ。上司だって部下に学ぶことはあるでしょうし、部下も上司とコミュニケーションをとることで力をつけていく。もっとも、これがうまくいくためには、上司の器量が重要になるけど」

　世界共通で上下関係が厳しいのは軍隊だろう。小暮君は漱石などの近代文学を専攻しており、戦争についても勉強している。

「日本の軍隊も上官の命令は絶対であり、たとえ方針が間違っていても、従う必要がありました。何度も映像化された『私は貝になりたい』は、上官から捕虜を殺害するよう命じられ、B級戦犯として処刑された元兵士の半生を描いています。作品中で裁判官らは『どうして良心に従わずに捕虜を殺そうとしたのか』と問います。すると元兵士は『上官の命令は天皇の命令であり、それに従わないことなどできるはずがない』と答え、絞首台への道を選ぶのです。これは当時の日本では美徳だったのですね」

　明治時代、日本で初めて英和辞典が作られた際、「ｆｒｅｅ」の訳語のひとつに「わがまま」があてがわれた。自由に判断することは「わがまま」であるという考えは、徳川幕府が絶対的な支配体制を確立するため庶民に刷り込んだものだろう。

　小暮君が資料を読み上げる。

「こうした上下関係は、軍隊が解体されると、企業の中に広がりました。桂歌丸の師匠である桂米丸は、昭和30年代から40年代にかけて『サラリーマン落語』なるジャンルを開拓します。そこでは社長や部長の方針に振り回される部下のペーソスを描いています。森繁久彌主演の映画『社長シリーズ』は、社長の浮気を奥さんに隠そうとする部下の苦悩をコメディタッチで描いています。高度経済成長期においては、ワンマン社長は神のような存在で、部下が忠誠心を持つのはサラリーマンとして当然でした。松下幸之助は出世する社員に必要なものとして〝かわいげ〟を挙げているし、クレージーキャッツの植木等は『ゴマスリ行進曲』を歌いました」

ディズニーのキャラクター「ミッキーマウス」は、中国語で「米老鼠」と書く。「米」はアメリカ、「鼠」はマウス、「老」は賢いという意味だ。年齢が上の人間ほど経験や徳を積んでおり、賢いという考え方は日本にも大きな影響を与えている。

今日はこのあたりで会合は終わりにして、夕食に行こうか。フランス人記者が場を仕切ろうとする。

「オレが一番年配だから決めさせてもらう。新橋の焼き鳥屋だ」

アメリカ人記者は譲らない。

「あの店はもう飽きたわ。今日は鮨屋にしてよ。私は貝が食べたい」

「山本五十六」騒動

米カリフォルニア州サンフランシスコ近くのパロアルト市で、中学校の校名変更に際し、騒動が発生した。校名の候補の1つに挙がっている「フレッド・ヤマモト」が、真珠湾攻撃を指揮した連合艦隊司令長官・山本五十六を思い起こさせるとして中国系の保護者を中心に反対意見が出ているというのだ。

「フレッド・ヤマモト」は第二次大戦中に米陸軍日系人部隊で活躍した日系2世。パロアルトの高校を卒業したヤマモトは、強制収容所に送られた後に米陸軍に入る。日系人部隊「第442連隊戦闘団」の一員として欧州の激戦地へ投入され、ドイツ軍に包囲されたテキサス大隊の救出作戦で戦死。その功績をたたえる「銀星章」を受けた。

アメリカでは社会的功績があった人物の名前を施設名に冠することがある。1600以上の公募案から同市の地区委員会がヤマモトを含む8候補を選んだが、公聴会では多くの保護者が反対の声を上げ、教育委員会には抗議のメールが100通以上届いたという。

最も優れた司令官

フランス人記者が首を傾げる。

「意味がわからないな。ヤマモトは一般的な名前だろう。そこに難癖をつけているのは、中国系コミュニティーのごく一部ではないか。それに、山本五十六は海軍の将校だから、中国にはほとんど関係していない。彼らはヨウジ・ヤマモトの服は問題にしないのか」

ドイツ人記者が笑う。

「なんとなく名前で差別するケースは欧米にもあります。たとえば、ヒトラーという姓です。アドルフは、ごくありふれた名前なので、私は同姓同名のアドルフ・ヒトラーさんに会ったことがあります」

先輩ジャーナリストのY氏が言う。

「私は昭和9年の生まれです。軍国少年だったので山本五十六はアイドルでした。当時、米太平洋艦隊司令長官のチェスター・ニミッツは、日本に優秀な司令官が出てくることを恐れていた。そのときに情報参謀のエドウィン・レイトンが、山本は日本で最も優れた司令官であり、他の海軍提督より頭一つ抜きん出ていると報告する。山本が戦死すれば日本の士気は大きく下がると判断したニミッツは、ブーゲンビル島上空で山本を暗殺するわけです」

アルバイトの小暮君が資料を配る。

「五十六というのは変わった名前ですが、彼の父親が56歳のときに生まれたのが理由です。本人はこの名前を嫌がっていたそうですが。海軍兵学校の成績は優秀で30代半ばにハーバード大学に留学しています。彼はいくつも名言を残しています。『やってみせ、言って聞かせて、させてみて、ほめてやらねば、人は動かじ』という有名な言葉には、続きがあります。『話し合い、耳を傾け、承認し、任せてやらねば、人は育たず。やっている、姿を感謝で見守って、信頼せねば、人は実らず』。山本は思想だけではなく、行動を重視したのですね」

アメリカ人記者が頷く。

「山本がアメリカとの戦争に反対したのは有名な話だわ。この資料にも載っているけど、山本は『是非やれといわれれば、初めの半年や1年は、ずいぶん暴れてごらんにいれます。しかし2年、3年となっては、まったく確信は持てません。三国同盟ができたのは致し方ないが、かくなった上は、日米戦争の回避に極力ご努力を願いたいと思います』と言っている。山本はアメリカと戦争しても勝てないとわかっていたのね」

Y氏がため息をつく。

「山本はアメリカ留学経験もあるので、土地勘がありました。アメリカを占領するためには、西海岸から進み、山と大草原を越えなければならない。ワシントンにたどり着くのにどれほどの苦労が必要なのか知っていた。日本が作っていた電球はアメリカで発明されたものです。そんな国に勝つ見込みはありません。にもかかわらず、五・一五事件という海軍の暴走、二・二六事件という陸軍の暴走が発生。動き出した歴史は山本には止めることができなかったのです」

第二次世界大戦における海軍提督といえば、アメリカのニミッツ、日本の山本、イギリスのアンドルー・カニンガム、ドイツのカール・デーニッツということになるのだろう。当時の日本では「いざ来いニミッツ、マッカーサー」という歌が流行ったという。最大の脅威はその2人だったのだ。

個人名を冠することの違和感

フランス人記者が顎鬚を撫でる。

「オレは30年ほど前に真珠湾を取材したことがある。当時を知る元軍人によると、アメリカの駆逐艦は石油をたっぷり使うことができて、戦前につくられた日本軍の駆逐艦よりスピードが出た。だが、日本の駆逐艦は之字運動、要するにジグザグ航行をして逃げるので、アメリカ側は追いつくことができず、相当参ったらしい」

アメリカは「リメンバー・パールハーバー」を合言葉にして戦意を高揚させようとした。一方、日本軍もしぶとかった。玉砕も辞さないので多くの死者が出た。

当時のアメリカでは、今のように精度が高くはないものの、レーダーを開発していた。真珠湾攻撃のときも、オアフ島のレーダー基地は日本の軍用機の接近を捉えていたが、米本土からの応援機だと思って報告をしなかった。

戦争が長引くにつれ、米軍のミスはバレ始め、世論も厭戦に傾き始めた。そこで今度は、蒋介石の妻の宋美齢を偶像化し、それを助けるという名分を立てた。野外音楽堂のハリウッドボウルに、ジョン・ウェインやゲイリー・クーパーを集めるイベントまでやったが、これも失敗する。

アメリカ人記者が首をすくめた。

「アメリカは沖縄を占領した頃から、日本の分析を始めるのよ。日本学者のドナルド・キーンらに、日本人兵士の遺書を読ませたところ、そこには東洋の平和を願う真摯な言葉があった。米軍兵士は『ママのアップルパイを食べたい』などと遺書に残しているだけなのにと、衝撃を受けたみたいね」

ある個人名が過去を想起させることはある。だがそもそも日本には個人名を学校名にするという感覚はない。早稲田は大隈大学ではないし、慶應義塾は福澤大学ではない。森友学園が寄付金集めに使った「安倍晋三記念小学校」というネーミングが強烈な違和感を世の中に与えた理由も、同じなのだろう。

性教育と人権

　東京都足立区の区立中学校の性教育の授業で「性交」「避妊」などの言葉が使われていた件に対し、都教育委員会は「不適切」と指摘。一方、教職員らは「人権教育としての性教育を問題視し、抑圧しようとしている」と反発した。

　先輩ジャーナリストのY氏が言う。

「私は昭和9年生まれですが、子供の頃には今のような性教育はなかったと思います。そもそも性教育が必要だという感覚もありませんでした」

　アメリカ人記者が首を傾げる。

「昔の日本では性教育はゼロだったのかしら？」

　Y氏が頷く。

「私の場合は例外かもしれませんが、高校の一般社会の授業中に、体つきの変化や性交や避妊について学びました。自分の教育方針を持っていた先生が個人的な判断で授業をやったのだと思います。その後、私はドイツに留学して学生寮に住んでいたのですが、ドイツの学生は平気で自室に女性を連れ込んでいました。非常にあっけらかんとしたものだと思ったのを覚えています。欧米人は体の成熟が早いので、早くから性教育を行う必要があるのでしょう」

北欧の性教育事情

日本人の体形も欧米人に近づいてきた。また、子供は大人がついていけないくらいの性に関する情報をインターネットで簡単に集めることができるようになった。エロ本を隠し持つようなのどかな時代は終わったのである。早熟な彼らをコントロールしなければならないと焦っている大人は多いのだろう。

女子栄養大学名誉教授の橋本紀子は『日本の性教育は世界の非常識！』の中で、日本の性教育はある時期からほとんど進歩していないと指摘する。1992年から小学校で本格的な性教育が始まったが、2002年から保守派による性教育バッシングが激しくなり教育現場が萎縮してしまったそうだ。

アルバイトの小暮君が資料を配った。

「特に2013年、東京都日野市の都立七生(ななお)養護学校が実施していた『こころとからだの学習』に対するバッシングが日本の性教育を消極的なものにさせたといわれています。そこでは、性器の名称が歌詞に入った『からだうた』を歌わせたり、性器のついた人形を使った授業が行われていましたが、これを視察した古賀俊昭、田代博嗣、土屋敬之の各都議が問題視したのです」

彼らは同校の教諭に対して暴言を吐き、都教育委員会は教材を没収。これは学校の教育に介入するものだとして、教員や保護者ら31人が損害賠償などを求めて提訴した。東京地裁は「教育に対する不当な支配」「裁量権の乱用」として慰謝料の支払いを命じたが、都議らは控訴。その後、東京高裁も最高裁判所も上告を棄却し、判決は確定した。

今回の足立区の件で騒ぎ立てているのも古賀都議である。

ドイツ人記者がノートパソコンを開いた。

「西欧でも性教育は難しい問題です。フィンランド、ノルウェー、スウェーデンといった北欧では、小学校の高学年から性教育は必修になっています。フィンランドでは性交を説明する際に模型を使って、合体の方法まで説明しますし、高校生になるとサディズムやマゾヒズムなどの解説がある教科書で多様な性のあり方を学びます」


『完全なる結婚』


アメリカ人記者が首をすくめる。

「アメリカでは9歳、10歳頃に性について教えることになっているの。イギリスは保守的なので生徒全員に強制的に性教育を受けさせるのは違法ということになっている。極端なのは、オランダね。5歳から性教育が実施される学校もあり、教科書にフェラチオやアナルセックスまで載っているそうよ。正しい知識があれば危険を回避できるという考え方のようだけど、少しやり過ぎだわ。性は本能に基づくものなので、成長と共に自然と理解していくと思うの」

Y氏が同意する。

「文学や映画などで子供は少しずついろいろなことを知り始める。私にとってはジャン＝ポール・サルトルの小説『水いらず』がそうでした。裸の女性が階段を上がっていき、その後ろを主人公がついていくというシーンがあるんです。フランス文学ならではの上品なポルノで、夢中になって読みました」

私は1926年にオランダの婦人科医テオドール・ファン・デ・フェルデが発表した『完全なる結婚』を読んだ。この本は世界中でベストセラーになった結婚生活と性行為のマニュアルで、オーガズムのないセックスは女性の身体に対する重大なる侵害であるとし、男性が一方的に満足して終わってしまうセックスが支配的な時代において、前戯、愛戯、後戯の重要性を説いた。こんな微妙な愛の機微など、学校で教わるようなことではない。

ドイツ人記者が笑う。

「性の悩みは人それぞれです。大きなクラスで画一的に教育するより、保健室の先生やカウンセラーが一対一で対応したほうがいいと思います。妊娠するときだって集団で妊娠しないでしょう」

小暮君が資料を眺める。

「こんなデータもあります。性教育が盛んな北欧は性犯罪率が非常に高いのです。フィンランドは日本の18倍というデータもあります。これをどう考えたらいいのか。一方、性教育に消極的な日本では少年の性犯罪率が減少傾向にあります。また、50年代のアメリカでポルノが規制されたときには、性犯罪率が増加しています。つまり、性教育や法的な規制だけでは、性に関する複雑な問題を解決できないのです」

イスラム圏には性教育は結婚後に行うものだという価値観が残っているし、ＩＳＩＳ（イスラム国）が西欧社会を敵視する要因の一つは性の乱れである。性に関する規範は、地域固有の文化や歴史に左右される。性教育に唯一の正解はないのだ。

小暮君が事務所の片づけを始めた。

「結局、やきもきしているのは大人だけで、子供は勝手に性を学び、そしてすぐに大人になっていくのでしょうね」

アメリカ人記者が咳払いをする。

「とりあえず、女をいかせられない男は、子供と一緒ということよ」

会合の後、みんなで近所の居酒屋に行ったが、先ほどまで雄弁だった小暮君はやけに無口でしょんぼりしていた。何かあったのだろうか？

第6章

日本経済は衰退するのか

沖縄に燻る「独立運動」

那覇空港からモノレールで約15分。牧志駅で降りて国際通りに出た。沖縄は15年ぶりだが、このモノレールができてからはずいぶん便利になった。沖縄在住のジャーナリスト比嘉君と会うのは前回以来。かつての好青年の髪には白いものが混じり始めていた。先に那覇に入り取材をしていたアメリカ人記者と合流し、路地裏にある比嘉君おすすめの定食屋に入った。テビチ（豚足の煮こみ）定食を注文すると、イラブチャー（ブダイ）の刺身、ゴーヤーチャンプルーの小鉢、汁物など6品のおかずがついてなんと８００円。東京ではありえない金額だ。

「ヤマトンチュの観光客は絶対こない店ですよ」と比嘉君が笑う。

ヤマトンチュでもウチナンチュでもない我々異邦人には、外見からその違いを判断するのは難しい。３人でオリオンビールを10本空け、店外に出るとすでに暗くなっていた。どこかに静かなバーはないだろうか。言葉を丁寧に選ばなければならない問題について情報交換したいんだ。我々はタクシーを拾って、比嘉君が一度だけ行ったことのある住宅街のバーに向かった。

カウンター8席ほどの小さなバーに先客はいなかった。店の奥には蛇の皮を張った三線（さんしん）が置いである。スキンヘッドで髭を生やした主人が大きな目で挨拶した。アメリカ人記者がバーボンを注文し話を切り出した。

「訊きたいことがあるの。最近、沖縄がキナ臭くなってきたわ。独立を志向する人が2割以上いるらしい。その動きを象徴するように、那覇市役所の採用に沖縄古語での自己紹介が含まれるようになったらしいわ」

県民意識調査

比嘉君が鞄から資料を取り出した。

「僕も調べたのですが、情報の出所は地元のメディアです。2012年の『琉球新報』によると、県民意識調査の沖縄の立場に対する質問に、『現行通りのままでいい』と答えたのが61・8%、『特別区もしくは自治州にすべき』が15・3%、『独立すべき』が4・7%、『分からない』が18・1%となっている。つまり、完全な『独立派』は5%弱に過ぎず、『2割を超える』というのは、自治の拡大を求める『地方分権派』を加えた数字なんです」

アメリカ人記者がうなずく。

「つまり、インディペンデント（独立）ではなくて、セパラティズム（分離主義）ね。まあ、家庭内別居みたいなものだけど、それさえも不可能よ。独立を最終的に認めるのは日本国だからね。

たとえ地域で独立派の票が半数を超えても、全国的に見れば微々たる数字。本州の人間からすれば〝勝手に言わせておけ〟程度の問題なのよ」

比嘉君が同意する。

「少し古い資料ですが、『琉球新報』が2000年に県議選の立候補者75人にアンケートを行った結果、独立派は1人もいなかった。また、2007年の『沖縄タイムス』によると、県民の7割が『日本の一部になって良かった』と考えているとのこと。にもかかわらず、地元メディアは独立を煽っている。沖縄には『琉球新報』『沖縄タイムス』などの地方紙がありますが、一般論として中央から離れるほど左派色は強くなる。『北海道新聞』もそうですね。でも、これらの新聞は地元住民の意見を集約するコンサバティブな性格もあるはずなのに、無責任な報道をするのは納得できませんね」

アメリカ人記者の呂律（ろれつ）が怪しくなってきた。

「べ、米兵によるレイプ事件や暴行事件は許されるものではないわ。でも、『アメリカ出ていけ』なんて過激な活動をやっているのはいまや沖縄だけ。東京では誰からも相手にされないので、活動家も沖縄に移住しているのよ」

バーの主人が咳払いをし、ギョロリと睨んだ。あまり静かすぎるのも困ったものだ。

中国という狼

本国からの独立を目指す地域はいくらでもある。たとえばコルシカ島は1769年の戦争に敗れフランス領になったが、それ以降も断続的に民族運動が発生し、1980年代には爆弾テロが頻発した。スペインのバルセロナ（カタルーニャ地方）も火種を抱えている。ベルギーには3つの言語地域があり、北部オランダ語圏フラマン地域が独立を狙っている。イギリスは、イングランド、スコットランド、ウェールズ、北アイルランドの連合体だが、それぞれが自分の地域を独立国家のように考えている節がある。

「でもね」とアメリカ人記者が続ける。「西欧と沖縄を単純に比較できないわ。仮に独立してもNATOの監視が及ぶ範囲なら他国から侵略される可能性は少ないけど、沖縄の場合はすぐ近くに中国という狼がいる。沖縄が独立すれば、中国は『中琉親善』を名目に、民間航空機の就航を提案してくるでしょう。琉球側も観光くらいしか産業はないので、航空路線は喉から手が出るほど欲しい。それで契約書にサインすれば終わりよ。3カ月もしないうちに中国の軍用機が飛来し、那覇港にウクライナ産の空母が入港するようになるだろう。いくら米軍機の騒音が嫌でも、サトウキビ畑の『ざわわ』という音だけで暮らしていけると思っているなら認識が甘すぎるわ」。

彼女の言うことも一理ある。沖縄は戦略上非常に重要な位置にある。だからこそ戦後アメリカは半永久的に沖縄を占領するために復帰論者を排除し、独立論者を利用したのである。１９５４年にアイゼンハワー大統領は沖縄基地の無期限保有を宣言したが、その後アメリカのやり方に反発した島民が熱烈に日本への復帰を望んだのだ。もっとも、アメリカが沖縄を手放したのは、ドルを使わずに日本のカネで基地を維持する道を選んだからだろう。

沖縄には同情せざるを得ない。地上戦まで行い、復帰には時間がかかった。「沖縄は犠牲になったのではないか」という感情が残るのも無理はない。基地を置く代償として経済的に支援するのは当然だと思う。

比嘉君もすっかり出来上がり少し感傷的になったようだ。

「ウチナンチュだって独立が不可能であることは分かっている。だからこそ夢物語を語ってしまうんです。結局、これは僕たちが抱えていく問題なんだ。そうですよね御主人」

主人がやっと重い口を開いた。

「いやあ、オレ、埼玉出身なんすヨ。ＤＡ ＰＵＭＰに憧れて沖縄に来たの」

なんだか釈然としない気持ちのまま我々はバーを後にした。

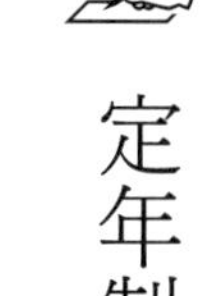

定年制

1円パチンコに行ってみた。もちろん取材のためである。一昔前のパチンコはあっという間に数万円が財布から消えたそうだが、1円パチンコは勝っても負けても数千円程度。当たる確率が高いかわりに出玉も少ない。リーチアクションが無闇に長い機種が多いので、長時間遊ぶことができると中高年に人気だという。

私の場合、最初の2000円で当たりがきて、出玉がなくなる頃に2回目の当たりがきた。結局、2時間打って出費はプラスマイナスゼロ。感想は「徒労」の一言だった。

『レジャー白書2012』によると、パチンコ・パチスロ業界は過剰なギャンブル性によりファンが減少していたが、近年は回復を続けている。最大の理由は、団塊世代の定年退職と1円パチンコの盛況だ。実際、国民年金と厚生年金が支給される偶数月の15日は、パチンコ台の稼働率が2〜3割上がるそうだ。

セカンドライフ

私の話を黙って聞いていたイタリア人記者が言う。

「気が滅入るな。タバコの煙にまみれ、騒音で理性を失わされ、カネをむしり取られるだけだ。日本人はもっと他にやることはないのか。わが国では皆、リタイアする日を指折り数えて待っているんだ。そして年金生活に入ったら、酒を飲んで享楽的な老後を過ごす」

特派員仲間が集まる喫茶室にやってきたドイツ人記者が会話に加わる。

「そうやって酒ばかり飲んでいるから、君の国は財政破綻寸前に陥るんだ。わが国では庭の手入れをしたり、本を読んで静かに余生を味わうことを望む人間が多いな」

いずれにせよ、欧米人は退職後の人生をエンジョイしようとしている。しかし、日本人は違う。彼らは余生を楽しむより、働き続けることに生きがいを感じている。内閣府が10年度に行った調査によれば、「仕事を続けたい」と思っている高齢者は9割近い。平成に入った頃から「セカンドライフ」という言葉が使われるようになったが、結局社会には根づかなかった。中には物価の安いアジアに移住する人もいたが、そこで待ち受けているのは「退屈地獄」であるという。

欧米人はバカンスで海に行っても日光浴をして寝ている。「何もしないこと」を楽しむのだ。一方、日本人は泳いだり、観光名所を駆けずり回らないと気がすまない。

このように根本的に考え方が異なるので、定年後の過ごし方のモデルを海外からそのまま持ってきても失敗するだけだろう。

イタリア人記者が、お得意の江戸時代の話につなげる。

「かつての日本には〝ご隠居〟という存在がいた。当時、平均寿命は短かったが、もちろん高齢者もいたわけで、彼らは引退後の長い余生を使って趣味に打ち込んだ。それが絢爛たる江戸文化が花開く原動力になっている。落語の登場人物はみんなのんびりしているだろう。でも今の日本では、あくせくするのが美徳であり、何もしないことは社会的に許されない。だから、老人ももっと働けとなってしまうんだ」

大名と家臣の関係

ドイツ人記者がノートパソコンを開いて説明を始めた。

「日本では希望者を対象に65歳までの雇用継続を企業に義務付ける法律が2013年4月から施行されることになっている。従来は労使協定で定めた基準を守ればよかったのだが、義務となると企業側はキツいだろう。この先、必ず人件費の増加に関する問題が発生するはずだ」

企業は「定年制度の廃止」「定年の引き上げ」「継続雇用制度の導入」のいずれかを選ばなければならなくなる。このうち「定年制度の廃止」は人事の停滞や過剰な雇用につながる恐れがある。

イタリア人記者がうなずく。

「日本マクドナルドはそれで失敗したんだ。2006年に定年制を廃止したが結局復活させた。当初は、年齢ではなく実力本位の体制にすれば若手社員のモチベーションが高まると想定していたが、実際には高齢の社員が自分たちのポジションを守ることに夢中になり、ノウハウの引き継ぎがうまくいかなくなった」

かといって、雇用継続や定年の引き上げにも反発がある。コスト負担増の皺寄せは、新卒の採用や若手社員に向かう。賃金カーブをフラット化し給与を抑える企業も出てくるだろう。

それに、体力のある企業はすでに継続雇用制度を導入しているのだ。空調機器大手のダイキン工業の再雇用率は9割を超えているし、トヨタ自動車も65歳までの再雇用制度を設けている。一律義務化は無駄な混乱を招くだけではないか？

イタリア人記者は江戸の話にまだこだわっている。

「日本では企業が簡単に社員を解雇できないかわりに、定年制により自動的に退職してもらっていた。社会的な慣行として企業側が定年の線を引いたわけだ。こうした日本の雇用制度は、江戸時代の大名と家臣の関係に遡ることができる。家臣が大名にお仕えするような形で日本のサラリーマンは働くので、終身雇用が成り立つんだ。森鷗外の『阿部一族』でも浄瑠璃や歌舞伎の演目『仮名手本忠臣蔵』にも武家社会の忠義が描かれている。これが今の日本企業にも引き継がれているんだ」

ドイツ人記者が口を挟む。

「でもね、雇用の延長の動きは世界的なものだよ。理由は簡単。平均寿命が延びて健康な高齢者が増えたこと。そして、長寿化により年金支払いの国家負担が増えたからだ。欧米でも年金支給開始年齢は徐々に引き上げられている」

結局、定年の問題は日本人の人生哲学の問題にかかってくる。

60代はまだ働きざかりである。彼らには「もう一花咲かせたい」という野心がある。義務化に従うために、つまらない仕事をあてがえば、不満が噴出するだろう。

高齢者は若者に足りない対人能力、対外能力を持っている。ベンチャー企業でも、この「即戦力」を評価して雇用するところが増えている。この先、経験や人脈を生かして働くことのできる機会は増えていくはずだ。

次の予定があるので会釈をして席を立とうとする私を、イタリア人記者が制した。

「ところでミスター・デンマン。最後に聞いておきたいのだが、その1円パチンコは近場ではどこにあるんだ？　私でも勝てるかな？」

行くのかよ！

入社式

東京メトロ九段下駅で下車、階段を上り地上に出ると紺のスーツに身を包んだ若者たちが十数人たむろしていた。すぐ近くの靖国神社ではまだ桜は咲いていたが、彼らがこれから向かうのは遅い花見ではなく入社式なのだろう。

彼らとそれほど歳が変わらない部下のラッセル君が言う。

「初々しいですね。僕は日本に来てはじめて入社式というのを知ったんです。欧米では新卒者が一括採用されることはありません。ミスター・デンマンは御存知でしょうが、僕の母国のドイツでは大学に入るためにアビトゥーアという資格を取らなければならない。でもこれさえあれば、希望する大学にいつでも進学できるし、他の大学にも転校できる。だから卒業の時期はバラバラなんです」

欧州には日本のような青田買いを防ぐための協定は存在しない。企業は通年で社員を募集するし、面接も入社時期もそれぞれだ。一括採用がないので、入社式も新人研修もない。

これは職人や工員にも当てはまる。たとえばパン職人になるなら、地元のパン屋で2、3年修業し、その後は〝遍歴職人〟として各地を回る。最後にマイスターの資格を持つ職人（親方）から証明書をもらい、試験に合格すればマイスターの仲間入りができる。

文豪ゲーテが『ヴィルヘルム・マイスターの修業時代』で描いたように、欧州では職業は個人的なものであり、集団入社など考えられないのだ。

ラッセル君が目を細めて言う。

「でも、少しうらやましい気もします。欧州では必要な時期に必要な能力をもつ人間しか採用しない。フレキシブルといえば聞こえはいいけど、マルクスやケインズが資本の分配を永遠の課題として研究したことを考えれば、日本の雇用形態は格差が広がりすぎた欧州に比べてすぐれているのかもしれません」

日本では民俗学、文化人類学における「通過儀礼」として入社式が機能してきた側面もある。

アフリカのある民族の少年は一頭のライオンを仕留めることにより大人として認められるようになる。日本では邪馬台国の時代に通過儀礼として刺青や抜歯を行ったという。武家社会の元服もそうだ。戦前は軍隊に入ることが社会の成員になることであり、彼らは戦後〝企業戦士〟として生まれ変わった。つまり、親元から離れ、戦闘員になるための儀式が入社式なのである。

高い離職率

取材場所のグランドパレスに向かう途中で、スーツ姿の若者に交じって着飾ったおばさんたちが出現した。ラッセル君は絶句し、しばらくしてうなる。

「うーむ。親同伴の入社式って、都市伝説ではなかったんですね」

都市伝説どころか、地方銀行からIT企業、テレビ局に至るまで、親同伴の入社式が増えている。

「それでは通過儀礼もなにもないじゃないですか！」

実際、ないんだよ。落語の『薮入り』は奉公の厳しさを描いている。一度奉公に出たら、街で親とすれ違っても声をかけることはできない。つらくなって家へ逃げ戻っても父親に追い返される。商家で働くとはそういうことだった。

ところが最近の入社式では、新入社員が親への感謝の手紙を読みあげるそうだ。一部の企業とはいえ、それを聞いて社長や社員まで涙を流すというのだから二の句が継げない。

これは若者の高い離職率が影響しているのではないか。「会社は家族だよ」と新入社員に語りかけることにより、帰属意識を持たせるのが狙いなのだろう。

ラッセル君が頷く。

「数カ月で会社を辞め、他の会社へ行ってまた辞める。飽きっぽい若者が増えているのは事実ですね。終身雇用が当然の時代は、たとえ不満があっても〝石の上にも3年〟と我慢することができた。どんなに無能でも一律に給料は上がったからです。ところが今はその前提が崩壊しているので、若者は会社にしがみつく根拠を失ってしまった」

戦後社会において個人のアイデンティティーを担保したのが企業だった。勤めている会社の名前がそのまま個人のステータスになった。よって、有名企業、大企業であればあるほど、自分の存在意義を確認することができたのである。だからこそ、高度経済成長期には〝モーレツ社員〟という呼び名ができたのだ。

〝家族〟を演出

ところが、日本経済が低空飛行に入り、成長に限界が見えたとき、会社に全存在を賭けることができなくなってしまった。かつての入社式は「もう安心だ」という保証をもらうことだったが、今では「この先覚悟をしろ」という宣告になってしまっている。

そこで流行したのが「自分探し」である。「今の仕事に生きがいを感じることができない」「もっと自分にふさわしい会社があるのではないか」「自分の個性を生かしたい」……などと若者は考えるようになった。自我だけが強くなり、結局それで一生を棒に振ってしまうのだ。

ラッセル君がため息をつく。

「だからこそ、企業は〝家族〟を演出するのですね。要するに、新入社員にひたすら媚びることにより、高い離職率に歯止めをかけようとしていると。親同伴の入社式も、彼らにとっては苦肉の策なのかもしれませんね」

2013年4月1日のフジテレビの入社式では、ももいろクローバーZ、谷村新司、さだまさしらが登場し、パフォーマンスを繰り広げたという。司会はSMAPの草彅剛で、新入社員とその親にお祝いの言葉を述べたそうな。谷村新司は「いい日旅立ち」を唄い、親に向けて「一緒に歌ってください」と歌詞を教えながら合唱を煽ったという。

ラッセル君が立ち止まる。

「なんだか気が遠くなってきましたよ。そのうち学校だけではなくて企業にもモンスター・ペアレントが押しかけてくるんじゃないですか。〝うちの子はどうして出世できないの？〟〝どうしてうちの子をこんな部署に配属するの？〟って」

いや、そのうちではないんだ。数年前に某企業の新入社員が、希望の配属先にいけなかったことを理由に自殺すると、その親が「子供の夢を踏みにじった」と訴えてきたそうだ。

会社が子供の夢を叶えるためにあるのではないことを知らない世代が今、そこにいるのだ。

民衆は間違う

「エジプトが大変なことになっていますね」

部下のラッセル君がレジュメを配った。

「ムバラク大統領を追放した〝アラブの春〟は欧米メディアに礼讃されましたが、今回エジプト軍は憲法を停止し、新しく選ばれたムハンマド・モルシ大統領を拘束。出身母体のムスリム同胞団の幹部を次々と逮捕しています。こうした動きをどう考えればいいのでしょうか？」

フランス人記者が鼻を鳴らす。

「〝アラブの春〟などと無責任なことを言って持ちあげたメディアは反省すべきだな。民主化なんてエジプトやシリアで苦しむ民衆にはなんの役にも立たない。そもそも、クソ暑いアラブに春もなにもあるものか。欧米製の民主化でアフガニスタンやイラクがどうなったのか。少しは頭を使ってみたらどうかね」

60年代、ナセルが大統領だった頃のエジプトは希望に燃えていた。彼は中東の融和を目指したが結局中東戦争で敗北。それ以降、エジプトは自信を失ってしまう。

フランス人記者が頷く。

「エジプトはアラブの中で自分たちが一番西欧的だという変なプライドがある。だからチュニジアで政権が倒れたとき、自分たちも革命を起こすべきだと錯覚した。それでムバラクを退陣に追い込み今の混乱を引き起こしたわけだ」

ラッセル君が応える。

「たしかに、民主化こそ善であるという欧米メディアの姿勢はピントがずれている気がします。世界初のインターネットによる革命とメディアは囃し立てましたが……」

フランス人記者が顎鬚を撫でる。

「ネットは匿名性が高いから人々の攻撃的な力が一気に噴出する。でも、体制を壊すことはできても、新しいものを生み出すことはできない。彼らを束ねるのは生身の人間ではないからだ。ドラクロワの『民衆を導く自由の女神』のように三色旗を掲げて進む女神のような旗振り役が革命には必要。ツイッターで集まった革命など、海図のない航海をしているようなものだ」

結果を見れば、民衆の大きなうねりは一時的なものであり、誰も海図を持っておらず、軍隊が尻拭いをしただけだった。

A新聞記者、色めきたつ

「ちょっと待ってくれ！」

A新聞記者が声をあげた。

「それでも民主化という方向自体が間違っているわけではないだろう。こうした失敗を繰り返しながら、市民は成熟していくものなんだ」

フランス人記者が応える。

「バカなことを言いなさんな。こうした知的怠惰は反原発デモにも当てはまる。相変わらず、金曜日には国会周辺でのデモが続いているが愚の骨頂だ。歴史的に見れば、民衆というのは常に判断を間違えるんだ」

A新聞記者が色めきたつ。

「聞き捨てならないな。市民の声を軽視するのか？」

フランス人記者が苦笑いする。

「なにが市民だ。反原発デモに参加しているのは旧態依然とした組織が目に付く。北海道高教組、全学連、千葉動労、ＪＲ貨物労組……。特殊な思想を持った連中が市民を偽装しているケースもある。私が知る限り、戦後日本のデモにまともなものはないな。１９５２年の皇居前のメーデーも60年安保闘争も愚にもつかない空騒ぎに終わった。おたくの新聞は文化大革命を絶賛したが、実態は中国の集団ヒステリーにすぎなかったじゃないか。商売とはいえひどすぎないか？」

ラッセル君が仕切りなおした。

「僕の国では戦後、今のメルケルに至るまで首相は8人しかいません。ドイツでは不信任案が出されても、新たな首班指名が過半数に達しない限り可決できないシステムになっている。これは民主主義に対する反省なんです。帝政ドイツが倒れてワイマール民主制が誕生しましたが、その理念は〝民意は正しい〟というものでした。それで国民投票が頻繁に行われ、政治家は国民に阿るようになった。その結果、次々と首相が交代し、政治不信が拡大した末、ヒトラーが生まれたわけです。民意があまり反映されない今の憲法になってからは、欧州では群を抜いて政治が安定するようになります」

A新聞記者が口を挟む。

「なにを言っているんだ。君は！」

フランス人記者が遮る。

「いや、彼の言うとおりだ。バカな民衆がナチスを支持したんだ。民主主義の暴走がヒトラーの独裁につながったことくらい常識にしておいたほうがいい」

「革命を擁護するのは犯罪」

これはソクラテスの疑問そのものだ。ソクラテスは「賢人が統治者になるべきだ」と考えた。デモクラシーでは賢人がリーダーに選ばれる保証はない。そう指摘したソクラテスは「青年を堕落させた」と裁判にかけられ自ら毒杯を仰いだ。ソクラテスが指摘した民主主義の矛盾は21世紀の現在も解決していない。

フランス人記者が吠える。

「民主党の政権交代、維新の会の躍進。ここ数年の日本政治の動きを見れば、〝民衆は間違う〟ということは証明されているようなものだ。民衆は新しいもの、既存の体制にアンチを唱える勢力に飛びつく。鳩山由紀夫みたいな人間に勝手に期待して裏切られたと怒ったり、橋下徹みたいないかがわしい人間に人気が集まったのも同じだ。結局、民衆は自分たちの責任を感じることはないんだな」

日本オタクのラッセル君が豆知識を披露する。

「結局、彼らは革命に至るまでのドラマに興味があるのであって結果はどうでもいいんです。『ベルサイユのばら』で注目されるのはルイ王朝が倒れオスカルが死ぬまで。『三国志』も諸葛孔明が死ぬあたりまでが人気です。明治維新なら、坂本龍馬が暗殺され西郷隆盛が西南戦争で散るところまで。大久保利通らがどうやって明治政府を築き上げたかには興味を示さない。〝アラブの春〟なら政権を倒すことには夢中になるけど国家の安定運営には無関心です」

フランス人記者がまとめた。

「スターリンの粛清や毛沢東の文化大革命以後に革命を擁護するのは犯罪以外のなにものでもない。安全な立場からデモを煽り続ける卑劣な新聞社も日本にはあるようだが」

「ここまで国際感覚のない連中と話しても無駄だ！」

A新聞記者が捨て台詞を残して帰っていった。国際感覚がないのはどちらなのか？

英語「公用語」の会社

われわれ特派員仲間が時折暇つぶしに使う話題がある。楽天の会長が唱えている、例の「英語の公用語化」論だ。

2012年7月から本格的に英語の社内公用語化をスタートした楽天は、社員食堂のメニューも日本人同士の電子メールも英語にしたという。上司の名前はニックネームで呼ぶそうな。

三木谷浩史会長兼社長は有楽町の日本外国特派員協会で会見を行ない「日本語だけを使っていると、世界で何が起っているか把握できない。日本の大企業は英語ができず、世界のリーダーになれなかった」と述べていたが、われわれにはジョークにしか聞こえない。

部下のラッセル君が首を傾げる。

「意味がわかりませんね。つい先日まで日本は世界経済を席巻していたわけでしょう。社会学者のエズラ・ヴォーゲルが『ジャパン・アズ・ナンバーワン』を書き、日本型経営は世界から注目を集めていた」

会見に出席したフランス人記者がイヤミを言う。

「オレの国であんなことを言ったら総スカンを食うな。三木谷は『英語ができない役員はクビにする』と言っているが、フランスならテメエが打ち首になる」

コンプレックス

フランスは国策として英語圏からの文化侵略を警戒してきた。通販会社の会長がなにを言おうと自由だが、「これからはグローバリズムの時代だ」「英語ができなければ国際社会で生き抜いていくことができない」という発想こそ時代錯誤ではないだろうか？

フランス人記者が頷く。

「数学者の藤原正彦が言っていたのは、英語能力と国際競争力に連関はないということ。世界で一番英語が達者なイギリスの経済は20世紀を通して斜陽だった。ＴＯＥＦＬの成績がいいのは、アジアではフィリピンやインドみたいな発展途上国だろ。英語を公用語にしたら、彼らの国みたいに侵略されるだけさ」

衣料品製造・販売大手のユニクロを展開するファーストリテイリングの朝の挨拶は「グッドモーニング」。

柳井正会長兼社長は、「英語だけは苦手という優秀な学生は採用しますか？」との質問に対し、「いらない」「そんなに甘くないよ」と答えている。

フランス人記者がため息をつく。

「おいおい、この認識のほうが甘くないか。英語が得意なバカなんて世界中に何億人もいるんだぜ。アメリカの移民は英語はぺらぺらだけど、それで飯が食えるわけではない。フィリピン人なんて英語ができるようになった結果、国ごと乗っ取られてしまったじゃないか」

ファーストリテイリングは、社員同士の電子メールを英語にしたことで、「日本語だと長くなりがちな報告メールが短くなり、業務軽減につながった」と自画自賛している。本当にそれでいいのだろうか？

かつてベトナム戦争を取材した友人から聞いた話である。

あるとき友人がベトナムの大学の教授に話しかけたら、フランス語で返事をしてきたという。その友人は思わず「旧植民地支配国がそんなに大切か！」「アメリカとの戦争で一刻を争うときに悠長にフランス語で会話している場合か！」と怒鳴りつけたそうだ。

日本企業も常に戦争をやっているようなものだ。敵との交渉に英語は必要かもしれないが、仲間同士で軍事戦略を練るときに英語を使うバカはいない。

フランス人記者が応える。

「結局、われわれは母国語で考えるしかないんだ。どれだけ多くの民族が母国語を失って苦しんでいるか……。英語公用語化論など想像力の欠如にすぎない。オレは純粋に日本人の英語信仰が気持ち悪いんだ。要するにコンプレックスじゃないか。イギリスに留学していた夏目漱石が、街角で血色の悪い一寸法師を見つけた。でもそれはショウウィンドウに映る自分の影だったと書いている。あれと同じだ」

ラッセル君が頷く。

「日本人の英語コンプレックスは根強いみたいですね。みんなの党の松田公太は『私が住んでいたアメリカでは、自分の意見を何も言わなければ、その人がいる意味がないと思われてしまう』と語っていました。だとしたら、アメリカ社会のほうがおかしいんですよ。ヨーロッパでは無闇に意見を述べるほうがバカだと思われます」

フランス人記者がまとめた。

「三木谷浩史とか柳井正というのは精神の田舎者なんだ。マイクロソフト元社長の成毛眞も言っていたが、外資系企業でも英語を使うのはごく一部の社員だけ。今頃になって英語を勉強しろと社員の尻を叩くような会社は本当のグローバル企業ではないと。その通りじゃないか」

羞恥心の問題

かつて私の日本語の師匠が言っていた。

「とにかく『平家物語』を読みなさい。

祇園精舎の鐘の声
諸行無常の響きあり
娑羅双樹の花の色
盛者必衰の理をあらはす

これは世界的に見ても奇跡の名文ですよ。こうした日本語に触れておけば、あなたも日本人の心の流れがわかるようになるでしょう」

日本に来て初めて知った概念もある。たとえば、「もののあはれ」「あをによし」「幽玄」といった言葉を英語に翻訳するのは難しい。「遠慮」という言葉さえ英語にはないのだ。

フランス人記者が言う。

「言葉がないということは、動作もないということだ。実際、アメリカ人が遠慮をしているところなんて見たことがないじゃないか」

ラッセル君が笑う。

「日本語と英語では構造も根底にある思想も異なるように思えます。日本語は日本人しか使わないわけで、逆に言えば日本人が使わなくなれば絶滅したも同然ですよね。英語公用語化で得をするのは、結局は日本を食い物にしたい外資とその手下だけのような気がするのですが……」

たしかにそうだ。

国際社会では母国語を大切にしない人間は信用されない。

われわれ外国人がそれぞれの母国語を愛するように、日本人は日本語を守り抜くべきなのではないか。

結局これは、日本人の羞恥心の問題だと思うのだが。

グローバル人材とは何か

【ドバイ発】シャワーを浴びて髭を剃り、薄手の白いジャケットを羽織り、部屋を出る。エレベーターに乗り、レストランフロアで降りた。この高級ホテルはロビーに入るにも入場料が必要だ。レストランには水族館のような巨大水槽があり、サメが泳いでいる。私の部屋は日本円で一泊50万円ほど。とてもじゃないけど、自腹で泊まることはできない。

レストラン脇の通路を進むと突き当たりに会員制のバーがある。ソファーにはすでに佐竹氏が座っていた。プロレスラーのような体格。目つきは鋭い。彼はゴールドスーク（金や宝石などを売る市場）で金の量り売りをしている業者の一人であり、その最大の特徴は英語が喋れないことだ。

佐竹氏がバーテンダーに日本語で話しかける。

「兄ちゃん、カンパリをストレートでな。レモンは入れるなよ」

ここドバイの人口の80％は外国人だ。海外から参入しているビジネスマンも多く、共同経営者にドバイ人を入れることが商売をする条件になっているので、国にカネが落ちる仕組みになっている。

替え歌で留学応援

カンパリが運ばれてきたが、佐竹氏はなぜか気に入らなかったようで、作り直させた。

「ミスター・デンマン。あなたならわかると思うが、わがままでないと国際社会では生きていけないんだ。夏目漱石の『私の個人主義』という講演があるだろう。彼はロンドンに留学して自分が空虚であることに気づく。そして、自己本位の大切さに気づくことでそれを乗り越えた。私もロンドンに留学したけど、英語なんて喋れなくてもどうにかなるものだな。自分はこういう人間だと相手に理解させればそれでいいんだ」

どこまで本当の話かわからないが、たしかに、文部科学省が旗を振っている「グローバル人材育成推進事業」というのも相当バカバカしい。東京五輪が行われる2020年までに大学生の海外留学12万人（現状6万人）、高校生の海外留学6万人（現状3万人）を目指すというが、こうしたプロジェクトを発案するのも、自分たちが管轄する東京五輪までに何かをやったという実績を残したいからだろう。「グローバル人材」の定義は不明だが、目標を達成できなかったときに責任問題になるので曖昧な言葉で誤魔化しているのだ。

私が渡した資料を見て、佐竹氏が唸った。

「なんだこれは。文部科学省は留学促進キャンペーン『トビタテ！　留学JAPAN』の施策の一環として、ＡＫＢ48の『恋するフォーチュンクッキー』の替え歌となる留学応援ソングをつくった……。文部科学大臣と学生と小便くさいジャリタレがアホ面して踊っている。世も末だな。アイドルグループの宣伝を見て留学する奴が、社会でまともに活躍するわけがない」

ジンのロックをお代わりした。ドバイはイスラム圏なのでどこでも酒が飲めるわけではない。しかしホテルのバーはアルコールの販売権を政府から買っているので、酒を提供することができる。もちろんその分値段にドカンと加算される。

今回の滞在費はすべて佐竹氏の支払いだが、恐ろしくて値段を聞くことができない。

英語ができるバカ

グローバライズとは、「世界的規模にする」という意味だ。つまり、世界に通用する人間になるということ。グローバル人材＝英語を喋ることができる人間と考えるのは間違いだ。外国に数年留学して戻ってきても、使い物になるかどうかはわからない。実際、英語ができるバカなど世界中に腐るほどいるのだ。

こうした言葉の誤用が混乱を引き起こしている可能性もある。三木武夫内閣のときに「ガバナビリティー」という言葉が流行(はや)った。普通に訳せば、「治められる能力」「被統治能力」となるが、当時は新聞が「統治能力」という文脈で使っていた。今でもメディアではこの手の誤用が散見される。

佐竹氏が頷く。

「知り合いのツアーコンダクターが『日本人は欧米人と違ってこちらの指示に従ってくれるからいい』と言っていたが、実際、日本人ほどガバナビリティーがきいている連中もいない。奴らは統治されるのが大好きなんだ。いまだに日本はアメリカの統治下にあるわけだろう。結局、欧米礼賛の阿呆が、オックスフォードやハーバードという学歴に憧れているだけなんだ。でも、語学留学で終わるなら自費で行くべきだろう」

たしかにそうだ。本来留学とは、その大学に行かなければ学べないことを身につけるために行くのだ。そしてとにかく勉強をする。

討論し答えを導くためには、英語がうまいか下手かは関係ない。自分の意見を鍛え、発言することが重要なのだ。

佐竹氏がソファーにもたれかかった。

「日本人は総理大臣がサミットで何を言ったかではなく、英語の発音が正しいかどうかに注目する。五輪のプレゼンでもそうだ。しかし、どこの国の人間も下手な英語を喋っているではないか。英語が喋れないなら、私みたいに通訳を雇えばいい。その前に、『源氏物語』はどういう作品なのか、世界の中で日本はどういう役割を担うべきなのか、今のウクライナ問題をどのように見るのか、靖国神社とA級戦犯の問題についてどのような意見を持っているのか……。こうした一つ一つの問いに、きちんと答えることができるのがグローバル人材なんだ」

日本人は遠慮を美徳と考えている。しかし、自分の意見を表に出さないと誤解を招くケースもある。いわゆる「従軍」慰安婦問題もそうだ。

佐竹氏が最後に吠えた。

「グローバル化ってそんなにいいことかね？　労働力は流動化し、賃金は下がる。今の時代の『グローバル人材』は貧民街で暮らしているんだな。そして頭のいい連中は、グローバリズムの危険性を見抜き、グローバルの時代だと浮かれている連中を心の底から軽蔑しているんだ」

ちなみに、この日バーで出された生牡蠣は岩手県産だった。グローバルで戦っている企業や個人は、ことさら「グローバル」と唱えないものだ。

接待は悪か？

今日は珍しく赤坂の料亭で接待を受けた。先日、永田町で行ったレクチャーのお礼ということらしい。メインは筍料理。洗練されたダシに、木の芽の香りでノックアウトされた。天麩羅、炊き込みご飯の完成度も素晴らしい。私たち外国人も、長年日本に住んでいれば、筍を丁寧に扱う日本人の美意識も少しはわかるようになる。

タクシーで自宅に戻り、パソコンの電源を入れると、一時的にS・P・I本社に戻っている部下のラッセル君からメールが届いていた。

《ヤン・デンマン様》

ご無沙汰しております。お変わりはありませんでしょうか。僕は今、S・P・Iの日本文化を紹介する記事を担当しているのですが、「接待」についてご意見を伺いたいことがありメールしました。

日本政府は大企業の交際費の50％を非課税にするという減税策を打ち出しましたが、朝日新聞は「接待奨励、恥ずべき政策」と噛み付いています。しかし、接待は恥ずべきことなのでしょうか？

滝川クリステルさんが東京オリンピック招致のスピーチで用いた「お・も・て・な・し」という言葉は、2013年の流行語大賞になりましたが、これは接待の精神だと思います。このフレーズがウケた理由は、接待の重要性に多くの人が気づいているからではないでしょうか。

接待とは、相手を心地よくさせる気配りのことです。

もちろん、相手に貸しを作りたいだけの接待もあります。手っ取り早いのは、女をあてがうことですね。中国や韓国では今でもその方法で相手を骨抜きにしている。弱みを握ることができるからです。一方、日本の接待には風情があります。祇園でお座敷遊びをしても、芸者とセックスできるわけではありません。しかしそこには、日本独特の「美」があり、相手の心を和ませる。今回の記事の作成にあたっては、デンマン先輩のご意見も是非お聞きしたいと思っております。お忙しいところ恐縮ですが、なにとぞよろしくお願いします。

《ラッセル拝》

義理人情で社会が回る

面倒だが無視するわけにもいくまい。私はパソコンに向かった。

《Re：ヤン・デンマン様》

今では死語だが、かつて「社用族」という言葉があった。交際費を経費で落とせる大企業の社員のことだ。当時の日本は高度経済成長のまっただ中だった。もしかすると、日本経済が元気だから「社用族」がいたのではなく、「社用族」がいたから日本経済が元気だったのかもしれない。今回の日本政府の税制改革は、景気浮揚につながる可能性があるね。

また、接待が恥ずべき文化というのは間違いだ。接待は営業の第一歩なんだ。名刺を交換し、会議室でプレゼンテーションをしているだけでは、利害関係だけの付き合いになる。しかし、一緒に食事をすることで、気心も知れて、「一肌脱ごうか」という気持ちにもなる。

バブル崩壊以後、日本人は接待の仕方が下手になってしまったようだ。森繁久彌主演の映画「社長シリーズ」を見ると、登場する会社員はよく取引先と飲みに行っている。当時はそれが次の仕事につながったんだ。銀座のクラブで50万円奢ってもらえば、接待された側はそれなりの仕事を発注することになる。昭和の日本では、こうした義理人情で社会が回っていた。ところが不況下において企業は経費削減に走った。エリートサラリーマンは、アメリカでMBAを取り、そこで学んだ「近代的なビジネス」を日本に押し付けた。インターネットも発達し、メールのやり取りだけで取引先と仕事の話を進めることも珍しくなくなった。

こうしたことが、日本経済の地盤沈下と関係しているのではないか。アメリカのサラリーマンは、勤務時間が終われば完全にプライベートになる。だからMBA式のドライな経営術も有効なのだろう。しかし、日本人は単純な損得勘定よりも人情を大切にする。最終的には「なにを美しいと感じるか」の違いなのだと思う。こんな意見でいいだろうか?

《ヤン・デンマン》

『源氏物語』に描かれた接待囲碁

コーヒーを淹れて、取材のための航空チケットの手配をしていると、10分も経たないうちにラッセル君から返事が来た。そうか、向こうは勤務時間中なのか……。

《ヤン・デンマン様》

さっそくのご意見ありがとうございます。記事の作成に利用させていただきます。ところで今の日本企業は、経理が力を持ちすぎていると思いませんか? 経理の声が大きい会社は、どうしても経営が守りがちになってしまう。その一番の弊害が「領収書主義」です。先日、イランからアフガニスタンに入ったのですが、取材クルーにいた日本人のカメラマンが、砂漠にある小さなガソリンスタンドで給油するときも、領収書を要求していました。店員の青年は困っていましたけどね。これは笑い話かもしれませんが、時には領収書をもらうのがはばかられる場面もあります。自腹を切らないと信頼を勝ち取れないときもある。だから政府は、接待の奨励と同時に、税務署の締め付けも軽くすべきだと思います。

《ラッセル拝》

もう返信はいらないだろう。彼は自分で結論を出したようだ。接待は日本古来の文化である。『源氏物語』には接待囲碁の場面が何度も描かれている。これは今の接待麻雀と同じで、五分五分の勝負の末に、うまく負けるという細やかな気配りが必要になる。最初から手加減をすれば、相手も馬鹿にされたと感じてしまう。平安時代は、こうした囲碁の名人が出世したそうだ。江戸時代には全国の藩に接待係が置かれ、もてなし文化が花開く。幕府の使者や藩の要人は手厚くもてなされた。海の幸・山の幸をふんだんに使った料理を出すのは、領地自慢にもつながる。

要するに、接待の完成度により藩の力を見抜くことができたのだ。今の企業も同じだろう。

赤坂の料亭の筍料理の値段は知らないが、同じような接待をしてくれるなら、何度でもレクチャーに行くつもりだ。

島国の外国人社長

2014年6月27日に行われた武田薬品工業の株主総会とその後の臨時取締役会の手続きを経て、代表取締役社長兼最高執行責任者（COO）に、フランス人のクリストフ・ウェバーが就任した。一方、日産自動車の株主総会では、カルロス・ゴーン社長に年間9億9500万円の役員報酬が支払われていることに対し、「報酬金額が高すぎる」との意見が出たという。

ゴーンは、「日本でなく世界の企業と比べて欲しい」と反論したが、他国の企業と比べても意味はない。しかし、「ああ、なるほど、確かにそうだ」と思ってしまう日本人も多いのだろう。

日本人はいまだに欧米人に対して劣等感を持っている。いくら経済発展を遂げても、海外は日本よりも進んでいるという先入観から逃れられない。こうした欧米コンプレックスが、外国人社長をもてはやす風潮につながっているのではないか。

しかし、サッカーのワールドカップを見ればよい。南米やイタリアから監督やコーチを呼んでもダメなものはダメ。世界に追いつくために外国人をトップに据えればいいと考えるのはあまりに安易であり、高いカネを払って自己満足に陥るのは愚かなことだ。

ソニーを見てもわかるように、外国人社長を登用して失敗した例も多い。すべてがダメだとは言わないが、外国人社長は日本には馴染まないと私は思う。日本と欧米では社会構造が異なるからだ。

日本は平等社会である。反論もあるだろうが、欧米には、日本ほど平等が徹底されている国はない。ちなみに「日本社会にはしがらみがある。欧米は努力すれば成功する社会」というのは大嘘だ。日本は努力すれば報われる社会である。豊臣秀吉ではないが、百姓の子であっても、頑張って勉強すれば、国のトップに行くことができる。大企業の社長も代々の創業家一族ばかりではない。サラリーマン出身者も多い。

一方、欧米は完全な階層社会である。私が通っていたロンドンのパブには、ホワイトカラー用の入り口と、ブルーカラー用の入り口の二つがあった。店内は簡単な仕切りで分けられており、同じビールでも値段が違う。だからといって、ホワイトカラーの人間がブルーカラー用の入り口から入ることはない。

階層による棲み分け

レストランにしても、どの階層の人間が行く店なのか市民は把握しており、各自、階層に見合った店に行く。つまり、階層による棲み分けが厳然となされているわけだ。

これは経営者でも同じだ。欧米で下流層の人間が経営者になることはまずない。いくら努力しようが、欧米では経営者になるのは上流層の人間だけだ。アメリカン・ドリームは嘘である。それが言いすぎなら、例外の中の例外だ。だからこそ、物語になるのである。

企業の目標も違う。

欧米では株主の利益のために業績をあげようとするが、日本はまず社員ありきである。そして、会社に対する忠誠心や愛着をベースにする。機を見るに敏な投資家のために短期的な利益を積み重ねようとする欧米企業の体質は、日本人とは合わないのだ。だから、どれだけ優秀な人材であっても、外国企業で日本人が社長になることは容易ではない。

日本企業は海外に進出しても、地元に溶け込む努力をする。これは日本人が自分たちの特異性を意識しているからだ。だから、他者に対してセンシティブになる。

日本型経営の復権

一方、特にアメリカ人は、自分たちを世界の中心だと考えているので、どこの国に行っても、自分たちのルールを押し通そうとする。だから外国でも社長が務まるのだ。

彼らは、長年にわたり異教を排斥してきたので、自分たちのアイデンティティを守る術を心得ている。だからこそ、異質な人間とも付き合っていける。日本は寛容な国なので、逆に異質なものに対して敏感になるのだ。

外国人の私から見れば、日本にはオタク的な性質があると思う。日本の高い技術や独特な発想は、そこから生れている。

社員が自分の趣味も含めて、コツコツと何かを作り上げる。それを仲間内で自慢し合い、それが世界に出ると、とんでもなく斬新な製品だったりするわけだ。ソニーのウォークマンも、日本の特殊性、独自性が生みだしたものだろう。

こうした発明や発展を支えてきたのは、欧米企業とは一線を画す日本型経営である。それを忘れてはならないはずだ。

アメリカに留学してMBAをとってきたような軽薄な連中がのさばれば、日本経済が弱体化する危険もある。日本らしさからの脱却は美点を損なうことなのだ。

楽天の三木谷浩史会長兼社長の見苦しさはそこにある。外国人社長のように振る舞いたいのだろうが、社内公用語を英語にしたり、お互いをニックネームで呼び合うというのは、表面的な外国文化でしかない。

日本人の気質に合わないことを社員に無理強いしても、よい結果が出るわけがないのだ。昔、ベレー帽をかぶりフランス文化や文学について語る知識人が大勢いたが、三木谷も同類だろう。

自虐的な日本人は「島国根性はいけない」と言うが、日本は島国だったから成功したともいえる。軍事的には海、文化的には日本語という緩衝材があるので、グローバリズムの波から身を守ることができた。

しかし、今は日本のトップである安倍晋三という愚かな男がグローバリズムや市場の開放を率先して唱えている。経済界でも、グローバル化＝善という妄想が拡大しているが、これは危険な兆候だ。日本の特殊性を無視したら、日本のアイデンティティは失われ、単に1億3000万の人口を抱える市場として、欧米に利用されるだけだ。

それがわからない連中が外国人社長をもてはやしているのである。そろそろ冷静になってはどうか。

外国人社長は派手な買収やM＆Aは得意だが、肝心の日本型経営に理解があるとは思えない。「この技術を伸ばせ」といった具体的で細やかな指示も外国人社長にはできない。だから、技術立国の日本企業を正しく導けるかは疑問である。

今必要なのは、社員を大切にする日本型経営の復権ではないだろうか。

労働闘争の本気度

春闘（春季生活闘争）の季節である。２０１５年はアベノミクスの恩恵で大企業ではベースアップがなされる見通しとなっていたため、労働組合の鼻息も荒かった。

春闘は日本独特のやり方で、１９５５年に始まったものだ。組合員が鉢巻を巻いて「頑張るぞー」と拳を振り上げる光景は、欧米で見かけることはない。

日本と欧米の労働組合の最大の違いは、その形態である。日本の労働組合は企業別労働組合であり、たとえばトヨタならトヨタの社員で、三菱電機なら三菱電機の社員で、それぞれ労働組合を結成する。

取材のため来日中の部下のラッセル君が言う。

「一方、欧米では産業別労働組合が主流ですね。僕の国では、トップにドイツ労働組合総同盟があり、その下に産業ごとの労働組合が20組織ほど連なっています。産業単位ですから、とにかく規模が大きい。自動車メーカーの社員であれば、企業や同業種ごとの労組ではなく、金属産業労組に加盟することになります。つまり、金属を使ってモノを製造している人間は、すべて同じ労組に所属するのです」

だからドイツの労働組合は強力だ。地方分権国家なので、団体交渉は産業別労組が州ごとに企業の経営者側と行なう。当然、経営者側も産業ごとに交渉役を立てるわけだ。

また、連邦警察労働組合や連邦軍被用者連盟、連邦公務員連盟など公務員の労働組合も積極的に活動を行なっている。

アメリカに比べたら…

ラッセル君が頷く。

「僕が日本の労働組合を取材して一番驚いたのは、最前線で闘っていた労組幹部が、突然経営者側に寝返ったりすることです。労組の委員長が突然経営陣に入っても、たいていの社員は驚かない。なぜなら、〝労働組合なんて馴れ合いだ〟とわかっているからでしょう」

このあたりに企業別労働組合の問題があると思う。結局、企業ごとの労働組合だと経営者側と運命共同体になってしまうのだ。労組側としても、無理な要求を出したりストライキを頻発して会社を潰したら元も子もない。経営者側も社員の事情や家族構成まで知っているのだから、なあなあの関係になる。

こうして日本の労働組合は御用組合になっていく。闘争前から妥結点が決まっていることも多く、結果、春闘は形式化し、予定調和の産物となる。若手社員の労組離れが進んでいるのも、このような事情によるものだろう。

ラッセル君が鞄から取材ノートを取り出した。

「日本の労組なんて本当におだやかなものですよ。アメリカの労働闘争はもっと過激です。産業別労働組合なので勤務先の上層部の顔色をうかがう必要もなく、闘争心に満ち溢れている。中でも、トラック運転手の労組は強力です。かつて全米トラック運転組合、通称〝チームスターズ〟の委員長を務めていたジミー・ホッファは、マフィアともつながりがあり、大きな影響力を持っていたそうです」

その話は私も聞いたことがある。ジョン・F・ケネディは大統領になる前に「俺が大統領になったらジミー・ホッファを辞めさせる」と言ったそうだ。どこまで真実かはわからないが、ジョン・F・ケネディが大統領のとき、弟のロバート・ケネディ司法長官が政府を挙げてチームスターズの不正を暴き、ホッファを訴追、連邦刑務所で懲役につかせている。

八百長

ラッセル君はアメリカの通信社で働いていたことがある。

「港湾荷役の労働組合であるロングショアマンのストライキも過激です。僕はサンフランシスコから船に乗ろうとしたところストライキに遭遇し、1週間以上足止めを喰らったことがあります」

ただし、アメリカにはタフト・ハートレー法があり、大統領がストライキを解散させることができる。裏を返せば、それくらいの強権を発動しなくては、国が回らなくなる可能性があるわけだ。これは、アメリカの労働闘争の本気度を物語っているといえるだろう。

ラッセル君が鞄から別のノートを取り出した。

「取材中に知ったのですが、かつて日本でも産業別労働組合が注目されていた時期があったんです。第二次大戦直後の1946年に、ある産業別労働組合の委員長を務めていたのが聴濤克巳。朝日新聞の元記者で朝日新聞労組の初代委員長です。その後、共産党から国政に打って出て当選。レッドパージで追放された後は『赤旗』の編集局長を務めた筋金入りの左派です」

日本の労働組合の悪いところは、政治活動ばかりに夢中になることだ。日教組はその最たるもの。

私の知人の新聞記者は若い頃、上司の命令で、労働組合の地区大会に出席させられたという。彼は忙しくてそれどころではなかったが、会場に行くと労組幹部が壇上でベトナム戦争の批判演説をやっていた。当時はベトナム戦争の真っ只中である。現地で取材経験がある彼は、我慢ができなくなり、思わず大声で「やかましい！　戦地に行ったことがない奴が偉そうなことを言うな！」と野次ってしまった。それ以来、二度と彼にはお声がかからなくなったそうな。

ラッセル君が笑う。

「日本企業の中には、給与明細に〝組合費〟なる項目があり、毎月いくばくかのお金が天引きされる会社もありますよね。こうして会社が集めた組合費を労働組合の連中は〝どうもすみません〟と会社に頭を下げて受け取っているのだから、その時点でケンカを売る資格なんてないんですよ。財布を完全に経営者側に握られているわけですから」

鉢巻を巻いて声を嗄らすのもいいが、〝労働者の闘争〟という本質を忘れたら、単なるお祭り騒ぎになってしまう。われわれ欧米人から見れば、春闘など大相撲の八百長とそう違いはない。

ラッセル君はこれから大阪に取材に行くそうだ。本社から送られてきた資料をまとめて鞄に詰め込み、帰り際に余計なことを言う。

「ところで、ミスター・デンマン。僕の給料、いい加減に上げてもらえませんかね？」

私にではなくて、S・P・I通信が所属する産業別労組に言ってくれ！

大使の力量

次期駐中国大使に起用されることになったのは、チャイナスクール出身の横井裕。日中関係の改善が期待されているらしい。また、安倍総理の経済ブレーンである本田悦朗は、スイス大使に起用された。

イギリス人記者がコーヒーを啜(すす)る。

「アベノミクスの手伝いをやったから、典型的な論功行賞だ。スイス大使なんて何もやることがない仕事だよ。スイスの首都はベルンだが、スイスの中でもド田舎。経済の中心であるチューリッヒからも遠い」

フランス人記者が頷く。

「日本の外務省は大使が勝手に動くのを嫌がるんだ。民間人の任用が少ないのは、外務省出身者の方が間違いがないと思っているからだな。これは過去の失敗と関係あるのかもしれない。戦前、大島浩という陸軍中将が駐ドイツ全権大使になったが、彼はヒットラーに心酔してしまい、〝ドイツ人以上のドイツ人〟と称されるようになった。日独伊三国同盟に向けて暴走した原因の一端はここにある」

外交センスなき日本

この手の失敗ならいろいろある。

第二次近衛内閣の時、海軍出身の野村吉三郎が駐米大使に選ばれた。彼はドイツ語は達者だったが、英語は苦手だった。『トラ・トラ・トラ!』(1970年)という映画があるが、野村を演じた俳優もド下手な英語をしゃべる。そのくらい、野村の英語力は有名だったのだろう。戦争間近に、こうした人物を配属するところに外交センスのなさを感じる。

野村の後任の駐米大使・来栖三郎は、英語は達者だったが、駐ドイツ特命全権大使として日独伊三国同盟に調印した人物だった。アメリカにケンカを売っているとしか思えない。

ベルギー人記者が笑う。

「最近では民間から駐中国大使になった丹羽宇一郎がいますが、結局は取り込まれてしまった。日本は周囲を海に囲まれているので、列強のような外交センスが生まれなかったのでしょう。片手で握手をし、片手でナイフを握るような経験がない」

この点、アメリカは狡猾である。重要な国に対しては、無難な外交官よりもその国の弱点を熟知する人物を大使に起用する。また経済通を大使にすることでビジネスにつなげてきた。

アヴェレル・ハリマンは銀行家、実業家だったが、才能を買われて第二次世界大戦時の駐ソ大使になり、連合国の首脳陣間の調整を行った。その後、駐ソ大使になったジョージ・F・ケナンはプリンストン高等研究所で学究生活を送ったアメリカ有数のソ連通だ。彼はソ連を封じ込める冷戦構造のシナリオを描いたとされる。ソ連はケナンを嫌い、ペルソナ・ノン・グラータ（好ましからざる人物）の烙印を押し、わずか半年足らずでソ連から追放した。

フランス人記者が唸る。

「そういう意味では、アメリカは日本をなめているんだ。キャロライン・ケネディなんて素人のオバハンを大使として送ってくるくらいだからな。前任のジョン・ルースも、オバマの大統領選挙の際の論功行賞。日本通でもなんでもない。奴らは、駐日大使なんてバカでも務まると思っているんだ」

諜報活動

情報収集の重要さに目覚め、それを国家規模で組織した最初の国はヴェネチア共和国だろう。ヴェネチアが各国に大使を置いたのは、食糧を生産する耕作地がなく、天然資源が塩しかなかったからだ。人口は20万を超えることがなかったので、細々と生きていく分には漁業で間に合うが、文明人としての生活を維持するためには、海外貿易に力を入れるしかなかった。

当然、交易国の情勢を知るのは不可欠の課題になる。こうして商人が情報を集め、外交を行うようになったわけだ。

イギリス人記者が銀縁の分厚い眼鏡を外す。

「ヴェネチアは、フランスやドイツなど戦争になる危険が少ない国には、元商人を外交官として置いていた。しかし、仮想敵国であるトルコにはトルコ語を理解し、イギリスやスペイン、ローマ法王庁あたりの大使を歴任した熟練外交官を選んでいた。正確な第一次情報は、戦争の勝利以上の利益をもたらす。だから、ヴェネチアはスパイを活用した。その中には派手な女性遍歴で知られるジャコモ・カサノヴァもいた」

当時のヴェネチアの大使、外交官が集めた資料は第一級である。それを読みたければ、ドゥカーレ宮殿の近くにある図書館に行けばいい。

トルコで流行(はや)っている漆黒の飲み物（コーヒー）についてのレポートから、スルタンのハレムの建築構造まで、ありとあらゆることが詳細に報告されている。

ベルギー人記者が同意する。

「トルコのイスタンブールにあったヴェネチア大使館は、今ではイタリア公使館になっていますね。16世紀前半、各国大使館はガラタ地区に並んでいた。その中でも最も見晴らしのよい高台にヴェネチア大使館はありました。菜園もあり、50人以上の職場兼住居でもあった。それとは別に、語学研修生や本国から派遣された〝館員〟、現地採用の通訳もいた。その多くはギリシャ人やユダヤ人でした」

外交以外にも、トルコ国内で経済活動を行っている貿易商人の安全を確保するのも大使館の仕事だった。つまり、現在大使館で行われている仕事の多くは、すでに16世紀に成立していたのだ。

フランス人記者が葉巻を取り出し、火をつけた。

「お気楽で無能な大使が増えたのも、平和な時代だからかもしれないな。しかし、この先はわからないぜ。EUは混乱しているし、アメリカは〝世界の警察〟から身を引こうとしている」

フランス革命からナポレオンの時代、西欧では小国が乱立し、パワーバランスが失われた。そこで各国の大使は全権を委任され、諜報活動を行うようになった。ハプスブルク家のヴェンツェル・カウニッツは、隣国のプロシアを牽制するために、大国フランスに接近する。カウニッツは当時のフランス王ルイ15世の愛妾であったポンパドール夫人を懐柔。彼のセックスの技量が結果的にハプスブルク家を救ったわけだ。

ベルギー人記者が頷く。

「このあたりの仕事は横井裕や本田悦朗には無理。せいぜいハニートラップに引っ掛かる程度でしょう」

財閥の権勢

アメリカ人記者が言う。

「昨日のFOXのニュース、見たかしら。全米世論調査で、共和党のトランプと民主党のヒラリーが直接対決になった場合、トランプが僅差で勝つという数字が出たの。一方、サンダースがトランプと対決することになった場合、サンダースの支持が上回ると。サンダースなら民主党は勝てる。でも、ヒラリーが撤退できないのは、ウォール街と軍産複合体が推しているからよ」

フランス人記者が頷く。

「そのとおりだ。実際、共和党を支持してきた財閥のいくつかはヒラリー支持に傾いている。日本でも三菱自動車の燃費データ改竄事件により、財閥が注目を集めているが、彼らの力を侮ってはならない」

アメリカ人記者が長い髪をかきあげた。

「日本の財閥は第二次世界大戦後、特定の家族や同族による封鎖的な支配だとしてGHQにより解体されているわ。にもかかわらず、三井も三菱（岩崎）も住友も、今でもグループ企業として多角的な経営を行っている。彼らにはどの程度の力があるのかしら?」

フランス人記者が言う。

「三井家の歴史は藤原道長に発するらしい。しかし、形を成したのは江戸時代から明治にかけてだな。いわゆる旧財閥だ。三井、三菱、住友、安田、古河……。大正時代には渋沢、岩井、野村が出てくる。戦中に台頭した日産、森、理研もあるし、時代や業種により様々だ」

岩崎家には雨戸の開け閉めだけを担当する書生がいたという話を聞いたことがある。楽な仕事のようだが、とんでもない。書生は日の出とともに雨戸を開け始め、最後の雨戸を開ける頃には日がてっぺんまで昇っている。開けるのに半日かかる雨戸は、閉めるのにも半日かかる。書生は雨戸を開け終えるやいなや、雨戸を閉め始める。どこまで本当かわからないが岩崎家の権勢を示すエピソードではある。

「三十六歌仙絵巻」の逸話

こんな話もある。武士の没落が始まると、旧秋田藩主の佐竹家は金銭に困り、家宝の美術品を売りに出した。そのうちの一つが「三十六歌仙絵巻」である。今の物価に換算すると20億円とも30億円とも言われるが、これを購入したのが実業家の山本唯三郎だった。別名「虎大尽」。1917年には〝山本征虎軍〟と名づけた大規模な虎狩りを朝鮮半島で行った。料亭の玄関で暗闇を照らすために百円札に火をつけ、芸者を驚かせている姿は、有名な風刺画にもなっている。

しかし、山本の財力も第一次世界大戦後は続かず、絵巻を手放すことになった。当時、高額の絵巻を購入できるものはいなかったので、三井財閥の大番頭だった益田孝が、「三十六歌仙絵巻」を歌人ごとに分けて販売してはどうかと提案した。益田は世界初の総合商社である三井物産を設立した人物で、茶人としても有名だった。当時、飛ぶ鳥を落とす勢いだった益田でさえ、一人で購入することはできなかったわけだ。こうして絵巻は分散した。

アメリカ人記者が首を傾げる。

「日本の財閥はロックフェラーのような力はないようね。ところで財閥は東京に集まっているの?」

いや、関西の財閥もすごい。古くから大阪にはカネが集まった。江戸時代には、淀川沿いに多くの河岸(かし)ができ、全国から船がやってきた。

年貢米はかさばるし傷むので、やがて切符で納めるようになる。こうして1730年、世界初の先物取引市場である堂島米会所が誕生する。大阪には唸るほどの富が集まった。

かつての大蔵大臣は就任した日の夜行列車で大阪に行き、翌日は財閥に挨拶回りをしたという。

それほど大阪の財閥には力があった。

アルバイトの小暮君が言う。

「志賀直哉に『万暦赤絵(ばんれきあかえ)』という短編小説があります。万暦赤絵とは、中国の明の時代に景徳鎮で作られた色絵の白磁です。ある日、主人公が大阪の美術クラブの展示即売会に行く。万暦赤絵を見ると、値段が1万円。今の物価に換算すると1000万円くらいでしょうか。それを財閥の連中が次々と買っていく。主人公は手が出ず、帰りに立ち寄ったペットショップで犬を買ってしまう。万暦赤絵に比べたら安いものだと」

アメリカ人記者が唸る。

「うーん。深いのか深くないのか、よくわからない話ね」

ロックフェラー一族の例

財閥は多くの国にある。金持ちが特定事業の経営に満足することなく、資産を多角的事業分野へ投下すれば、財閥が誕生することになる。アメリカなら、ロックフェラー、カーネギー、デュポン……。イギリスにはロスチャイルド家がある。とくにスタンダード・オイルを創業し、石油市場を独占したロックフェラー一族は、いまだに莫大な財産と指導力を持っている。

アメリカ人記者が頷く。

「日本の財閥には金満エピソードが多いけど、ジョン・ロックフェラーは倹約家だったらしいわ。レストランのソムリエが〝先日、ご子息に高級ワインを注文していただきました〟と言うと、ロックフェラーは〝彼には大金持ちの父親がいる。しかし、俺にはいない〟と答えたと。でも、ロックフェラーは単なるケチではなくて、その収入の1割を慈善事業に寄付していたの。日本の財閥もそうだけど、芸術や文化の保護への使命感はあったようね」

フランス人記者が言う。

「日本の財閥も欧米の財閥も基本的には同じようなものだ。例外はドイツだ。有名財閥はほとんどナチスがつくっている。フォルクスワーゲンは、〝国民車〟という意味であり、国策企業として誕生した。つまり、ロックフェラー家や岩崎家のように家族経営ではないわけだな」

アメリカ人記者が微笑んだ。

「困ったときに助け合えるのが財閥のいいところね。私もネタがないときは、木暮君の話、使ってもいいかしら？」

小暮君が叫んだ。

「もちろん！」

いつの間にか、色仕掛けが仕組まれていたようである。

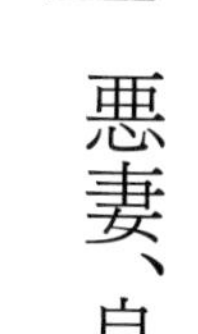

悪妻、良妻

森友学園騒動によって安倍総理夫人、昭恵さんの存在がクローズアップされている。言動にも矛盾が多く、証人喚問を求める声も出てきた。総理夫人、ファーストレディはいかにふるまうべきなのか？

特派員仲間の定例会で議題を出したフランス人記者が言う。

「自民党は籠池理事長の証人喚問で墓穴を掘ったようだな。トカゲの尻尾切りをするつもりが、逆に昭恵夫人や松井一郎を国会に呼ぶ必要が明らかになってしまった」

アルバイトの小暮君が資料を配る。

「昭恵夫人が公人か私人かという話もありましたが、普通に考えれば公人ですよね。税金で秘書までつけているわけですから。鳩山由紀夫の女房の幸（みゆき）さんも、昭恵夫人に劣らず〝奔放〟です。サンフランシスコの日本料理店のマネージャーと結婚したのですが、そこから出奔する形で鳩山と再婚しています」

ナポレオンの場合

芦田均の女房の寿美さんは美人で有名だった。芦田が品行方正だったのはそれが理由だろう。

佐藤栄作の女房の寛子さんはアメリカで有名になった。彼女は雑誌の対談で「私は若い頃主人に殴られたことがある」と発言。これがアメリカのメディアで取り上げられ、佐藤栄作は「ワイフ・ビーター（妻を殴る男）」と呼ばれることになり、訪米も中止寸前まで行った。やはり総理夫人の発言は重い。

小暮君が頷く。

「ヒトラーの恋人で死の直前に結婚したエヴァ・ブラウンは、非常に嫉妬深い女性でした。彼女は嫉妬が原因で2度の自殺未遂事件を起こしています。1度目は拳銃、2度目は薬物によるものでしたが、ヒトラーはこの影響で女性関係を慎むようになった。あのヒトラーでも女性のヒステリーには勝てなかったようです」

ナポレオンの女房ジョゼフィーヌは、男癖の悪さや浪費癖で有名だった。彼女はナポレオンと結婚した後、次々と愛人をつくった。騎兵大尉イッポリト・シャルルと女房の関係を知ったナポレオンは、浮気を嘆く手紙を書いたが、その手紙を載せたフランス艦がイギリスに捕らえられ、内容が新聞に載るという珍事も発生。恥をかいたナポレオンは離婚を決意したが、周囲の反対もあり思いとどまった。その後のブリュメールのクーデターの成功には、ジョゼフィーヌの広い人脈も関係しているので、離婚を思いとどまったのは正解だったのかもしれない。しかし、この件を機にナポレオンのジョゼフィーヌに対する熱烈な愛情は冷め、他の女性に関心を持つようになったようだ。

フランス人記者が顎鬚を撫でる。

「女房が主人を救ったケースは他にもあるぜ。1965年9月、インドネシアの国軍部隊がクーデターを起こした。これを機に、スカルノとスハルトの力関係は逆転。治安秩序回復の全権委任を得たスハルトは、共産主義者の虐殺を行なった。とりわけ、華僑は狙い撃ちにされ、ジャワ島中部を流れるブンガワン・ソロ川は血で染まった。オレの知人のジャーナリストが、後年デヴィ夫人に『あれにはスカルノが関わっていたのではないか？』と尋ねると、『違うわよ。だって、あの晩スカルノは私の部屋にいたんだから』と答えたそうだ」

あのクーデターがスカルノを狙ったものだったのなら、彼は第3夫人のデヴィが暮らすヤソオ宮殿にいたから助かったということになる。

ソクラテスの言葉

小暮君が追加資料を配る。

「強大な権力者の近くにいると、普通の感覚が麻痺してくるのでしょう。ジョン・F・ケネディの女房のジャクリーンは、ケネディの死後、ギリシャの大富豪オナシスと再婚し、浪費の限りを尽くしています。ダチョウの卵の目玉焼きを食べたいと言ってアフリカから運ばせたり、旅行先で読むための雑誌をチャーター便で空輸させたり。これにはさすがのオナシスも驚いたそうです」

リンカーンの女房も悪妻だった。浪費家でプライドが高く、感情の浮き沈みが激しい女で、リンカーンにライフルを突き付けたり、箒（ほうき）を持って追いかけたり、コーヒーを頭からぶっかけたりした。リンカーンは暗殺されなくても、女房に殺されただろうという話もある。

「旧約聖書」に登場するヨブは、人並み外れて敬虔な信者だった。サタンはヨブの信仰を試すために、あらゆる艱難辛苦を与える。ヨブは子供の命や財産を奪われたが、信仰を捨てなかった。するとサタンはヨブを皮膚病にした。ヨブの女房は「神を呪って死ぬ方がマシだ」と進言するが、ヨブは「神から幸せを得たのだから、不幸も受け取らねばならない」と答えた。キリスト教では、彼女は愚かな妻の代表とされている。

フランス人記者が唸る。

「ベトナムのマダム・ヌーもひどいぜ。ゴ・ディン・ジエム大統領の弟ゴ・ディン・ヌーの女房で強烈な反共主義者だった。カトリック教徒優遇政策と仏教徒の弾圧を推し進めたジエム政権に抗議して僧侶が焼身自殺すると、『あんなのは単なる人間バーベキューよ』『僧侶が一人バーベキューになったから何だって言うの』と発言。これが世界中で報道され、1963年の軍事クーデターの一因にもなった。夫の権力を自らと同一視したケースだな」

歴史上最も残虐なのは劉邦の女房の呂太后だろう。劉邦の死後、息子の地位が脅かされないようにするため、功のあった家臣を次々に粛清。劉邦に寵愛された側室の戚夫人を投獄し、髪の毛をそり落とし、手足に枷をつけ、石臼をひかせた。さらに両手両足を切り落とし、目玉をくりぬき、薬で声をつぶし、便所に置いて人豚と呼ばせた。呂太后の息子の恵帝は、母の所業を知り、酒に溺れ、23歳で死ぬ。しかし、呂太后は息子の死を悲しむどころか、恵帝の子である恭を皇帝に据え、諸侯王として各地に配された劉邦の庶子を次々と暗殺し、その後釜に自分の甥など呂氏一族を配して外戚政治を執った。

歴史上最も有名な悪妻は、ソクラテスの女房クサンティッペだろう。彼女は、あるときソクラテスに向かって激しくまくしたてたが、夫が超然としているので、頭から水をぶっかけた。ソクラテスの側近はクサンティッペを批判したが、ソクラテスは「良い妻に出会えば幸せになれるが、悪い妻と出会えば哲学者になれる」と答えたという。

歴史上の悪妻に比べたら、昭恵夫人など小物である。安倍晋三に〝哲学〟が足りないのはこのせいか。

カバーイラスト　丸山一葉
ブックデザイン　鈴木成一デザイン室

著者略歴

ヤン・デンマン Yan Denman

S・P・I通信編集局長。元S・P・I通信日本特派員。国籍、年齢は非公開。「週刊新潮」にて長期名物連載『東京情報』を執筆していた。

外国人記者が見た平成日本 この奇妙な国の正体とゆくえ

二〇一八年九月二五日 初版第一刷発行

著者 ヤン・デンマン

発行者 塚原浩和

発行所 KKベストセラーズ
〒一七〇-八四五七 東京都豊島区南大塚二-二九-七
電話 〇三-五九七六-九一二一
http://www.kk-bestsellers.com/

印刷所 近代美術

製本所 積信堂

DTP 三協美術

定価はカバーに表示してあります。乱丁、落丁本がございましたら、お取り替えいたします。

 ISBN 978-4-584-13887-8 C0095